Las Cartas INVERTIDAS en el Tarot: su potencial oculto

GUÍA COMPLETA DE LECTURA

Título original: The Complete Book of Tarot Reversals
Traducido del inglés por Antonio Luis Gómez Molero
Diseño de portada: Editorial Sirio, S.A.
Maquetación: Toñi F. Castellón

Las imágenes usadas en el libro están basadas en la edición de 1911 del libro *The Pictorial Key to the Tarot* de Arthur Edward Waite, publicado por Willian Rider & Son Ltd.

www.editorialsirio.com
sirio@editorialsirio.com

I.S.B.N.: 979-13-87974-08-4
Depósito Legal: MA-504-2026

Impreso en Imagraf Impresores, S. A.
c/ Nabucco, 14 D - Pol. Alameda
29006 - Málaga

Impreso en España

Puedes seguirnos en Facebook, X, YouTube e Instagram.

Mary K. Greer

autora de
El tarot, un viaje interior y *El tarot arquetípico*

Las Cartas INVERTIDAS en el Tarot: su potencial oculto

GUÍA COMPLETA DE LECTURA

El mundo patas arriba de las cartas al revés

Las cartas invertidas en el tarot: su potencial oculto es el primer libro que aborda de forma completa y exclusiva un aspecto de vital importancia en la lectura del tarot que prácticamente se ignora: la interpretación de las cartas que aparecen invertidas en una tirada. Las explicaciones que se dan en las obras especializadas rara vez superan unas pocas líneas; sin embargo, en una tirada normal, la mitad de las cartas estarán invertidas. Muchos libros ni siquiera dan significados específicos para esos casos. Otros repiten sin cuestionar las interpretaciones «tradicionales», que se limitan a afirmar lo contrario de los significados en posición normal, pero, por lo general, de forma más fatalista, enfatizando los atributos negativos. Así, en al menos la mitad de las tiradas de tarot habituales, las cartas se entienden mal, se interpretan de manera inadecuada y, por el peso excesivo de los significados negativos, terminan resaltando los problemas en lugar de las oportunidades. No es de extrañar que tanta gente las evite.

Este libro ofrece a los lectores de todos los niveles doce métodos diferentes para interpretar el significado de las cartas invertidas. La mayor parte del texto consiste en ejemplos de interpretaciones para cada una de las setenta y ocho cartas invertidas en cada uno de los métodos, entre ellos los significados tradicionales. Descubre qué enfoques funcionan mejor con tu propio estilo de lectura del tarot y tu visión del mundo. Además de aplicar el texto interpretativo de forma inmediata, integrar la teoría conceptual que hay detrás de cada opción mejorará y profundizará tus consultas del tarot.

—Mary Greer

Otros libros de Mary K. Greer:

- *El tarot, un viaje interior* (Editorial Sirio, 2021)
- *El tarot arquetípico* (Editorial Sirio 2023)
- *Understanding the Tarot Court* [Comprendiendo la corte del tarot] (2004)
- *Mary K. Greer's 21 Ways to Read a Tarot Card* [21 maneras de leer una carta del tarot, por Mary K. Greer] (2006)

Dedicado a
Sharyn McDonald y
Barbara Rapp

Indice

El mundo patas arriba de las cartas al revés 7
Prólogo 13
Agradecimientos 17
Introducción. Acerca de este libro 19

Capítulo uno Un punto de vista diferente 35
Capítulo dos Cómo interpretar las cartas invertidas 51
Interpretaciones de los arcanos mayores 69
Interpretaciones de los arcanos menores
Los números 143
Las cartas de la corte 245
Capítulo tres Tiradas 293
Capítulo cuatro Lectura para Sarah 309
Apéndice A Palabras clave para cartas invertidas 329
Apéndice B Palabras clave por palo y número 333
Apéndice C Dignidades elementales 339
Apéndice D El viaje de la heroína 343

Bibliografía 349
Indice temático 355
Acerca de la autora 361

Prólogo

Como entusiasta del tarot desde hace muchos años, valoro y agradezco la gran cantidad de libros disponibles sobre este tema. Estas obras abordan una amplia variedad de enfoques, desde interpretaciones básicas de las cartas hasta meditaciones y el uso del tarot como herramienta de sanación. Sin embargo, hasta ahora no existía un estudio exhaustivo dedicado a la lectura de las cartas invertidas. Según el nivel de experiencia del lector, las cartas invertidas pueden aportar una nueva profundidad a la lectura, generar confusión o situarse en algún punto intermedio. Muchos lectores optan por no utilizarlas, mientras que otros han desarrollado sus propios métodos para interpretarlas. Sea cual sea tu experiencia con las cartas invertidas, estoy segura de que apreciarás la sabiduría y los conocimientos reunidos en este libro. En él, Mary K. Greer explora diversos métodos para abordarlas, analiza cada carta en detalle y presenta «el viaje de la heroína»: el recorrido del Loco a través de los arcanos mayores invertidos.

No se me ocurre nadie más capacitado para escribir esta obra que Mary K. Greer. Para muchos, Mary no necesita presentación. Su obra *El tarot, un viaje interior* (Editorial Sirio) es uno de los libros sobre tarot más leídos y recomendados. Imparte talleres en todo el país, incluido un extraordinario curso intensivo de una semana junto a Rachel Pollack en el Omega Institute, en Rhinebeck, Nueva York. Y no solo es una estudiosa del tarot, una investigadora meticulosa y una pensadora sumamente creativa, sino también una profesora excepcional y una verdadera apasionada del tema. Su trabajo es riguroso y completo, respaldado por la investigación y validado por la experiencia. Vive el tarot de una forma que pocas personas logran, algo que podrás apreciar desde la introducción de este libro.

Como si no fuera ya suficientemente emocionante contar con una guía completa sobre las cartas invertidas escrita por Mary K. Greer, este libro también inaugura una nueva colección de Llewellyn*: *Special Topics in Tarot*. Hemos creado esta serie pensando en los lectores de nivel intermedio y avanzado que buscan aprender nuevos métodos, enfoques o aplicaciones.

Con frecuencia se publican libros para principiantes que apenas incluyen uno o dos capítulos con información novedosa. Esto obliga a los lectores más experimentados a pagar por contenidos básicos que ya conocen, solo para acceder a unos pocos datos nuevos. En cambio, los libros de esta serie omitirán los temas introductorios –como qué es una baraja de tarot, su historia, cómo realizar una tirada, barajar, guardar o limpiar las cartas– y se enfocarán directamente en un tema específico.

Algunos de los próximos títulos abordarán el uso del tarot en la magia, el autodescubrimiento y la interpretación de los sueños. Publicaremos un nuevo volumen de *Temas especiales del tarot* tres veces al año. Cada libro (excepto este primero, por supuesto) incluirá un prólogo escrito por Mary K. Greer.

Y como toque final, cada título contará con una nueva portada ilustrada por Brian Williams, artista del *Renaissance Tarot*, el *Minchiate Tarot* y *Ship of Fools Tarot*, de próxima aparición.

Fue Mary quien sugirió que el Colgado fuera la imagen de portada para este libro. Esta carta encarna perfectamente la esencia de las cartas invertidas. Como escribe la propia Mary, representa «la

* N. del T.: La autora del prólogo hace referencia aquí a la editorial original de este libro en su versión en inglés, *Llewellyn,* y todo lo que comenta a continuación sobre diseño y edición se refiere a dicha versión.

rendición total a un punto de vista opuesto y la capacidad de imaginar de forma diferente». Esta idea me recuerda una escena de la película *El club de los poetas muertos*, en la que el personaje interpretado por Robin Williams, un profesor poco convencional, anima a sus alumnos a subirse a sus pupitres simplemente para ver la clase desde otra perspectiva. Eso es, precisamente, lo que pueden ofrecernos las cartas invertidas. Y, en ocasiones, es justo lo que necesitamos.

Con Mary como guía, podemos adentrarnos en el, a menudo desconcertante, mundo de la interpretación de las cartas invertidas con confianza y entusiasmo. Gracias, Mary, por ofrecernos un pupitre desde el cual mirar el tarot de otra manera.

Barbara Moore,
octubre de 2001

Agradecimientos

Me gustaría dar las gracias a Barbara Moore, editora de adquisiciones de Llewellyn Worldwide, por su extraordinaria dedicación a mejorar la calidad de la literatura sobre el tarot, y a Llewellyn por su compromiso con la publicación de textos más avanzados. Agradezco especialmente a Barbara su comprensión en los momentos en que me enfrenté a mis propias dificultades personales. Connie Hill fue como un ángel sabio, siempre presente cuando la necesité.

Ed Buryn y Sharyn McDonald leyeron el manuscrito y aportaron tantas ideas y correcciones valiosas que me sería imposible señalar sus contribuciones de forma individual. Sin embargo, ninguno de ellos es responsable de los errores que se puedan haber cometido.

Rachel Pollack, con quien he compartido la enseñanza durante muchos años, ha sido una fuente inagotable de inspiración, al igual que lo han sido mis alumnos en tantas clases y talleres –demasiados para nombrarlos uno por uno–, y también mis consultantes, cuyas intuiciones me recuerdan una y otra vez la importancia de la humildad.

Un agradecimiento especial a mis compañeros de la «Clase de Símbolos»: Sharyn McDonald, Dawa Fitzmaurice, Chris Irving, Vail Kobbé, Charlotte Bollinger, Virginia Westbury y, en particular, a Jack Meyer y David Haight, cuya serie de conferencias *Myth as Metaphor* ('El mito como metáfora') nunca deja de inspirar nuevas ideas. Gracias también a mis hermanas sacerdotisas de la Hermandad y Templo de Isis, por su apoyo constante y sus ánimos.

Los nombres de quienes han contribuido a construir una comunidad en torno al tarot merecen ser proclamados a los cuatro vientos: Thalassa, Barbara Rapp, Janet Berres, Gary Ross, Anne Shotter, Wald Amberstone, Ruth Ann Brauser, John Gilbert, Crystal Sage y todas las personas que alguna vez han asistido a un encuentro de tarot. Mi agradecimiento especial a Christine Payne-Towler, cuyo interés en las tradiciones europeas del tarot ha ampliado mi perspectiva, y a Brian Williams, quien me guio a través de la maravillosa trama del tarot renacentista italiano. También quiero expresar mi reconocimiento a Donna Hanelin, Fern Mercier, Geraldine Amaral, Arnell Ando, Alexandra y Ken Genetti, James Wells (que llamaba con frecuencia desde Toronto para darme consejos sobre cartas invertidas), Nina Lee Braden (hermana en el arte de las invertidas), Melanie Oelerich, Leah Samul, Doreen Vitkuske y James Ricklef (también conocido como Nighthawk*).

Las comunidades de tarot en Internet –en especial TarotL y ComparativeTarot en yahoogroups.com– son tan valiosas gracias a personas que, como las siguientes, han compartido generosamente sus ideas conmigo: Tea Hilander, Valerie Sim-Behi, Diane Wilkes, Michele Jackson, Elizabeth Hazel, Eva Yaa Asantewaa, dtking, Tom Tadfor Little, Bob O'Neill, James Revak (quien ha hecho un excelente trabajo al mostrar cómo las interpretaciones de Etteilla influyeron en Mathers y Waite), y todos los que aparecen citados en las notas. La lista completa de miembros podría incluir literalmente a cientos de personas, y como seguramente olvidaría a alguien, prefiero dejarlo aquí y daros las gracias a todos.

Por último, quiero rendir homenaje a todos los escritores y creadores de tarot que nos precedieron. Les debemos mucho a quienes fueron pioneros en las tradiciones adivinatorias.

* N. del T.: 'Noctámbulo', 'ave nocturna'.

Introducción

Acerca de este Libro

Este libro contiene significados para las cartas invertidas basados en diversas teorías y tradiciones. Su objetivo es ofrecerte una base tanto en los significados «tradicionales» como en los enfoques modernos que generan interpretaciones a partir de principios y analogías relacionados con los números, los elementos y las imágenes. Las interpretaciones están pensadas para estimular tus propias ideas intuitivas. A medida que las pongas en práctica, observa qué enfoque funciona mejor para ti. Esto dependerá, en parte, de tu propia visión del mundo, tu estilo de lectura, el propósito con el que haces la tirada y el tipo de pregunta que formules.

Si tu intención es únicamente adivinar el futuro o hacer predicciones, es posible que te resulten suficientes las interpretaciones marcadas como «tradicionales», con sus referentes específicos. Aquí hay poca ambigüedad, salvo en cómo se relacionan los significados entre sí dentro de la lectura, una habilidad que se adquiere mediante la observación, la intuición y la experiencia. Pero si lo que estás buscando es examinar motivaciones personales, aclarar objetivos y deseos, o explorar nuevas opciones, probablemente encuentres más útiles los enfoques modernos sobre las cartas invertidas.

Las interpretaciones tradicionales de las cartas invertidas suelen incluir la enfermedad. Esto tiene sentido, ya que las posiciones *incorrectas* sugieren que es necesario hacer un ajuste, y el estrés es precisamente la respuesta del cuerpo al cambio y la adaptación. Hoy en día, muchos médicos creen que toda enfermedad se origina en el estrés. Cuanto mayor es la reacción de estrés, mayor es también el potencial de efectos perjudiciales. El estrés se manifiesta en el punto más débil del cuerpo. Las cartas invertidas simplemente señalan cuáles son esos «eslabones débiles» en un momento dado. Dean Shrock señala en *Doctor's Orders: Go Fishing* [Por prescripción médica: vete a pescar] que «el enfoque más común hacia el cuidado de la salud a lo largo del tiempo y en diferentes culturas ha sido el chamanismo». En el chamanismo, «se considera que la enfermedad es un mensaje positivo que indica la necesidad de un reequilibrio espiritual».[1]

Este libro incorpora una mirada chamánica y mágica para cada invertida. El tarot funciona como un excelente canal de retroalimentación, capaz de revelar los mensajes antes de que los desequilibrios se hagan visibles en el cuerpo o en conductas tensas y conflictivas. También permite localizar el origen de una desarmonía energética que ya se haya manifestado, de modo que puedas liberarla de los patrones ocultos que la alimentan: la crítica, la ira, el resentimiento, la culpa y el miedo.

En lo que respecta a la salud

Las referencias a la salud y la enfermedad en este libro no deben interpretarse en ningún caso como un pronóstico médico. *No se debe predecir una dolencia ni dar consejos médicos en una lectura*, ya sea para uno mismo o para otros, a menos que se tenga la formación adecuada. Siempre recomienda a los consultantes acudir a un profesional de la salud si están preocupados por su estado físico.

Todas las menciones a la salud o a condiciones físicas son puramente metafóricas. Se refieren a tendencias psíquicas y patrones de pensamiento que pueden generar el tipo de estrés que, si se prolonga en el tiempo, acaba derivando en enfermedad. En ningún momento se sugiere que una persona en particular padezca alguno de los problemas mencionados. Por ejemplo, una «tormenta de ideas» puede aludir tanto a ideas nuevas como a un fallo en las conexiones neuronales de la corteza cerebral; en sentido metafórico, la expresión señala un abanico de posibilidades.

Una historia personal

Comencé este libro con la intención de corregir la idea «errónea» de que las cartas invertidas representan simplemente un aspecto opuesto –a menudo negativo– del significado de la carta en posición normal. Aunque enfrentar los problemas y trabajar con ellos es esencial, en mis lecturas suelo dar prioridad a la clarificación de objetivos y a la creación consciente de aquello que se desea en la vida. Los problemas, entonces, representan energía bloqueada que puede liberarse. Al hacerlo, accedemos a su sabiduría oculta y a su potencial. Lo que no comprendí del todo (aunque debería haberlo hecho) es que, como ocurre con una tubería sucia al abrir el grifo por primera vez, deben salir toda clase de impurezas antes de que el agua fluya con claridad.

Como le ocurre a cualquiera que haya escrito un libro sobre tarot, enseñado o estudiado una carta por semana, o creado una baraja, aparecen sincronicidades asombrosas entre tu vida y las cartas. Frieda Harris trabajó en el Tarot de Thoth durante la Segunda Guerra Mundial. Mientras pintaba la carta llamada «Victoria» (seis de bastos), tuvo lugar una importante victoria aliada, y mientras pintaba «Derrota» (cinco de espadas), se produjo una gran derrota aliada. Harris sentía que las cartas y los acontecimientos estaban conectados, aunque el sentido común le dijera que era absurdo. Del mismo modo, yo también experimenté cada cambio de rumbo en mi propia vida.

Lo que sigue son solo algunos ejemplos personales de lo que ocurre cuando uno se adentra en el inframundo de la *psique* o del inconsciente. Las cartas invertidas no son, en absoluto, algo maligno, pero a veces representan adversidades: de las que nos enseñan de qué somos capaces, las que nos revelan lo que realmente importa, y las que ponen a prueba nuestra fortaleza moral y nuestro carácter. Al enfrentarnos a los reveses, aprendemos a responder con integridad y con la determinación de no apartarnos de las enseñanzas que cada circunstancia nos ofrece.

Antes de mencionar algunas de las situaciones con las que me he encontrado, quiero aclarar que he tenido la suerte de no haber sufrido prácticamente ninguna lesión personal ni haber atravesado enfermedades graves en mi familia, y que casi siempre logro cumplir con los plazos de entrega.

Mis primeros retrasos comenzaron cuando la entrega de un ordenador nuevo se demoró más de un mes. Durante tres años tuve al mismo inquilino, pero justo cuando empecé a escribir –comenzando por las cartas de la corte invertidas–, pasé por cuatro inquilinos distintos en un lapso de cuatro meses. Al trabajar con las espadas, me enfrenté a una crisis en una organización, relacionada con una posible estafa. El as de oros invertido coincidió con un fuerte esguince de tobillo que sufrí cuatro días antes de una gira de tarot por Italia.[2] Con el diez de pentáculos invertido, el banco extravió dos cheques destinados al pago de los impuestos de mi vivienda.

Mientras escribía sobre la Sacerdotisa invertida, estaba leyendo una biografía de Christiana Morgan. Sus pinturas de visiones interiores (que comenzó durante su análisis con Carl Jung) sirvieron de base para un seminario de cuatro años impartido por el propio Jung. El biógrafo describía a Morgan con frecuencia en términos de la Sacerdotisa invertida; por ejemplo, «como reflejo del ánima, la amada que completaba y daba forma al hombre [...] La *musa inspiradora* que se desvanece tras el papel asignado, mientras el hombre que ama su propio reflejo siente tener derecho a poseer a quien lo encarna, como si fuera parte de su patrimonio imaginativo».[3]

Muchos de los libros que leí, así como las clases y talleres que impartí o a los que asistí, trataban temas relacionados con la carta en la que estaba trabajando en ese momento. A menudo coincidían palabra por palabra con el material que yo estaba escribiendo. Por ejemplo, durante un seminario sobre Jung, se habló del «sacrificio» justo cuando estaba trabajando en el Colgado.

El mismo día que empecé a escribir sobre la Muerte, se hizo oficial mi divorcio. La Torre coincidió con la apendicitis de un amigo. El día más caluroso de todo el invierno fue en pleno enero, mientras trabajaba en la carta del Sol. Cuando empecé a editar el libro, sufrí una caída y me lesioné la espalda con tanta gravedad que primero tuve que guardar reposo absoluto y luego no podía moverme sin usar un corsé. Después vinieron las tormentas de nieve, los cortes de electricidad, los fallos en el correo electrónico y, mientras me esforzaba por terminar la edición final del manuscrito, a mi hijastra le diagnosticaron cáncer de mama. En ese momento, dejé todo a un lado de forma temporal. Solo gracias a la comprensión de Barbara Moore, editora de adquisiciones de Llewellyn, pude completar este trabajo a mi propio ritmo.

Aunque fueron experiencias difíciles, todas estas situaciones estresantes me obligaron a enfrentarme directamente con contenidos profundos de la psique. Tuve que abordarlos con honestidad y con toda la claridad posible para sanar y alcanzar una «armonía de fuerzas».[4]

También he vivido experiencias igualmente gratificantes, como el apoyo de amigos en un nivel que nunca antes había conocido. Recibí mi formación en Reiki I y II justo a tiempo para poder utilizarlo cuando más lo necesitaba. Y, a mitad del proceso de escritura, Barbara Rapp –organizadora del Simposio de Tarot de Los Ángeles (LATS)– me honró con un premio por mi contribución a este campo. El premio era una escultura de bronce de Eden Gray del Colgado de la RWS. Es una pieza magnífica, la única escultura de tarot de Gray, que Barbara compró en el primer Congreso Internacional de Tarot en Chicago, cuando Eden Gray recibió su propio premio. Barbara la tuvo en su casa durante tres años, pero sintió que era el momento adecuado para pasarla, justo cuando yo estaba trabajando en un libro que para mí está simbolizado por esa carta. Al comenzar el simposio, me pidieron que sacara una carta para todos que representara el día: fue el Colgado.

Una nota sobre las interpretaciones

Los significados contemporáneos o ingleses de las cartas se basan generalmente en elementos visuales de barajas influenciadas por la Rider-Waite-Smith (RWS) y en conceptos y palabras clave utilizados en la Hermética Orden del Amanecer Dorado.

La baraja RWS, publicada en 1909, fue la primera en ilustrar con escenas las setenta y ocho cartas, transformando para siempre la ilustración del tarot. Usar otras barajas puede cambiar de manera notable las interpretaciones, pero al ser la más popular en el mundo angloparlante, esta es la que más ha marcado la lectura moderna.

Los significados más antiguos, o lo que yo llamo «tradicionales», se basan en los que se originaron en Francia con Etteilla en 1783 (ver la sección «Historia» en el capítulo uno) y fueron modificados por escritores posteriores que utilizaron barajas de estilo Etteilla o Marsella. Se encuentran variaciones en obras modernas italianas, españolas y francesas. Algunas interpretaciones invertidas parecen arbitrarias y pueden ser completamente independientes de los significados en posición normal. En varios casos, los significados invertidos y en posición normal se han intercambiado al pasar de los significados tradicionales a los contemporáneos. Las técnicas modernas tienden a las modificaciones del significado en posición normal en lugar de utilizar conceptos no relacionados. Aun así, puedes discernir la influencia de Etteilla en la raíz de muchas de nuestras interpretaciones inglesas contemporáneas, y estas pueden darte una nueva perspectiva de las cartas.

Las interpretaciones tradicionales se han tomado de los siguientes autores, cuyos libros se enumeran en la bibliografía:

Etteilla (ca. 1780) reproducido en Papus (1909).
MacGregor Mathers (1888).
Saint-Germain (1901).
Eudes Picard (1909).
Editorial Lo Scarabeo (contemporáneo).
Grand Orient/Waite (1889).
A. E. Waite (1910).
M. C. Poinsot/Anónimo (1939).
Alessandro Bellenghi (1985).
Maritxu Guler (1976).
Editorial Fournier (1992).
Docteur Marius (1975).
Grand Etteilla/B. P. Grimaud (1969).

Recuerda que las interpretaciones que se ofrecen en este libro son solo sugerencias. Las imágenes de diferentes barajas, otras cartas de la tirada o las intuiciones y asociaciones personales pueden sugerir significados completamente distintos y más apropiados.

Términos especializados

Los siguientes términos utilizados en este libro se definen aquí para facilitar su consulta. Las palabras en cursiva tienen su propia entrada en esta lista.

Anima/animus. Utilizados por Carl *Jung* para indicar el elemento femenino inconsciente u oculto en el hombre y el elemento masculino en la mujer, respectivamente. Aunque funcionan de forma algo diferente en hombres y mujeres, su cometido básico es inspirar.

Arcanos mayores. Las veintiuna cartas numeradas y una carta sin número que representan escenas alegóricas, derivadas de imágenes ampliamente conocidas en la Europa católica de finales de la Edad Media y el Renacimiento temprano. En la interpretación moderna, suelen hacer referencia a principios, lecciones y también ciertos eventos.

Arcanos menores. Cincuenta y seis cartas divididas en cuatro palos. Cada palo contiene diez cartas numeradas del as al diez y cuatro cartas de la corte. En total, hay cuarenta cartas numeradas (también llamadas «cartas de puntos») y dieciséis cartas de la corte. En la interpretación moderna, suelen referirse a eventos, situaciones o personas con las que uno se encuentra.

Adivinación visual (*scry*, *scrying*). Del inglés *descry*, que significa 'discernir algo difícil de ver'.[7] El término hace referencia al proceso de obtener visiones clarividentes, normalmente fijando la mirada de manera hipnótica en un objeto, como una imagen en una carta del tarot, una llama o el reflejo en agua o aceite.

Arquetipo. Restos arcaicos de patrones instintivos de significado en la *psique* humana que influyen en nuestra psicología. Estos patrones de pensamiento colectivos son innatos y heredados. No podemos ver el arquetipo en sí, sino solo imágenes y representaciones específicas de un motivo que siguen estos patrones y aparecen en mitos y cuentos de hadas de todo el mundo, así como en los sueños, las fantasías y el arte de gente de todas partes.

Cartas de la corte. Dieciséis cartas de «personas» divididas en cuatro *palos* que, en su interpretación, generalmente se refieren a uno mismo o a los demás, o a sus roles, máscaras y subpersonalidades, o como un modo de actuar; pero también pueden referirse a situaciones encontradas. Aunque hay una gran variedad de nombres, los más comunes son rey, reina, caballero y paje.

Chamán/Chamánico. Derivado de una palabra tungúsica* que significa 'el que se agita, se eleva o es movido'. Hombre o mujer que, como sacerdote inspirado, entra en un estado de trance extático para acceder a una realidad no ordinaria (habitualmente percibida como un mundo superior o inferior) con el fin de obtener conocimiento, protección, energía de sanación y/o apoyo para sí mismo y para los demás.[8]

Correspondencias. Principio básico o «ley» de la *metafísica oculta* y la *magia* que afirma que existen analogías y afinidades simbólicas entre todo lo que hay en el universo que tiene la misma vibración o una similar, y que lo que afecta a una cosa afecta a las demás a través de este vínculo simbólico. Se resume en el axioma hermético «como es arriba, es abajo».

Correspondencias elementales. Las correspondencias entre los elementos y los palos del tarot que se utilizan en este libro son las siguientes:

- **Bastos – Fuego:** deseo, energía, inspiración, crecimiento personal, impulso.
- **Copas – Agua:** emoción, relaciones, imaginación, reflexión.
- **Espadas – Aire:** pensamiento, conflicto, discriminación, resolución de problemas.
- **Pentáculos – Tierra:** manifestación física, seguridad, valor, resultado.

Dignidades elementales. Modificación del significado de una carta basada en las afinidades elementales con otras cartas. Ver el apéndice C.

Elementos. Los componentes esenciales del universo, que en la *metafísica oculta* occidental consisten en fuego, agua, aire y tierra. Las *correspondencias* entre los *palos* del tarot y los elementos varían de una baraja a otra, lo que obliga al lector a ignorar las

* N. del T.: šaman (del evenki, una lengua tungúsica de Siberia) significa literalmente 'el que sabe' o 'el que ve en la oscuridad'.

intenciones del creador de la baraja o a modificar sus descripciones de las características de las cartas. Ver también el apéndice B.

Enantiodromía. Término utilizado por Carl Jung para referirse a la inversión de una situación psíquica. Describe el proceso por el cual algo se transforma en su opuesto o la tendencia de los extremos aparentemente opuestos a invertirse entre sí. La palabra proviene de Heráclito y significa literalmente 'correr en dirección contraria'.

Etteilla. Pseudónimo de Jean-Baptiste Alliette (1738-1791), autor de los primeros libros dedicados al significado adivinatorio de las cartas, cuyas ideas siguen influyendo en las interpretaciones modernas. Fue quien introdujo la interpretación de las cartas invertidas y acuñó el término *cartomancia*, que significa 'adivinación mediante cartas'. También diseñó su propia baraja de tarot.

Golden Dawn (Orden de la Aurora Dorada). La Orden de la Aurora Dorada es una organización fundada en 1888 en Londres, que sigue activa en la actualidad. Sus miembros practican la magia ceremonial dentro de la tradición mágica occidental. Sus rituales y prácticas se basan en un sistema propio de correspondencias entre el tarot, los signos astrológicos y las letras hebreas. Estas correspondencias influyeron en la creación de dos de las barajas de tarot más populares del siglo XX: la *Rider-Waite-Smith* y el *Tarot de Thoth*. Los creadores de estas barajas –Arthur Edward Waite, Pamela Colman Smith y Aleister Crowley– fueron miembros de la orden. La expresión *tradición de la Aurora Dorada* se refiere específicamente a este conjunto de correspondencias, en contraposición a otras tradiciones como la escuela francesa establecida por Eliphas Lévi o las correspondencias «egipcias» utilizadas por la Hermandad de la Luz.

Jung/junguiano. Carl Gustav Jung (1875-1961) fue un psicólogo y psiquiatra suizo. El término junguiano se refiere a sus teorías psicológicas, que han tenido una profunda influencia en la exploración de la psique –o alma– y en la interpretación de símbolos.

Lévi. Eliphas Lévi (1810-1875), cuyo nombre real era Alphonse-Louis Constant, fue un influyente escritor y teórico francés especializado en magia y ocultismo. Es reconocido como el creador de las correspondencias del tarot según la escuela francesa, y tuvo un gran impacto en el desarrollo del tarot esotérico francés, así como en aquellos que utilizan barajas al estilo marsellés.

Numinoso. Término utilizado por los junguianos para describir la cualidad de algo que provoca una respuesta emocional profunda de asombro, fascinación y misterio en quienes lo contemplan o lo experimentan.

Magia/mágico. Una definición tradicional dentro del ocultismo afirma que «la magia es el arte y la ciencia de utilizar fuerzas naturales poco conocidas para lograr cambios en la conciencia y en el entorno físico».[5] Una definición más psicológica sostiene que «la magia [...] es el alma del mundo creándose a sí misma, según sus propias leyes».[6] Desde esta perspectiva, el reino mágico –también llamado «planos internos» por los ocultistas– es el ámbito en el que los arquetipos adquieren forma y donde es posible percibir esa alma del mundo.

Ocultismo/Metafísica oculta. *Oculto* significa 'secreto' o 'escondido' y hace referencia a un conocimiento que debe descubrirse y sacarse a la luz mediante la búsqueda. *Metafísica* se refiere a la filosofía que trata sobre lo que está más allá de lo físico. *Esotérico* es un término relacionado, que significa 'lo que está en el interior' o 'lo que solo está destinado a ser comprendido por unos pocos'. En conjunto, estos conceptos implican que existe sabiduría oculta en la psique que puede volverse consciente a través de la exploración interior y, cuando se aplica mágicamente, puede generar transformación.

Palos. Los arcanos menores se dividen en cuatro categorías: bastos (también conocidos como cetros o varas), copas, espadas y oros (también llamados discos o pentáculos). Por lo general, cada palo corresponde a uno de los cuatro elementos.

Proyección. Término psicológico que se refiere a la atribución inconsciente de características propias (como emociones, actitudes y deseos) a otra persona o cosa. Al mismo tiempo, quien proyecta niega o rechaza en sí mismo esas cualidades.

Psicopompo/Psychopompos. Guía del alma, especialmente en su travesía por el inframundo.

Psique. Proviene del griego y significa originalmente 'aliento', de ahí su asociación con «alma» o «espíritu». Hace referencia a los procesos de la mente, tanto conscientes como inconscientes, e implica esa parte del ser humano que aspira a la unión con lo divino. El mito griego de la doncella Psique, amada por Eros, ha llegado a simbolizar el desarrollo del alma desde el inconsciente hacia la conciencia, y finalmente hacia la Unión Divina. La psicología es el estudio de la psique como mente.

Puer/Puella. Términos utilizados por Carl Jung para describir el arquetipo del «joven eterno». *Puer* se refiere al hombre que nunca alcanza una madurez emocional plena, y *puella*, a la mujer. Este arquetipo implica una cualidad adolescente de juego, belleza, carisma y encanto, pero también una incapacidad para comprometerse de forma responsable.

Remedio. Agente como un medicamento, cura, elixir, acción o preparado medicinal que se utiliza para restaurar la salud. Deriva de la raíz *medi*, que significa 'corregir lo que está mal' o 'reparar'. Actúa como antídoto al corregir o contrarrestar una condición indeseada o perjudicial. Su forma abreviada es *Rx*. La *rectificación* es, en sí misma, un proceso alquímico que implica ajustar el nivel de alcohol o «espíritu».

RWS. Hace referencia a la baraja Rider-Waite-Smith, publicada por primera vez en 1909 por William Rider and Co., en Londres. Fue diseñada por Arthur Edward Waite y realizada artísticamente por Pamela Colman Smith. Al ser la primera baraja que incluyó imágenes representativas en todas las cartas –incluidas las de los arcanos menores–, se ha convertido, junto con el Tarot de Marsella, en una de las barajas más influyentes de los tiempos modernos. Debido a la tendencia de los lectores a construir relatos a partir de sus imágenes, esta baraja favorece la interpretación a través de la iconografía pictórica y la asociación libre, más que por la simple memorización de significados. Por su popularidad, ha influido en muchas barajas contemporáneas y, por ello, se utiliza como referencia principal en este libro.

Rx. Es la abreviatura que más comúnmente utilizan los tarotistas para indicar cartas invertidas y los astrólogos para señalar el movimiento «retrógrado» de un planeta. También es el símbolo empleado en farmacia para indicar una receta o remedio medicinal. Originalmente, se escribía como una *R* mayúscula cursiva con una pequeña línea diagonal hacia atrás que convertía su trazo descendente en una *x*. Según el *Brewer's Dictionary of Phrase and Fable* [Diccionario de frases y fábulas de Brewer]: «La propia letra (la R de *recipe*, es decir, 'toma', en latín) y su adorno podrían parafrasearse así: "Bajo los buenos auspicios de Júpiter, patrono de los medicamentos, toma las siguientes sustancias en las proporciones indicadas". *Recipe** significa también 'fórmula o medio para alcanzar un fin deseado'. Dado que las interpretaciones tradicionales y modernas de las cartas invertidas suelen señalar situaciones generadoras de estrés –que podrían derivar en enfermedad, pero que también revelan las motivaciones positivas que hay detrás del malestar–, prefiero entender *Rx* como la idea de que el malestar encierra también la clave de la curación. (Ver también la sección «En lo que respecta a la salud», en la página 20).

Senex. Término utilizado por Carl Jung para representar el arquetipo que contiene la dualidad del «anciano sabio» y, al mismo tiempo, la figura envejecida, represiva, melancólica y en decadencia.

Sincronicidad. Teoría desarrollada por Carl Jung y el físico Wolfgang Pauli sobre un principio no causal, según el cual todo lo que

* N. del T.: *Recipe,* tanto en latín como en inglés, significa 'receta'.

sucede en un mismo momento está conectado de manera significativa.

Sombra. Concepto junguiano que designa un aspecto del yo inconsciente que ha sido reprimido, negado o no desarrollado, y que no es reconocido por la conciencia. Las cualidades de la sombra suelen *proyectarse* en otras personas y pueden ser tanto «luminosas» o deseables como «oscuras» o rechazadas.

***Tarocchi*.** Nombre del juego original con cartas del tarot, que aún se practica en algunas regiones de Europa. Se asemeja al *bridge*, pero incluye un palo permanente de triunfos. El término también se utiliza en italiano para referirse a las propias cartas (*tarocco*, en singular).

Tarot de Marsella. También conocido como Tarot de Marseille. La mayoría de los practicantes que utilizan una baraja «estilo Marsella» emplean un conjunto de correspondencias astrológicas y de letras hebreas desarrolladas por Eliphas Lévi, en lugar de las utilizadas por la Golden Dawn. Los significados básicos suelen memorizarse, ya que las cartas numeradas de los *arcanos menores* solo muestran los símbolos del palo (sin ilustraciones narrativas).

***Témenos*.** Terreno sagrado, recinto o patio, normalmente cerrado. En la psicología junguiana, hace referencia a un espacio seguro para el trabajo interior profundo y transformador.

Tradicional/Tradicional Rx. Como se explicó anteriormente en este capítulo, este término hace referencia a un conjunto de significados de las cartas que se originan con el «cartomante» del siglo XVIII Etteilla. Estos significados fueron ampliados posteriormente por estudiosos del tema, principalmente de las escuelas francesa, italiana y española del tarot, y aparecen en los primeros escritos de MacGregor Mathers y A. E. Waite.

Triunfos/*Trunfos*. Otro término para los *arcanos mayores*, tomado del nombre más antiguo conocido para estas cartas en el norte de Italia: *I Trionfi*. Este nombre sugiere su función en los juegos de cartas como un palo de triunfos permanente que puede superar a todas las demás cartas, y posiblemente también hace referencia al poema *Trionfi*, de Petrarca.

NOTAS

1. Dean Shrock, *Doctor's Orders: Go Fishing* [Por prescripción médica: vete a pescar], p. 96.
2. Brian Williams, creador de los *Renaissance* y *Minchiate Tarots,* dirigió este recorrido por el norte de Italia en el año 2000, como una peregrinación a las fuentes de las imágenes del tarot.
3. Claire Douglas, *Translate this Darkness: The Life of Christiana Morgan, the Veiled Woman in Jung's Circle* [Traduce esta oscuridad: la vida de Christiana Morgan, la mujer velada del círculo de Jung]. Morgan, junto con su amante y compañero de trabajo durante muchos años, Harry Murray, fueron los creadores del Test de Apercepción Temática (TAT), una herramienta de evaluación de la personalidad que utiliza imágenes. Las transcripciones del seminario semanal, al que asistieron muchos de los grandes analistas junguianos, se han publicado en la obra en dos volúmenes *Visions: Notes of the Seminar Given in 1930-1934 by C. G. Jung* [Visiones: notas del seminario impartido entre 1930 y 1934 por C. G. Jung], editada por Claire Douglas.
4. Esta frase se la debo a Magister Ludi, Joseph Knecht, en *El juego de los abalorios*, de Hermann Hesse, p. 311.
5. Esta concisa definición proviene de Francis King y Stephen Skinner, *Techniques of High Magic* [Técnicas de la alta magia], p. 9. Está basada en las definiciones utilizadas por miembros de la Orden Hermética de la Aurora Dorada.
6. Robert Sardello, *Facing the World with Soul* [Afrontar el mundo con el alma], p. 20.
7. *American Heritage Dictionary of the English Language* [Diccionario del idioma inglés de American Heritage].
8. Agradezco a Sharyn McDonald el núcleo de esta definición y todo su conocimiento sobre mitología y chamanismo.

Capítulo uno

Un punto de Vista diferente

«¿Cómo se leen las cartas invertidas, esas que aparecen bocabajo en una tirada?».[1] «¿Y por qué molestarse en usarlas?». Responder a estas preguntas a lo largo de más de treinta años de enseñanza me llevó a escribir este libro.

Durante un tiempo dejé de utilizar las cartas invertidas, porque no me convencían los significados que encontraba en los libros. Más adelante descubrí que las cartas ofrecían resultados igualmente válidos, fuera cual fuera el sistema de interpretación que usara, siempre que mi intención al emplearlo fuera clara. Usar o no las cartas invertidas –y decidir qué significan– es algo que depende de cada lector. En el capítulo dos encontrarás muchas opciones para que puedas elegir libremente aquellas interpretaciones que mejor se adapten a tu forma de entender el tarot.

Muchos lectores consideran que las invertidas añaden profundidad, matices, tono e ideas secundarias al significado directo. Cuando se buscan respuestas inequívocas, pueden duplicar eficazmente las posibilidades. Además, nos animan a ver las cosas desde un punto de vista diferente y más complejo. Que aparezcan demasiadas cartas invertidas puede hacerte sentir como si te hubieran repartido una «mano perdedora», pero espero que este libro te ayude a darle la vuelta a la situación.

En realidad, las invertidas representan formas de ver «el otro lado». Nos permiten ir más allá de los límites de lo conocido. Al ofrecer nuevas posibilidades y perspectivas que no son evidentes a primera vista, nos brindan la oportunidad de ir más allá de la lógica y nos llevan al reino de las posibilidades y las causas subyacentes, donde todo está conectado y ocurre la magia. Se nos invita a mirar más allá de lo obvio, a un lugar con un significado más rico. Para ayudar en este proceso, procura considerar las cartas invertidas como si estuvieran influenciadas por un Loco divino o por el Colgado. Las invertidas revelan los componentes esotéricos u ocultos, la perspectiva chamánica del mundo y un espacio conocido como el tiempo del sueño o los planos internos, frente a la llamada «realidad». En palabras de una mujer sabia en un debate en Internet: «Las cartas que aparecen invertidas presentan oportunidades para acercarse a energías, sentimientos, realidades y potenciales a los que no es fácil acceder».[2]

A pesar de su gran potencial, las invertidas suelen interpretarse de forma muy limitada o simplista. Puedes clasificar cada carta como buena o mala, o utilizar cualquier otro dualismo. Pero no te dejes engañar por la falacia de que el hecho de que aparezca al revés simplemente cambia los atributos buenos y malos de la carta, aunque a veces pueda ser así. Cuando se consideran principalmente negativas, enfatizan innecesariamente los miedos irracionales y las sospechas que se acumulan en torno a los dones creativos del espíritu y la psique. Ninguna de las cartas es absolutamente buena o mala; cada una tiene significados que van desde lo problemático hasta lo útil. El Sol, por ejemplo, puede ser felicidad y alegría, o quemaduras solares y agotamiento. Cuando se invierte, los efectos del Sol se atenúan tradicionalmente en lugar de cambiar, de modo que la experiencia de la alegría o el agotamiento puede negarse. Sin embargo, también podría indicarte que busques el Sol *interior* y su luz espiritual guía, en lugar de verlo solo como una fuente externa.

Quienes se inician en el tarot pueden decidir trabajar solo con cartas en posición no invertida hasta que se sientan cómodos con los significados básicos. También hay lectores experimentados que optan por prescindir de las cartas invertidas, y lo hacen por distintas razones. No hay ningún problema con eso. Este libro, de todos modos, te ofrece la oportunidad de ampliar enormemente tu comprensión del tarot y explorar nuevas posibilidades. Incluso si eliges seguir leyendo solo cartas en posición no invertida, serás un lector más completo y mejor informado.

La regla número uno es: «Conoce bien los significados fundamentales de cada carta, tanto en sus aspectos más útiles como en los más difíciles». Hay barajas con las que yo también prefiero trabajar únicamente con cartas en posición normal, como el Tarot de William Blake o el Thoth, pero integro dentro de mis lecturas todo lo que sé sobre los posibles significados de las cartas cuando aparecen invertidas.

Sincronicidad, arquetipos, dualidad y enantiodromía

Como todo en una lectura tiene un sentido, he aprendido a valorar que una carta aparezca invertida, ya que añade matices especiales que no conviene pasar por alto. El psicólogo y psiquiatra Carl Jung, junto con el físico Wolfgang Pauli, desarrolló una teoría acausal llamada *sincronicidad*, que sostiene que todo lo que sucede en un mismo instante está relacionado de manera significativa (ver «Términos especializados», en la introducción). Desde esta perspectiva, todo lo que aparece en la lectura tendría un significado, aunque rara vez tengamos el tiempo o la disposición para plantearnos todas las posibilidades. Al disponer las cartas establecemos la intención de encontrar la relación significativa entre la pregunta y las cartas que han salido en ese momento. Las cartas invertidas transmiten un mensaje propio y único, y parte de nuestro trabajo consiste en descubrir cuál es.

El tarot puede considerarse como manifestaciones particulares de los patrones instintivos o vestigios ancestrales de la psique humana que Carl Jung denominó *arquetipos*.[3] Estos *patrones primordiales de significado* (como padre, madre, héroe-salvador, depredador, sombra, sabio o sanador herido) influyen en nuestra psicología y nos impulsan y fascinan continuamente. Jung solía referirse a los arquetipos como «bipolares», es decir, portadores de aspectos duales como lo positivo y lo negativo, la luz y la oscuridad, lo masculino y lo femenino, lo bueno y lo malo. A esto podemos añadir lo derecho y lo invertido. Sin embargo, señaló que esa división de las formas arquetípicas en imágenes opuestas y dicotómicas era sintomática de una falta de desarrollo psicológico. Jeremy Taylor señala en *The Living Labyrinth* [El laberinto viviente]: «La verdad más emocionante del asunto es que no podemos tener uno sin el otro, porque son literalmente facetas diferentes de la misma energía». Taylor señala que los junguianos generalmente atribuyen al inconsciente «la tendencia universal de los seres humanos, cuando actúan por miedo, a "dividir" y "duplicar" las imágenes del poder arquetípico multivalente».[4] Nuestro intento de dividir los significados de una carta teniendo en cuenta si aparece invertida tiende a sumirnos en el reino inconsciente donde habitan el miedo y la sombra, junto con otros modos de funcionamiento marginales o culturalmente no aceptados, como lo chamánico y lo mágico. Sin embargo, es a través del conocimiento de la tensión entre los opuestos como agudizamos nuestra sensibilidad y aumentamos nuestra conciencia de nosotros mismos.

Jung tomó prestado un término de Heráclito llamado *enantiodromía*, que describe, en palabras de Taylor, «esa tendencia predecible de los opuestos aparentemente polares a invertirse y convertirse el uno en el otro precisamente en el momento en que parecen estar más en oposición».[5] Esto ocurre cuando se eliminan los bloqueos en los canales de energía o se abren nuevos campos de energía,[6] lo que a veces puede lograr una lectura del tarot. Jung describió el resultado de la siguiente manera:

> Es urgente aprender a valorar aquello que se opone a nuestros antiguos ideales, a ver el error en las convicciones que dábamos por

> ciertas, a reconocer la falsedad de lo que creíamos verdadero, y a darnos cuenta del antagonismo –incluso del odio– que a veces se escondía en lo que hasta ahora llamábamos amor. No se trata de pasarse al extremo opuesto, sino de mantener los valores anteriores sin negar la existencia de sus contrarios.[7]

Una de las razones por las que las cartas invertidas resultan tan difíciles es que nos llevan a un terreno incómodo: el del alma. Un espacio que muchos solo conocemos –o al que solo accedemos– a través del malestar, cuando algo rompe nuestro equilibrio.[8] Sin embargo, si aprendemos a movernos en ese territorio y a apreciar sus misterios, lo que obtenemos puede ser muy valioso. No es necesario que el alma se manifieste únicamente a través de la enfermedad o la obsesión; también puede convertirse en una presencia benéfica, que enriquezca nuestra experiencia y nos abra a todo lo que la vida tiene para ofrecernos. En el capítulo dos, y a lo largo de este libro, veremos cómo se aplican estas ideas al trabajo con las cartas invertidas.

El Colgado: el arte de revertir la adversidad

Si hay una carta que simboliza los cambios radicales, esa es el Colgado, que representa el arquetipo del «sanador herido». En las barajas italianas originales, esta carta representaba el castigo por deshonra que se reservaba a los traidores. En un primer nivel, la imagen trata sobre nuestra propia vergüenza y la traición a nuestro máximo potencial a través de las heridas que todos hemos sufrido.

Cuando aprendemos a transformar nuestro sufrimiento y dolor en comprensión y realización –como lo simboliza el halo en la baraja Rider-Waite-Smith–, invertimos nuestros pensamientos erróneos y nuestras interpretaciones equivocadas sobre nosotros mismos y sobre la vida: convertimos las ilusiones de las apariencias en realidad. Al comprender que podemos reflejar nuestro centro verdadero, aprendemos a ver más allá de lo superficial, tal como la cabeza del Colgado, en las barajas francesas e italianas, aparece por debajo del nivel del suelo; dejamos atrás la personalidad del ego y nos acercamos al sí mismo. Esto provoca un giro total de nuestra manera de entender la conciencia y la vida. Es como si los valores de nuestra vida cotidiana se dieran la vuelta por completo, en un giro de ciento ochenta grados.

Para transformar la adversidad, nos suspendemos de la conciencia cósmica –representada por el árbol vivo en la carta del Colgado– al comprender que cada circunstancia es un encuentro particular del Espíritu con el alma. Esto cambia nuestra idea sobre el origen del dolor y sobre las razones por las que lo atravesamos. El verdadero «yo» no puede hacer nada malo. Toda adversidad es una oportunidad para adquirir sabiduría y comprensión, ya que solo la experiencia puede curar nuestra ignorancia.[9]

El colgado

Cuando el crecimiento interior se convierte en enemigo de la personalidad consciente y se manifiesta en forma de adversidad, la voluntad propia de esa personalidad debe rendirse al proceso de transformación interior o perecer. Cuando un conflicto psicológico interno se vuelve insoportable, la vida se detiene, y nos sentimos «colgados». No podemos seguir adelante. La terapeuta junguiana Marie-Louise von Franz describía esta interrupción del fluir vital, con todo su sufrimiento insoportable, como ese momento en que «quieres avanzar con la pierna derecha y la izquierda se niega, y viceversa».[10] Es justamente este conflicto lo que representa la carta del Colgado, donde una pierna está libre y la otra atada. El terapeuta de arquetipos James Hillman señala que los chamanes bailan con una sola pierna, y que esta postura distorsionada o «posición anormal» representa un poder sobrenatural. Uno está «restringido, pero heroico y lleno de magia».[11]

Como dijo en su día Mircea Eliade: «Debemos morir a una vida para poder acceder a otra [...] [una] vida en la que la participación en lo sagrado se vuelve posible».[12] Es precisamente la suspensión del sistema de creencias de la realidad ordinaria lo que nos libera hacia el próximo florecimiento del alma.

Historia

Aunque todo indica que el tarot se originó en el norte de Italia a comienzos del siglo XV, los estudiosos no han encontrado evidencia de ningún sistema que atribuyera a las cartas un significado psicológico o adivinatorio antes del siglo XVIII.

En 1770, Jean-Baptiste Alliette, quien firmaba con el seudónimo Etteilla, fue el primero en publicar significados adivinatorios para las cartas invertidas. Su libro original sobre *cartonomancie* –un término que él mismo inventó– utilizaba una baraja reducida de cartas francesas, conocida como *piquet*, que solo contiene treinta y dos cartas. Para aumentar la cantidad de presagios posibles, añadió significados invertidos.[13] Este libro, *Etteilla, ou manière de se récréer avec un jeu de cartes* [Etteilla, o manera de recrearse con una baraja de cartas], recoge numerosos métodos de adivinación, entre ellos algo que llama *les Taraux*, un término temprano del francés para referirse al tarot.[14]

Alliette fue primero comerciante de semillas y cereales, luego vendió grabados y barajas en París y Estrasburgo, y finalmente se convirtió en *professeur d'algèbre*, lo que probablemente significaba que se dedicaba a la numerología. De hecho, describía la adivinación con cartas como una «diversión algebraica».[15]

En 1781, Antoine Court de Gébelin anunció al mundo, en el octavo volumen de su obra enciclopédica *Le Monde Primitif* [El mundo primitivo], que la baraja del tarot contenía vestigios de los grandes misterios del antiguo Egipto. Ese mismo año no solo marcó el nacimiento del tarot ocultista y adivinatorio, sino que fue significativo por muchas otras razones. Terminó la Revolución que dio lugar a la independencia de Estados Unidos. El 31 de marzo, William Herschel descubrió Urano, el primer planeta identificado desde la prehistoria babilónica. Catalina la Grande de Rusia y el emperador José II del Sacro Imperio Romano se repartieron los Balcanes, hecho que más tarde se convertiría en cuna y motor de dos guerras mundiales. Kant publicó su *Crítica de la razón pura* y Gibbon su *Decadencia y caída del Imperio romano*. Mozart estaba en plena creación de sus grandes obras. Fue el fin revolucionario de una era y el inicio de otra completamente nueva.

Dos años más tarde, Etteilla publicó significados adivinatorios para el tarot que incluían la interpretación de las cartas invertidas que acababa de desarrollar. Era una época de duelos, cárceles para deudores, epidemias, alta mortalidad infantil y materna, revoluciones y, poco después, la guillotina. No sorprende que abundaran los presagios sombríos: las personas se sentían a merced de un destino incomprensible y, con tantos giros repentinos de fortuna, las cartas invertidas pronto adquirieron fama de augurios negativos. Sin embargo, veremos que las cartas que así aparecen también pueden «remediar» las dificultades señaladas por la interpretación en posición normal.

A finales del siglo XIX, MacGregor Mathers lideraba la Orden Hermética de la Aurora Dorada (1888-1900), matriz de la que surgieron las barajas Rider-Waite-Smith y Thoth, de Crowley-Harris. Mathers enseñaba un sistema para matizar el significado de las cartas mediante las dignidades elementales. Las *ED* –como se las conoce por sus siglas en inglés– se basan en las afinidades y oposiciones entre los cuatro elementos y los cuatro palos. Esta técnica, que ha resurgido en los últimos años, está ganando popularidad y se utiliza hoy en día tanto con cartas invertidas como sin ellas. Los practicantes contemporáneos están refinando y adaptando las instrucciones originales de Mathers, las cuales se resumen en el apéndice C.

Los tiempos han cambiado, y las interpretaciones del tarot tienden hoy a ser más psicológicas y espirituales, con un énfasis en el potencial de crecimiento personal. Los significados invertidos, sin embargo –al menos en los libros publicados hasta ahora–, han seguido siendo excesivamente negativos y fatalistas. Suelen provocar miedo y desconfianza en quienes los leen. Podemos entrar en nuestros miedos para recuperar nuestra energía, pero necesitamos un método que nos ofrezca algo a cambio del esfuerzo.

Muchos lectores han desarrollado sus propias técnicas para trabajar con las cartas invertidas. He hablado con tarotistas de todo el país que, de forma independiente, han creado enfoques muy similares al mío. Pero esa sabiduría –en gran medida intuitiva– rara vez ha llegado a los libros o manuales. Ahora nos encontramos ante una nueva etapa en la interpretación y el uso de las cartas invertidas.

Primeros pasos

Barajar para obtener cartas invertidas

Aparecen cartas invertidas en una lectura cuando se barajan o mezclan de modo que la parte superior de la carta pasa a estar abajo y viceversa. Para barajar, todas las cartas deben colocarse bocabajo, con las imágenes orientadas hacia la mesa, de modo que solo veas el reverso de las cartas. Mézclalas como te resulte más cómodo: con el corte en puente (alzando los bordes y soltándolos para que caigan alternadamente en un solo mazo) o con una mezcla tradicional sobre la mano. También puedes esparcir todas las cartas sobre una superficie limpia y plana y mezclarlas con las manos en diferentes direcciones, asegurándote de girar algunas de arriba abajo para incorporar cartas invertidas a la lectura.

Elegir las cartas

Para seleccionar las cartas en una tirada, puesdes:

- Tomarlas de cualquier parte de la baraja.
- Extender las cartas en forma de abanico sobre la mesa o en la mano y elegir desde donde quieras.
- Reunir la baraja en un solo mazo, cortarla, volver a apilarla y luego tomar las cartas de la parte superior.

Esta última técnica, enseñada por Eden Gray, consiste en que el consultante baraje las cartas y, con la mano izquierda, corte hacia la izquierda en tres montones.[16] El lector vuelve a apilar los montones en el orden que desee y reparte las cartas desde la parte superior, colocándolas según las posiciones de la tirada.

Es importante sostener las cartas de manera que, al girarlas, conserven la orientación –normal o invertida– que tenían después de que el consultante las barajó. Si lees para ti mismo o estás sentado a su lado, lo adecuado es voltear las cartas de derecha a izquierda. Si, en cambio, te sientas frente al consultante, deberás girar el mazo para que quede orientado hacia ti del mismo modo en que estaba hacia él o ella al barajarlo.

Otra posibilidad es tomar directamente el mazo barajado desde el lado del consultante (sin girarlo) y voltear cada carta de arriba abajo, siempre de forma consistente.

Tiradas

Las tiradas, también llamadas «disposiciones», son posiciones específicas entre sí en las que se colocan las cartas después de barajar. Una lectura consiste en combinar el significado de la carta con el significado asignado a su posición, dentro del contexto de la pregunta planteada. Por ejemplo, una de las tiradas más básicas tiene tres posiciones: pasado, presente y futuro. Esto exige, principalmente, cambiar de tiempo verbal (del pasado al presente y luego al futuro) al interpretar cada carta en su posición correspondiente, como respuesta a la pregunta.

Existen literalmente cientos de tiradas entre las que puedes elegir, o bien puedes crear las tuyas propias. Cualquier tirada puede utilizarse con cartas invertidas. La tirada básica de tres cartas y la tirada de diez a doce cartas son las más habituales entre los lectores, pero tal vez te interese explorar las muchas tiradas que se han desarrollado en los últimos años. Las cuestiones asociadas al significado de cada posición te ayudarán a identificar los factores clave de la pregunta, así que elige una tirada cuyas posiciones sean adecuadas al tema que quieres tratar.

La tirada de la Cruz Celta aparece en casi todos los libros de tarot, y con razón. Como toda buena historia, comienza con un conflicto en el centro: un dilema básico representado por las dos cartas centrales cruzadas. Esta es la cuestión principal en la vida presente del consultante, expresada ahora a través del lenguaje simbólico del tarot. Las cartas restantes exploran los orígenes subconscientes, el pasado, el ideal o el nivel supraconsciente, y los elementos futuros del asunto; seguidas de cartas que representan al consultante, su entorno, sus esperanzas y miedos, y finalmente el resultado o desenlace. Esta tirada funciona bien tanto para preguntas generales como específicas. La lectura de ejemplo para Sarah, en el capítulo cuatro, utiliza una variante básica de la Cruz Celta.

Otras tiradas ofrecen una visión más concreta de distintas áreas de la vida: hogar, salud, relaciones, carrera, creatividad, dinero, etc., o se enfocan en cómo evoluciona una situación a lo largo del tiempo. Asimismo, hay tiradas diseñadas para explorar distintas opciones o caminos alternativos, para describir etapas de un proceso o para indagar en los aspectos de la psique o los elementos de una interacción. Encontrarás varias tiradas en el capítulo tres.

Cuando hay mayoría de cartas invertidas

Algunos lectores de tarot eligen no hacer lecturas cuando hay mayoría de cartas invertidas, porque consideran que eso indica que la persona no estará receptiva a la información, o que quizá esté demasiado deprimida, confundida o cerrada como para trabajar con el contenido de la lectura. Esta postura tiene cierta lógica si se utilizan significados principalmente negativos, pero no tiene por qué ser así. Como insisto a lo largo de este libro, las invertidas no se reducen únicamente a lo negativo. Debes valorar si, en ese caso, resultaría más perturbador interrumpir la lectura después de ver las cartas o continuar con la interpretación y tal vez confirmar los temores del consultante. Una posible solución es volver a empezar con una nueva tirada, formulando la pregunta: «¿Qué puede ayudar más al consultante en este momento?».[17]

Existe la posibilidad de que un exceso de cartas invertidas sea, en realidad, la manera en que el tarot te indica que la lectura sobre esa pregunta no llegará a ningún lado o tendrá poco sentido por ahora. Ese puede ser el momento perfecto para ayudar al consultante a entender por qué este bloqueo es necesario para su crecimiento.

Otra manera de abordar una tirada con muchas cartas invertidas consiste en buscar si expresan un tema común. Por ejemplo, si el tema es la negación o el estancamiento, puedes poner las cartas en posición no invertida –recordando cuáles estaban invertidas– y continuar la lectura prestando atención a posibles vías para acceder a los aspectos positivos bloqueados. Las pocas cartas que estaban originalmente en posición no invertida probablemente señalen las áreas con mayor apoyo o margen de acción. También podrían señalar cualidades o situaciones que fluyen con normalidad, o que son evidentes o automáticas. Esas cartas son un buen punto de partida o impulso para el trabajo de integración que requiere el resto de la tirada.

Otras formas de trabajar con cartas invertidas

Una tradición del tarot recomienda comenzar colocando todas las cartas del mazo en posición no invertida. Luego, antes de barajar, el consultante gira solo tres cartas, dejándolas invertidas. Si alguna de esas cartas aparece en la tirada, su presencia adquiere un énfasis especial: se interpretan como «dedos del destino», que pesan más que la mayoría de los demás factores.

Una variante que utilizo consiste en barajar el mazo con todas las cartas en posición normal, hacer la tirada y realizar una interpretación completa. Luego se anotan las posiciones de las cartas, se recogen y se barajan solo las cartas que participaron en la tirada, invirtiendo al azar tres de ellas. Se vuelven a colocar en las mismas posiciones. Las tres cartas que ahora están invertidas señalan las áreas con mayor dificultad o tensión. Ya habías visto el potencial general de la tirada; ahora puedes identificar con claridad dónde están los «baches en el camino» o los bloqueos que podrían impedir alcanzar ese potencial. Si lo prefieres, en lugar de invertir solo tres cartas, puedes mezclar completamente las cartas de la tirada y dejar que el destino determine cuántas terminarán invertidas.

Recuerda que, si mezclas bien el mazo, es totalmente «normal» que la mitad de las cartas salgan invertidas. Incluso es frecuente que en una tirada de diez cartas aparezcan seis o siete en posición invertida.

Primeros pasos con la tirada Rx[18] de una sola carta

Extrae una sola carta invertida cuando quieras comprender mejor una dificultad, ir más allá de la realidad consensuada y adentrarte en el terreno de lo mágico, o bien poner en práctica las interpretaciones de este libro. Una sola carta invertida puede responder preguntas como estas:

- ¿Qué está bloqueado o se está retrasando?
- ¿Qué aspecto de mí mismo* no estoy viendo?
- ¿En qué área estoy encontrando dificultades?
- ¿Qué estoy superando o transformando?
- ¿Qué idea o concepto nuevo espera ser reconocido?
- ¿Dónde está la magia en esta situación?

Para obtener tu carta, baraja el mazo procurando que algunas cartas queden giradas aleatoriamente de arriba abajo. Corta y vuelve

* N. del T.: Por razones prácticas, se ha utilizado el masculino genérico en la traducción del libro. La prioridad al traducir ha sido que la lectora y el lector reciban la información de la manera más clara y directa posible.

a apilar el mazo. Luego dales la vuelta a las cartas una por una hasta que aparezca la primera en posición invertida. Interprétala utilizando las ideas del capítulo dos.

Para obtener más información, fíjate en cuántas cartas tuviste que voltear antes de llegar a la invertida. Si salió entre las dos primeras, la energía es fuerte y está activa en el presente. Si aparece después de la quinta, la situación está más profunda en el inconsciente, lejana en el tiempo o es solo una posibilidad débil. Si no aparece ninguna en las primeras diez, probablemente el tema tenga poca o ninguna relevancia en este momento; en ese caso, vuelve a preguntar en otro momento o inténtalo con una pregunta diferente.

NOTAS

1. Las tiradas se definen más adelante en este capítulo.
2. Gracias a Eva Yaa Asantewaa, de DancingWorld@yahoogroups.com.
3. Ver Carl Jung, *Man and His Symbols*,* pp. 67-68. Para entender mejor el concepto de arquetipo, también recomiendo *Mirrors of the Self* [Espejos del yo], editado por Christine Dowling, y los libros de Robert Johnson, quien describe los arquetipos como «bloques de construcción psicológicos de energía».
4. Jeremy Taylor, *The Living Labyrinth* [El laberinto viviente], p. 74.
5. *Ibid.*, p. 73.
6. Marion Woodman y Elinor Dickson, *Dancing in the Flames* [Bailando en las llamas], p. 148.
7. C. G. Jung, *On the Psychology of the Unconscious* [Sobre la psicología del inconsciente], párrs. 117-119.
8. James Hillman analiza el papel de las «patologías» como vía de acceso al alma o psique en *ReVisioning Psychology* [Revisar la psicología].
9. Adaptado de las ideas de Ann Davies, expresidenta de la organización de Paul Foster Case, Builders of the Adytum (BOTA), en su folleto *Inspirational Thoughts on the Tarot* [Reflexiones inspiradoras sobre el tarot], pp. 51-54.
10. Marie-Louise von Franz, *Shadow and Evil in Fairytales* [La sombra y el mal en los cuentos de hadas], pp. 36-41.
11. James Hillman, editor, *The Puer Papers* [Los papeles del *puer*], pp. 102-104.
12. No he podido localizar la fuente exacta de esta cita.
13. Ronald Decker, *et al.*, *Wicked Pack of Cards* [Una baraja maldita], p. 74.
14. *Ibid.*, p. 83.
15. *Ibid.*, p. 82.
16. Eden Gray tenía una librería esotérica en Nueva York. En una época en la que apenas existían libros de tarot en inglés, escribió guías modernas, útiles y accesibles sobre la baraja Rider-Waite-Smith. La

* N. del T.: Existe una edición en castellano de este libro publicada por la Editorial Paidós con el título *El hombre y sus símbolos*.

primera de ellas, *Tarot Revealed* [El tarot revelado], se autoeditó en 1960.

17. Ver *Celtic Wisdom Tarot* [El tarot de la sabiduría celta], de Caitlín Matthews, p. 129.
18. Consulta el apartado «Términos especializados», en la introducción, para una explicación interesante del símbolo *Rx*, utilizado aquí para indicar «invertido», por los astrólogos para «retrógrado» y en el ámbito médico como «remedio».

Capítulo dos

Cómo interpretar las cartas Invertidas

En el primer capítulo aprendiste a barajar el mazo para obtener cartas invertidas, a realizar una tirada, qué ocurre cuando la mayoría de las cartas aparecen invertidas, y a dar tus primeros pasos con la tirada de una sola carta invertida (ver el capítulo tres para más tiradas). En este capítulo descubrirás muchas formas de leer cartas invertidas, así como cuál de ellas utilizar. También aprenderás a «rectificar» una carta y cuándo aplicar significados invertidos a cartas que salen en posición normal.

En general, conviene pensar en las cartas invertidas como una especie de «señal de alerta»: te indican que debes prestarles especial atención porque algo no está funcionando como de costumbre. Las cartas en posición normal suelen hablar de lo consciente, lo externo, lo automático, lo que está en marcha y disponible. En cambio, las invertidas marcan puntos de decisión, momentos en los que hace falta estar muy atentos. Pueden exigir un manejo consciente y deliberado si queremos aprovechar al máximo las energías y oportunidades que ofrecen. Es como conducir un coche que tiende a desviarse hacia la derecha: hay que estar alerta y corregir la dirección constantemente.

Otras veces, por el contrario, señalan que lo mejor es dejar de luchar, relajarse y soltar cualquier expectativa.

Doce formas de leer las cartas invertidas

Las siguientes sugerencias muestran cómo el hecho de que una carta esté del revés puede modificar su significado. Prueba todas las posibilidades hasta encontrar la interpretación que mejor funcione en una lectura determinada. Con el tiempo descubrirás cuáles de estas categorías se alinean más con tu estilo personal de lectura y tu visión del mundo.

1) Bloqueo o resistencia

La energía que normalmente expresa la carta está bloqueada, reprimida, negada o resistida. Según el contexto, esto resulta saludable y necesario, o bien una manifestación del miedo. Por ejemplo, el ocho de copas invertido[1] señala resistencia a pasar tiempo en soledad, obstáculos que impiden unas vacaciones o un deseo reprimido de iniciar un viaje interior. En cambio, al frenar el impulso de huir, surge la posibilidad de reintegrarse en un entorno que nutre. De manera similar, el Juicio invertido alude tanto a la resistencia frente a una «llamada a la acción» como a la actitud justificada de ignorar las críticas o juicios de otra persona.

2) Proyección[2]

A veces se tiende a proyectar en los demás aquello que uno mismo niega o rechaza. Estas cualidades pueden ser tanto las que se admiran como las que resultan incómodas o desagradables. El Emperador invertido sugiere, por ejemplo, la proyección de una agresividad reprimida sobre alguien que ejerce el poder de manera ineficaz o inadecuada. También alude a la idealización excesiva de su fuerza y capacidad de liderazgo.

3) Retraso, dificultad o inaccesibilidad

Aquí la energía no fluye con naturalidad: hay vacilación, incertidumbre, falta de disponibilidad o intervención de factores externos que generan demora. Cuando predominan las cartas invertidas, el cambio tiende a llegar más lentamente de lo esperado. A veces la situación aconseja esperar, pues esa pausa está preparando el terreno para una oportunidad más valiosa. Con los ases invertidos o la Rueda de la Fortuna invertida, un nuevo proyecto o transformación parece inminente, aunque encuentra dificultades para despegar. Su impulso inicial quizá requiera mayor claridad en las decisiones, un esfuerzo adicional o un compromiso consciente de la persona, si es que realmente desea avanzar.

Sin embargo, no siempre es apropiado, por ejemplo, poner en posición normal el tres de copas cuando tus amistades no están disponibles temporalmente. Si también aparece el Ermitaño en la tirada, esto podría señalar una oportunidad para mirar hacia dentro. He visto el tres de copas invertido aparecer cuando uno de mis clientes dejó de salir con sus amigos de copas. Esta carta invertida sugería tanto su relación problemática con el alcohol como su alejamiento del grupo.

4) Interno, inconsciente o privado

La energía se manifiesta de manera interior o reservada, en lugar de hacerlo de forma consciente, externa o pública. El dos de copas invertido, por ejemplo, puede señalar una polaridad interna y la manera en que el yo se relaciona con lo masculino y lo femenino dentro de sí mismo. Conviene recordar que si esa energía opera a nivel inconsciente, el consultante podría no reconocerla de inmediato.

5) Luna nueva u oscura (y otras variaciones en barajas redondas)[3]

Esta sugerencia se basa en las barajas redondas, en las que múltiples orientaciones pueden modificar el significado de una carta. La mayoría de estas barajas están orientadas hacia lo femenino y la figura de la Diosa, lo cual armoniza bien con el ciclo lunar tal como lo describió el astrólogo junguiano-humanista Dane Rudhyar. En resumen, la carta invertida representa la fase de luna nueva u oscura: inconsciente, instintiva, oculta. Es el momento de la concepción interior y de la reconfiguración.

Cuando el punto superior de la carta está hacia el lado izquierdo, indica la luna creciente, es decir, una etapa de crecimiento, aprendizaje, desarrollo y exploración. En posición normal representa la luna llena, una situación plenamente consciente, desarrollada y visible. A medida que la carta se inclina hacia la derecha, es tiempo de enseñar, compartir y difundir. Al acercarse a la parte inferior, puede señalar una etapa de liberación y desapego de lo que ya no es necesario o de aquello que precisa transformarse. Los cuartos exactos representan momentos de crisis en los ciclos de crecimiento y decrecimiento.

6) Romper, revertir, rechazar, cambiar de dirección

El consultante podría estar dándole la vuelta a una situación, liberándose, saliendo de debajo de una carga, rechazando, negándose o alejándose de la condición representada. También puede señalar el final o la desaparición de una situación, un aflojamiento o un cambio de rumbo. Por ejemplo, el ocho de espadas invertido indica que los lazos, la venda y las barreras podrían estar desapareciendo. En el diez de bastos invertido, la persona parece estar dejando atrás el peso de las responsabilidades y cargas.

7) No o negación (del significado en posición no invertida); carencia

A veces puedes anteponer un «no» o «negación» a la interpretación estándar de una carta en posición normal. O bien, intenta añadir prefijos como *in-*, *des-* o *no-* a los significados habituales. Por ejemplo, el Emperador invertido podría significar no actuar de manera masculina o autoritaria.

Procura que esto no derive en una actitud crítica, excesivamente determinista o negativa. Una mujer polifacética pidió orientación sobre qué deseaba el Espíritu que ella fuera o hiciera. Salieron varias cartas maravillosas de los arcanos mayores, todas invertidas. Finalmente comprendí que el tarot le estaba diciendo que ***no*** se identificara exclusivamente como maestra, artista o amante, porque su verdadero propósito espiritual trascendía esas etiquetas y no debía circunscribirse a desempeñar un papel limitado.

8) Exceso, sobrecompensación o subcompensación

Cuando una carta aparece invertida, su significado puede intensificarse o debilitarse, llevándolo a los extremos: demasiado o insuficiente, inmaduro o deteriorado, poco desarrollado o desbordado. En términos psicológicos, puede manifestarse como una sobrecompensación o subcompensación, o como una oscilación marcada entre polos opuestos. El consultante, por lo general, reconoce con facilidad cuál de estos extremos está presente, salvo cuando interviene el mecanismo de negación (categoría uno).

9) Uso indebido o desvío de energía

En este caso, la carta señala que algo no funciona como debería: un inicio que no prospera, un momento inoportuno o un recurso que se utiliza de manera equivocada. En el seis de oros invertido, por ejemplo, la ayuda económica o la generosidad podrían estar mal administradas. En el siete de espadas invertido, las estrategias o alianzas quizá se dirigen hacia el lugar equivocado; tal vez la persona a la que vemos como «enemigo» no lo sea en realidad. También resulta útil pensar en distintos matices que transmite el prefijo *mal-*.

10) Palabras con re-*: reintentar, retractarse, revisar, reconsiderar*

Las cartas invertidas sugieren inmediatamente otras palabras que comienzan con *re-*, como las mencionadas arriba.[4] El prefijo *re-* denota movimiento hacia atrás, retirada, oposición, negación o volver a hacer algo. En astrología, este tipo de palabras caracteriza al movimiento retrógrado de los planetas, durante el cual un planeta parece retroceder por el Zodíaco y nos lleva a revisar, reconsiderar o rehacer acciones anteriores. El Mago invertido puede querer retractarse de una intención. El siete de bastos invertido podría estar reconsiderando su necesidad de mantenerse firme y defenderse de la oposición.

11) Rectificación: de la dolencia al remedio

Las cartas invertidas pueden interpretarse tanto como señal de una dolencia –o de una tensión que podría derivar en enfermedad– como también como remedio: «Lo que no te mata, te cura». Según el *American Heritage Dictionary*, un remedio es un «agente utilizado para restaurar la salud» que actúa corrigiendo o contrarrestando y, por tanto, reparando lo que está mal. La rectificación funciona como un proceso alquímico: refinamiento y purificación hasta la esencia a través de la destilación, y mediante el ajuste de la graduación de los «espíritus» líquidos. En electricidad, rectificar significa convertir corriente alterna en corriente continua. La palabra *remedio* proviene de raíces que significan 'tomar medidas adecuadas contra algo', y *medi* también es el origen de *meditar*, lo cual sugiere que la sanación y la contemplación han estado siempre relacionadas. A veces, al adentrarnos profundamente en el cambio de sentido, buscando las causas en lugar de limitarse a los efectos y experimentando todos los excesos, podemos abrirnos paso al otro lado. (Para reflexiones adicionales sobre salud y remedios relacionados con las cartas invertidas ver la introducción, y la página 62 para técnicas de rectificación de una carta invertida).

12) No convencional, chamánico, mágico, humorístico

Si una carta en posición normal representa la sabiduría convencional, entonces la carta invertida ilustra una sabiduría no convencional. Cuestiona todos los supuestos que implica el significado habitual de la carta. No es recta, sino torcida y excéntrica. Cada carta tiene un punto desde el que se puede «ver a través y más allá». Hay que mirar detrás de la máscara de lo que «parece ser». Así, una carta invertida puede expresar un lado irreverente, asociado al arquetipo del *embaucador*.* Tal vez sea necesario el sentido del humor; la carta te está indicando que no tomes la situación demasiado en serio. El Sumo Sacerdote invertido señala claramente una «energía coyote»:** sabiduría y espiritualidad que pueden manifestarse de formas inesperadas.

La perspectiva chamánica o mágica, en particular, te invita a entrar en la carta y emprender un viaje hacia un reino parecido al de *Alicia en el País de las Maravillas*, para regresar con un mensaje o comprensión vital. Esta visión sugiere mirar las cosas desde una perspectiva diferente a la del mundo normal y parte del supuesto de que lo que solemos considerar una metáfora es en realidad una forma de vida, mientras que lo que llamamos realidad no es más que un sueño. Esta visión representa lo «esotérico», es decir, las enseñanzas secretas u ocultas.

Técnicas adicionales

Los lectores de tarot están siempre creando nuevas técnicas para trabajar con las cartas invertidas, que evolucionan a partir de sus propias creencias sobre cómo funciona la realidad. Las personas que han sugerido los siguientes sistemas alternativos se citan en las notas:

- Una carta invertida a veces puede tener un significado similar al de la carta que la *precede* en el mazo, en posición no invertida. La nueva energía no puede manifestarse del todo debido a los vínculos con el pasado representados por la carta anterior.

* N. del T.: *Trickster* en el original (literalmente 'embaucador' o 'tramposo') es un arquetipo presente en numerosas tradiciones mitológicas y espirituales. Simboliza la astucia, la irreverencia y la transgresión de las normas establecidas, y a menudo actúa como mediador entre mundos o como revelador de verdades ocultas.

** N. del T.: *Energía coyote* alude a una figura del folclore indígena norteamericano asociada al arquetipo del *trickster*: un ser transgresor y astuto cuya sabiduría se manifiesta de formas inesperadas o no convencionales.

Tal vez sea necesario volver a ella y revisar sus lecciones o experiencias. Así, una invertida puede «hacerte retroceder» o «devolverte» a la carta que la precede naturalmente.[5] Por ejemplo, el cinco de bastos invertido podría remitirte al cuatro de bastos, o la Estrella invertida invitarte a reconsiderar las enseñanzas de la Torre. Los ases podrían remitirse a los dieces... ¿Y qué ocurre con el Loco o las sotas o pajes? Defínelo tú mismo.

- Una carta invertida puede interpretarse como una manifestación «yin» o pasiva del significado en posición no invertida (que sería «yang» o activo). Observa la forma del fondo (una especie de imagen en sombra) y pregúntate: «¿Qué posibilidades emergen desde el trasfondo cuando la figura o figuras de la carta en posición normal han desaparecido? ¿Qué queda si se eliminan las energías activas (no invertidas) de la escena? Cuando actúo desde la energía "correcta", ¿qué queda atrás?». Este enfoque analiza las consecuencias indirectas y sutiles que surgen del descuido de los roles o actividades habituales.[6] Del mismo modo, las cartas invertidas pueden señalar mensajes del Espíritu, es decir, influencias o mensajes procedentes de «reflejos en el espejo, dimensiones en sombras o mundos paralelos».[7]
- Las cartas invertidas pueden señalar situaciones o personas en las que no se puede confiar. Asimismo, pueden reflejar una falta de habilidades o aptitudes, lo que convierte esa carta en un punto débil o problemático, un lugar donde es probable cometer errores.[8]
- A veces, una carta de la corte o un arcano mayor en posición invertida puede indicar que se refiere al sexo opuesto al representado en la imagen.[9]
- John Gilbert, de la American Tarot Association ('asociación estadounidense de tarot'), propuso este método y el siguiente: «Las cartas invertidas indican grandes problemas, por lo

que deben interpretarse en su aspecto más negativo. Las cartas en posición normal siempre deben verse en su aspecto más positivo. Los arcanos mayores invertidos son advertencias de que estás yendo en la dirección equivocada en tu camino espiritual y de que te estás implicando cada vez más en las realidades físicas de esta vida. Por tanto, necesitas revisar hacia dónde crees que vas y qué crees que estás haciendo espiritualmente».[10]

- Esta variante asigna dos categorías distintas de significado a cada orientación de la carta.[11]

	Bien aspectadas o en posición normal	**Mal aspectadas o en posición invertida**
Oros	Empleos y carrera profesional	Asuntos financieros
Espadas	Ideas	Preocupaciones e inquietudes
Copas	Relaciones	Emociones a flor de piel
Bastos	Intuición	Voluntad y determinación
Arcanos mayores	Camino espiritual	Camino material (no espiritual)

Determinar qué significados invertidos utilizar

Varias de estas características pueden darse al mismo tiempo en una sola carta invertida, dando lugar a múltiples interpretaciones. La Emperatriz invertida –cuyos significados en posición normal se asocian a lo femenino, lo maternal y lo relacional– puede indicar (las palabras clave de las invertidas se muestran en mayúsculas) NO actuar de manera femenina. Si vamos más a fondo, esto quizá tenga que ver con estar ROMPIENDO patrones familiares de cuidado o RESISTIÉNDOTE a la influencia de una madre EMOCIONALMENTE AUSENTE. Sin embargo, también puedes interpretar tus acciones como una forma de EMPODERAMIENTO más que de CARENCIA, sobre todo si estás CUESTIONANDO INTERNAMENTE las expectativas que la sociedad impone a las mujeres para descubrir cómo ser femenina SIN tener que satisfacer siempre las necesidades y expectativas ajenas. En este sentido, podrías estar DESAFIANDO la norma y explorando toda la amplitud de lo que significa lo DIVINO FEMENINO.

A veces, no obstante, el exceso de posibilidades solo lleva a la confusión. Si tu estilo de lectura es principalmente predictivo o responde a preguntas que exigen respuestas sin ambigüedad, puede que prefieras escoger un sistema igualmente preciso. En cambio, si tu enfoque principal son las percepciones espirituales y psicológicas, agradecerás la ambigüedad, porque te permite explorar las múltiples facetas de los arquetipos.

Si estás empezando a leer el tarot o si necesitas simplificar, puedes limitarte a uno solo de los siguientes enfoques:

- Memoriza los significados de cada carta invertida. Esta es la técnica que menos me gusta, ya que memorizar me resulta difícil. Y, por supuesto, limita la espontaneidad y la amplitud de posibles interpretaciones. Sin embargo, es necesaria si decides utilizar las interpretaciones, muchas veces arbitrarias, de las tradiciones francesa e italiana, como cuando el ocho de copas invertido representa al «abuelo» y el nueve de oros en posición no invertida, a la «abuela».
- Elige solo de dos a cuatro categorías o palabras clave para aplicar cuando aparezca una carta invertida. Puedes seleccionarlas de «Doce formas de leer las cartas invertidas» (página 52), o «Palabras clave para cartas invertidas» del apéndice A. O bien, prueba la regla nemotécnica de James Ricklef, conocida como «las cinco D»:[12]

1. Demora del efecto original.
2. Disminución del efecto original.
3. Dirección opuesta al significado original.
4. Dimensión sombría del significado original.
5. Desviación de la dirección inicial.

- Busca en otras cartas de la tirada repeticiones de un mismo tema, símbolo, color o acción que respalden una determinada interpretación. Por ejemplo, el diez de espadas invertido seguido del as de bastos podría indicar que has roto un ciclo antiguo (que ya no estás «clavado al suelo») y te dispones a comenzar de nuevo. La Estrella invertida junto al tres de copas puede aludir a libaciones en grupo más que en privado, mientras que la Estrella invertida junto al seis de bastos invertido podría señalar que tu autoestima decae cuando los demás no reconocen tus logros.
- Usa la lista «Palabras clave para cartas invertidas» (del apéndice A) para elegir el término más adecuado en cada caso, aplicando la siguiente técnica adivinatoria: cierra los ojos, gira la página en un ángulo diferente y señala al azar. Usa la palabra más cercana a tu dedo para matizar el significado habitual de la carta.
- Observa la imagen de la carta invertida por si te sugiere una escena diferente. Por ejemplo, una persona vio las espadas paralelas del nueve de espadas invertido como una escalera que baja al sótano. La vidriera del cinco de oros invertido se transforma en una puerta. Las espadas del tres y el diez de espadas invertidas parecen salir del corazón o de la espalda de la figura.
- Cuando revises los significados sugeridos en este u otros libros, reformúlalos como preguntas abiertas (¿Cómo? ¿Cuándo? ¿Dónde? ¿Qué?, etc.) para que sea el consultante quien encuentre la respuesta.

- Mi método preferido consiste en pedirle al consultante que describa literalmente la carta en posición normal (en esta etapa no se permite interpretar) y que hable del estado de ánimo, la actitud o los sentimientos de la figura o figuras representadas. Conociendo el significado habitual de la carta, presta atención a cualquier anomalía, es decir, a detalles que se desvíen de lo esperable. Por ejemplo, si el consultante describe a la persona del nueve de copas en posición normal como infeliz y frustrada, y dice que las copas están vacías, esa visión no se corresponde con el significado tradicional de la carta, sino que expresa su malestar interior y la expectativa de que no se cumplirá su deseo. Además, puede que detectes que una desviación tan marcada respecto al sentido habitual indica un dolor profundo, una negación o una falta de gratitud. Para profundizar, pídele al consultante que invente una breve historia sobre por qué las copas están vacías y luego pregúntale de qué manera se está reflejando esto en su vida actual.
- Revisa junto al consultante varias interpretaciones posibles y pregúntale cuál de ellas le resulta más adecuada.
- Aplica un método de descarte: explora con el consultante qué interpretaciones *no* tienen sentido para él o ella y observa cuáles se sostienen.
- Déjate llevar por completo y utiliza un enfoque diferente para cada carta invertida de la tirada.[13] Recuerda que los significados múltiples enriquecen la lectura.

Maneras de «rectificar» una carta invertida

Si te aparece, a ti o a tu consultante, una carta invertida, pero prefieres trabajar con los significados que tendría en posición normal, ¿hay alguna manera de hacerlo? Claro que sí. Por supuesto. Una lectura de tarot consiste en tomar conciencia de lo que estás creando con tus actitudes y decisiones actuales. Esa toma de conciencia te ayuda a elegir de manera distinta y más consciente, a partir de lo que has reconocido y afirmado en la lectura. Aunque algunas situaciones resulten más difíciles de transformar que otras, cada decisión y cada acción generan un nuevo futuro. Tanto las imágenes en posición normal como invertida forman parte de la energía de la carta, de modo que todo ese abanico de posibilidades está a tu alcance. Eso sí, en ocasiones tendrás la impresión de estar saltando obstáculos o avanzar con los pies hundidos en el barro. La mayoría de las veces hará falta abrir la mirada, echar mano de la imaginación y poner un poco de esfuerzo para lograr el cambio que deseas.

Posibilidades para ayudarte a «rectificarla»

- **Evalúala.** Imagina que todo el rango de significados de una carta aparece representado en una especie de indicador semicircular (como un medidor de gasolina), en el que los extremos señalan las interpretaciones más beneficiosas y las más problemáticas. Da un ejemplo de cada una. Imagina que tu antebrazo es la aguja del medidor. Gíralo desde un extremo hasta el otro y luego detente en el punto que creas que representa tu situación actual. Describe ese punto en relación con el significado general de la carta. A continuación, mueve el brazo hasta el lugar al que te gustaría llegar. En términos del significado de la carta, di en voz alta lo que indica ese punto deseado dentro del rango.
- **Actívala.** Dentro de los dos días posteriores a la lectura, representa o expresa simbólicamente la energía que deseas atraer. Por ejemplo, si quieres desarrollar tu espíritu lúdico, ve a un parque infantil. Esto se conoce como magia imitativa: imitar lo que se quiere crear.
- **Resuélvela.** Mira la carta anterior en el mismo palo, en posición no invertida, y considera si hay algo de su significado que no comprendes del todo y que esté frenando tu avance. Cierra ciclos pendientes o repasa las lecciones asociadas a esa carta anterior.

- **Dale voz.** Observa las figuras bocabajo de la carta invertida y pregúntales cuál es el problema, qué quieren de ti y cómo deberías proceder. Di en voz alta o escribe lo primero que se te ocurra. Si te cuesta, inventa la respuesta más disparatada que puedas imaginar y continúa el diálogo a partir de ahí. Haz al menos una de las acciones que surjan, aunque sea mínima.
- **Represéntala.** Siempre que puedas, escenifica la escena de la carta invertida y, a continuación, colócala en posición normal para representar también esa otra versión. Pregúntate: «¿Qué hace falta para pasar de una situación a la otra?».
- **Visualízala.** Sumérgete de lleno en la carta invertida llevando sus implicaciones hasta el extremo, ya sea en tu imaginación o mediante una representación segura de esos extremos. Según el principio de *enantiodromía*, tratado en el capítulo uno, cuando se llega lo suficientemente lejos, la energía se transforma en su opuesto. A menudo esto se manifiesta como una comprensión repentina o un «momento eureka» sobre el origen del problema o simplemente como una sensación de alivio. Por ejemplo, si estás resistiéndote a una «llamada», como la que muestra el Juicio invertido, tápate los oídos con las manos y repite o grita frases como: «No quiero escuchar; me niego; no puedes obligarme a oír». En algún momento te darás cuenta de qué es, *en realidad*, eso a lo que te estás negando. Esto puede liberar la energía de esa situación concreta, que quizás tenga solo una semejanza superficial con tu preocupación real.
- **Síguela.** Describe la carta tanto en posición normal como invertida. Cuando identifiques un «punto sensible» al tocar una emoción perturbadora, síguelo como si fuera un cordón o un salvavidas hacia tu pasado. Trata de mantener viva la emoción mientras revives episodios anteriores en los que la sentiste. Continúa por ese hilo emocional hasta llegar a la imagen más antigua posible. Observa cómo, en realidad, estás

reaccionando emocionalmente en el presente a esa escena del pasado. ¿Puedes ser compasivo y perdonar a tu yo de cuando eras más joven? Muchas veces, con solo revivir la situación original, se alivia la tensión y el estrés del momento actual.

Nota: Poner la carta al derecho no es la única opción. Tal vez ya estés conforme con lo que muestra o prefieras dejar que su energía siga su curso. Si aprendes a valorar sus misterios, acabarás integrándola como parte de la experiencia completa de todo lo que la vida te brinda.

Aplicación de los significados de las invertidas a cartas en posición no invertida

Los significados de las cartas invertidas también pueden aplicarse a una carta que aparece en posición normal. Por ejemplo, el siete de bastos invertido puede hablar de una sensación paranoica de que «todo el mundo está en mi contra», pero este mismo significado podría ser pertinente si la carta en posición normal aparece debilitada, desafiada o representa un problema. El significado invertido podría aplicarse cuando:

- El significado asignado a la posición en la tirada incluye alguna de las palabras clave asociadas a las cartas invertidas (ver el apéndice A), o conceptos como «el problema», «el obstáculo», «lo que te perjudica», etc.
- Otras cartas debilitan, afligen o menoscaban la carta en cuestión, por ejemplo mediante «elementos contrarios» (ver «Dignidades elementales» en el apéndice C) o por medio de una «carta cruzada».*

* N. del T.: La carta cruzada (o carta de cruce) es la que en algunas tiradas se coloca encima de otra y señala un obstáculo.

- Temas repetidos en otras cartas refuerzan una expresión extrema de la carta (ya sea por exceso o por carencia).
- La lectura aborda el trabajo interior y las motivaciones de la persona, su propósito vital, camino espiritual o dimensión psicológica, ya que una invertida (es decir, un cambio de sentido) tiende a poner el acento automáticamente en las causas, las motivaciones y la vida interior.
- La lectura gira en torno a los problemas, malestares, «enfermedades», bloqueos, preocupaciones o errores del consultante.
- La lectura se sitúa en un plano chamánico o mágico.

Recuerda que las cartas invertidas suelen expresar los extremos que existen de forma natural dentro del espectro completo de significados de una carta.

Trabajo complementario

- Reflexiona sobre lo que significan para ti términos como DEL REVÉS, PATAS ARRIBA, GIRADO o INVERTIDO.
- Observa tu reacción inmediata cuando ves cartas invertidas en una lectura. ¿Sueles esperar malas noticias, fracasos, dificultades, o tal vez tiendes a pensar que alguien debe de tener la culpa? Por ejemplo, hay quien cree que las figuras de la corte invertidas representan personas que desean perjudicarte o cuyas características negativas están creando problemas en tu vida. ¿Confirma tu experiencia estas expectativas?
- Ve al listado «Palabras clave para cartas invertidas» (apéndice A) y elige las doce que te resulten más significativas. Reduce luego la lista a tres o cuatro principales. Extrae varias cartas al azar del mazo y observa hasta qué punto encajan con las palabras clave que seleccionaste.
- Usando el mismo listado, crea tu propio compendio de categorías para las cartas invertidas, probándolas con diferentes

cartas. Fíjate en cuáles tienen sentido para ti en la práctica y cuáles funcionan mejor en tus propias lecturas.

Las secciones que siguen ofrecen interpretaciones como ejemplo de cómo los significados tradicionales y modernos pueden adaptarse a partir de los principios que he presentado hasta ahora. Estas interpretaciones no son más que un punto de partida o una inspiración para que desarrolles tus propias percepciones intuitivas.

NOTAS

1. Ver la sección «Términos especializados», en la introducción, para conocer una historia interesante sobre el símbolo *Rx*, utilizado aquí con el significado de «invertida» y, en el ámbito médico, como «remedio».
2. Ver «Proyección», en la sección «Términos especializados».
3. Entre las barajas redondas de este tipo se encuentran: Motherpeace, Daughters of the Moon, Tarot of the Cloisters y la baraja neozelandesa Songs for the Journey Home.
4. Nina Lee Braden compartió esta idea conmigo durante un taller de tarot que impartí hace años en el Omega Institute. Expone sus ideas sobre las cartas invertidas en su excelente sitio web (ver la bibliografía).
5. Rita Moore y Sherryl Smith, del grupo TarotL, observaron este fenómeno de forma independiente.
6. Esta aportación proviene de Tom Tadfor Little, quien la compartió también en TarotL (ver su sitio web en la bibliografía).
7. Eva Yaa Asantewaa, del grupo de debate ComparativeTarot, interpreta las cartas invertidas de manera muy similar a Little.

8. John Ballantree, editor de Ballantree Reprints, ofrece esta interpretación de las cartas invertidas en su libro *Tarot for the Millenium* [Tarot para el milenio].
9. Gracias a Patty Keaney, del grupo TarotL.
10. John Gilbert, de la American Tarot Association, defiende la importancia de contar con «un sistema bien definido y no dejar estas cosas a la intuición, la imaginación o el razonamiento». Publicó sus recomendaciones para leer los arcanos mayores invertidos en los números de julio y agosto de 2000 del boletín ATA News.
11. *Ibid*.
12. Las columnas de James Ricklef sobre tarot, entre ellas la excelente *Ask Nighthawk* [Pregúntale a Nighthawk], han aparecido en numerosos boletines especializados, y ahora están recogidas en un libro (ver la bibliografía).
13. Wald Amberstone y Ruth Ann Brauser, de The Tarot School ('la escuela de tarot') en Nueva York, consideran este su método más lúdico y evocador.

Interpretaciones de los Arcanos Mayores

El Loco

Esta carta representa al Espíritu justo antes de tomar forma, cuando todo está abierto y cualquier cosa puede suceder. Puede señalar un momento de cambio en tu vida, en el que avanzas con lo mínimo, sin grandes planes ni certezas. El Loco habla de vivir el presente y de mirar la realidad con ojos nuevos, sin prejuicios. Abre la puerta a la imaginación y a posibilidades inesperadas, aunque por sí mismo carece de dirección o determinación. A menudo aparece acompañado de un perro o un lince, símbolos de los instintos que te empujan a seguir un impulso repentino o poco convencional. A veces parece que algo te pisa los talones: una fuerza interna que te lleva hacia lo absurdo, lo inexplorado o la aventura.

En ocasiones dejamos de lado nuestras responsabilidades y sentimos un anhelo por algo que no sabemos nombrar ni describir. Tal vez tú o alguien cercano actuéis como un niño: con entusiasmo, libertad y alegría. El Loco se muestra ingenuo, o bien se lanza con una despreocupación casi divina, asumiendo riesgos que rozan lo absurdo o lo brillante. Sus acciones oscilan entre la irracionalidad, la credulidad o la falta total de juicio, pero también pueden traer un soplo de aire fresco. Representa tanto una confianza absoluta en el Espíritu como los desvaríos de un loco o un necio. Habla de una conciencia que sabe poco, pero se atreve a aprender.

El Loco a veces se interpreta como un vagabundo, un trotamundos o una persona sin hogar, y es probable que sufra rechazo o incomprensión. Es posible que carezcas de metas claras o de una visión «normal» de la vida, que no tengas rumbo fijo ni sepas muy bien qué haces. Tal vez tengas la capacidad de estar en cualquier parte, pero sin ejercer ningún poder. Podrías sentirte arrastrado por las circunstancias o a merced de los demás. Esa espontaneidad que te impulsa a actuar puede ir acompañada de una falta de juicio, revelando sin querer lo que sería mejor mantener oculto. Sin embargo, al no tener un destino marcado, no puedes perder el rumbo... ni fracasar.

INTERPRETACIÓN TRADICIONAL. Locura, necedad, demencia, insensatez, exceso. Desvío, error, desorden. Persona de mala reputación. Embriaguez, frenesí, éxtasis. Ceguera, enamoramiento ciego, ilusión. Traición. Irreflexivo, irracional. Inocente. Sensualidad desbordada, carente de ética. Disparate. Aplacar o expiar.

El Loco invertido

Esta carta indica la negativa a asumir riesgos o, en el otro extremo, habla de lanzarse a ellos de forma temeraria y desmedida. A veces sugiere la necesidad de actuar con cautela o señala que ha llegado el momento de madurar y asumir responsabilidades adultas. Tiende a coartar o negar la libertad de espíritu. Es posible que refleje una falta de aventura en tu vida o la resistencia a nuevas oportunidades de viaje o cambio.

El Loco

En las interpretaciones modernas, el Loco erguido goza de una especie de protección divina que lo ampara en su inocencia; al invertirse, esa protección se desvanece y aparece el riesgo de una caída estrepitosa. El miedo a parecer ingenuo o ridículo puede generar una preocupación excesiva por evitar errores. Tal vez desconfíes de una situación –con o sin razón– y adoptes enfoques convencionales y seguros, aceptando límites como si fueran definitivos, incapaz de confiar en lo que el futuro ofrece. Quizá haya apatía o desgana. La falta de claridad sobre por dónde empezar genera inquietud, sensación de estar a la deriva o incluso rechazo por parte de los demás. Tal vez sientas una desconexión con el Espíritu o un sentimiento de abandono. Es posible que nadie tome en serio tu arrepentimiento y tus intentos de enmendar las cosas.

Tal vez te convendría replantearte ciertas decisiones y explorar otras opciones. Quizá estés pasando por alto una advertencia, ignorando tus propios instintos o actuando con imprudencia o falta de discreción. En barajas antiguas, un perro o un gato le rasga los pantalones al Loco, lo que sugiere que podrías estar intentando tapar una metedura de pata o evitar que se descubra algo que preferirías mantener oculto. Podrías estar embarcado en una tarea absurda, perdiendo el tiempo sin obtener nada a cambio. O tal vez hagas lo que sea con tal de evitar una posible humillación.

Si estás proyectando esta interpretación en los demás, es posible que los veas como personas inocentes pero irresponsables, confiadas aunque imprudentes, incapaces de madurar. Sus tonterías pueden sacarte de quicio, y probablemente no confiarías en ellas. A nivel psicológico, esto apunta a tu niño interior, que cuando no se lo reconoce, se manifiesta de forma inapropiada; pero si se le da su lugar, te permite afrontar las situaciones con una actitud lúdica y mantenerte abierto a nuevas posibilidades. En un sentido literal, es posible que un niño cercano esté atravesando dificultades. La invertida también puede señalar un cambio repentino de opinión sobre personas o ideas que antes considerabas tontas.

Desde una perspectiva chamánica o mágica, el Loco invertido implica entregarse a Dios o al Espíritu como lo haría un *sadhu*[*] errante con su cuenco de mendicante, el ingenuo sin doblez o el *santo embaucador* que logra su propósito gracias a su inocencia. Es encontrar la magia en lo cotidiano. Marca el inicio de un viaje iniciático sin un destino claro a la vista.

INTERPRETACIÓN TRADICIONAL. Negligencia, mala decisión, ineptitud, descuido, distracción, estupidez. Imbecilidad. Imprudencia.

* N. del T.: Un *Sadhu* es un asceta o monje hindú que renuncia a los bienes materiales y lleva una vida de búsqueda espiritual.

Ausencia. Apatía, agotamiento. Nulidad, vacío, insignificancia. Errores. Vacilación. Falta de recursos materiales. Abandono. Arrepentimiento estéril.

El Mago

Esta es la carta del «yo, mí, me, conmigo», el viejo «número uno», el yo o ego, y por eso, a veces, simplemente indica que haces algo por tu cuenta. Se refiere a la conciencia enfocada: concentrar tu voluntad en una tarea con el respaldo de herramientas, habilidades y destrezas. Representa la conciencia de ti mismo como individuo único y creativo. Quizá estés usando tu mente, tu destreza o tus capacidades para organizar y manejar ideas o recursos. Tal vez inicies una acción, propongas ideas nuevas o entables comunicación con otras personas. Puede que estés promocionándote, presentando un proyecto o empleando estrategias persuasivas. Es posible que trabajes en solitario o que seas el único responsable de un resultado. Y si trabajas con otros, necesitas autonomía. Como facilitador, impulsas el cambio; como persona relacionada, conectas y generas vínculos.

Esta carta sugiere el uso del lenguaje y de las habilidades comunicativas. Tal vez estés escribiendo, hablando o utilizando alguna tecnología nueva. También remite a la agudeza mental, la astucia y la inteligencia. Su naturaleza mercurial indica adaptabilidad y una capacidad versátil para desempeñar distintos roles. Puede que estés creando redes o facilitando algún tipo de interacción.

En su peor versión, implica recurrir al engaño o a la manipulación para crear una ilusión, torciendo la verdad en beneficio propio. También podría representar a una persona joven o a alguien con un espíritu juvenil, dotado de ingenio, carisma y una capacidad fascinante, como aquellos que Carl Jung describía como *puer* o *puella aeternus*, el arquetipo del eterno adolescente.

Según la interpretación tradicional, tú –o alguien que conoces– podría estar actuando como un charlatán, un prestidigitador o un embaucador; pero en imágenes más modernas, esta figura también se asocia con un jardinero, un poeta o un artista. El Mago tiende a hacer que las cosas sucedan. Las flores que aparecen en la carta del tarot de Rider-Waite-Smith (RWS) aluden a que podrías estar cultivando, preparando o refinando materiales como etapa inicial de un proyecto más amplio. Tal vez estés transformando una situación para que responda mejor a tus necesidades.

INTERPRETACIÓN TRADICIONAL. Habilidad, destreza, maestría, prestidigitación. Diplomacia, elocuencia. Adaptabilidad. Voluntad, fuerza de voluntad, intención. Seguridad en uno mismo. Originalidad. Comienzo. Engaño, falsedad. Debilidad, enfermedad, dolor. Problemas, pérdidas, desastre.

El Mago invertido

El Mago

El Mago invertido me recuerda a una persona joven diciendo: «Yo no fui; no tuve nada que ver con eso; ni siquiera estaba allí». Las cosas pueden no estar saliendo como esperabas. Tal vez te enfrentas a una situación que no se deja manejar. Puede que tengas que soltar el control y dejar que la situación siga su curso. Quizá no cuentas con las habilidades necesarias (ineptitud) o simplemente no puedes hacerlo solo (insuficiencia). Pregúntate si estás dirigiendo tu energía en la dirección equivocada. Tal vez tus intenciones no están bien definidas y debas replantearlas. La carta invertida señala el riesgo de un exceso o falta de confianza: asumir demasiado o encontrarte superado. Como el aprendiz de brujo, es posible que hayas puesto en marcha algo que no puedes controlar.

Quizás no eres lo que pareces. La capacidad del Mago para cambiar de forma puede convertirse fácilmente en una herramienta de engaño, tanto para uno mismo como para los demás. Es posible que te hayas rebajado a la manipulación egoísta y a los engaños para conseguir lo que quieres. Si a esto le sumas la debilidad de voluntad o el subterfugio, la energía está lista para el desastre personal. Como carta de Hermes, la aparición invertida enfatiza aspectos del ladrón, el mentiroso y el estafador, aunque sea de forma leve. Por otra parte, podrías ser alguien malhumorado y petulante. Existe el peligro de hacer un mal uso de un poder individual aún incipiente, o podrías estar moviendo los hilos entre bastidores.

Quizás te sientas solo o cansado de hacerlo todo por ti mismo. Tal vez te falte confianza para entablar amistades. Podría haber dificultades para empezar algo. También es posible que la comunicación se bloquee o se desvíe. O que te sientas pesimista o cínico.

Si lo proyectas en los demás, podrías sentirte deslumbrado por su brillo, su apariencia y su astucia, pero preguntarte si intentarán «jugártela», o verlos como profesionales jóvenes y descarados que creen que lo saben todo y que intentan salir adelante a cualquier precio. Podrías estar trabajando en tu desarrollo personal, cultivando tu jardín interior, haciendo magia contigo mismo.

En cuanto a la salud, puede haber algún tipo de enfermedad mental, psicológica o nerviosa, o tal vez se refiera a un terapeuta que trabaja con este tipo de trastornos.

En el plano chamánico o mágico, se trata del hombre astuto, el brujo, el curandero, el alquimista o el herbolario, que en el mundo actual podría ser un médico, un quiropráctico, un psicoterapeuta o un sanador energético. La magia, según la definición de Dion Fortune, es el «arte de cambiar la conciencia a voluntad», por lo que el Mago posee la capacidad de alterar la conciencia y ver a través de las ilusiones.

INTERPRETACIÓN TRADICIONAL. Voluntad débil. Enfermedad mental o nerviosa. Lesión en la cabeza, aflicción. Desgracia, descontento. Indecisión. Un médico, un mago. Fanfarrón. Charlatán, impostor, mentiroso, estafador, explotador. Ocultación, ilusionista. Agitador.

La Gran Sacerdotisa/La Papisa

Así como el Mago es el ego, la Sacerdotisa es el conocimiento; juntos inician el autoconocimiento. El conocimiento de la Gran Sacerdotisa solo se ve a través del velo de los símbolos y se expresa mediante estados de ánimo y emociones.

Esta carta sugiere pasar tiempo a solas, retirarse a la soledad y prestar atención a los ritmos y ciclos naturales de tu cuerpo y de la naturaleza. Significa que tú, o alguien que conoces, podéis estar actuando de forma misteriosa, fría y distante, pero ofreciendo compasivamente orientación y comprensión. Implica que guardas un secreto o mantienes la privacidad. El acto de buscar un significado más profundo, un propósito espiritual o un valor da un mayor sentido a tu vida y a tu trabajo. Es posible que estés recibiendo consejos o ayuda de una mujer sabia, una consejera o una mediadora, o que seas un oyente comprensivo para otra persona. Motivaciones ocultas o factores invisibles podrían influir en una decisión o negociación. Tal vez experimentes un vínculo psíquico o intuitivo con alguien, o que actúes como una *femme inspiratrice*. Quizás tengas un encuentro transformador y sanador a través de una experiencia sexual. Los ciclos hormonales podrían afectar a tus percepciones. Esta carta puede indicar un momento para retirarse a los sueños, la meditación o los estados de ánimo. Es posible que busques orientación interior o consejo para determinar tu camino, un término medio, sin caer en extremos. En ocasiones, puede indicar que hay influencias de vidas pasadas. Al aspirar a lo oculto, la Gran Sacerdotisa sugiere que debes unir los opuestos.

Este es un reino de misterio y sabiduría femenina interior. Puedes actuar como un recipiente oracular, una virgen que flota en las mareas lunares y los ciclos del conocimiento. En el *témenos*, la iglesia o el santuario del autoconocimiento, encuentras la revelación del yo oculto, esotérico, secreto e interior. La intuición es tu maestra psíquica y la guardiana de tus sueños. También puede sugerir que hay algo que debes recordar. Como dijo Sócrates: «Lo que llamamos aprendizaje no es más que un proceso de recuerdo».

INTERPRETACIÓN TRADICIONAL. Misterio, secretos, sabiduría, conocimiento. El futuro por revelar. Intuición. Retirada, retiro, santuario, aislamiento, meditación. Silencio, discreción, modestia, prudencia, paz. Aprendizaje, educación. Memoria. La consultante femenina o aquella que interesa al consultante.

La Gran Sacerdotisa/La Papisa invertida

La Gran Sacerdotisa

La Gran Sacerdotisa invertida puede significar dificultades para conectar con tu intuición, recordar tus sueños o conocer tus propios sentimientos. Es posible que hayas perdido el contacto con tu sabiduría femenina interior o que la niegues. Algunas personas se sienten más cómodas con la Gran Sacerdotisa invertida que con las profundas corrientes de la carta al derecho. En un extremo, podrías salir de tu caparazón, no reprimir nada y entretenerte con modas pasajeras y coqueteos superficiales. En el otro, te vuelves aún más formal, serio o retraído, y puedes sentirte atrapado. Puedes ser tímida o descarada, o hervir de turbulencia e inquietud por la falta de más opciones. Entonces, al atreverte a actuar fuera de las expectativas de los demás y negarte a dejarte pisotear, podrían tacharte de bruja o arpía. Por otra parte, podría significar la falta de compañía femenina o la traición de una mujer. En general, aumenta la sensación de superficialidad y distancia en las relaciones, a menos que signifique un regreso al mundo después de un período de aislamiento.

Aunque a menudo aumentan los sentimientos de soledad y la falta de autoconfianza, también es posible que estés firmemente decidido a valerte por ti mismo. A veces esto apunta a la pasión sexual, la seducción y el desenfreno, o incluso a un encuentro sexual no deseado. Tal vez tu pureza se vea puesta a prueba, de manera literal o simbólica. Si actúas como inspirador, espejo o mediador para otra persona, puedes llegar a sentir que pierdes tu propia esencia y dudar de ti mismo. Los secretos salen a la luz o se ocultan, las confidencias se rompen; la intriga puede alterar las relaciones personales. Esa superficie serena y receptiva puede agitarse y volverse turbulenta.

A través de la proyección, verás a los demás como sagrados o intocables, o como irracionales, promiscuos y poco fiables. Puedes sospechar de su frialdad, superficialidad y falta de sinceridad, o aferrarte a su delicadeza y fragilidad. La Gran Sacerdotisa refleja tu ánima; por ello, lo que ves reflejado en la posición invertida quizá te resulte perturbador. En cuanto a la salud, las mujeres podrían experimentar problemas menstruales u otros problemas de salud femenina. Los ciclos de cualquier tipo pueden verse alterados. Debido a que esta carta está asociada con la luna, pueden producirse cambios de humor hormonales o comportamiento «lunático». Tal vez sea necesario ajustar la medicación.

Desde la perspectiva chamánica o mágica, este es un momento para invocar a las manifestaciones oscuras y subterráneas de las diosas. Sugiere rituales lunares, ceremonias femeninas, sociedades secretas y difíciles caminos subterráneos en el viaje de la heroína.[1] También puede haber trances y trabajo con sueños, adivinación, mediumnidad, brujería y posesión espiritual.

INTERPRETACIÓN TRADICIONAL. Pasión, ardor, efervescencia, burbujeo, efusión. Fermentación. Acidez. Conocimiento superficial, superficialidad, ignorancia. Egoísmo. Intriga, intenciones ocultas, disimulo. Secretos revelados. Juicio erróneo. Pereza.

La Emperatriz

Esta es tradicionalmente la carta de la Madre/Amante, que hace referencia tanto a la feminidad como a la fuerza vital creativa. La Emperatriz representa la fertilidad de la tierra y la fertilidad humana. Ella fomenta y nutre el crecimiento y el desarrollo de todas las cosas, integrando elementos dispares en un todo armonioso. Como Venus-Afrodita, encarna el amor y las fuerzas de la atracción, con énfasis en la socialización y la relación con los demás. Es posible que estés experimentando placer sensual, disfrutando de la feminidad o atrayendo a alguien hacia ti. La carta sugiere la influencia de tu madre, así como tus propios problemas relacionados con la maternidad y el cuidado de los demás. Podrías crear o dar a luz algo: una idea creativa, un nuevo producto o un hijo. En ocasiones, esto indica un embarazo y, en interpretaciones más antiguas, también el matrimonio.

La carta del RWS muestra a la Emperatriz en un jardín, lo que sugiere un entorno natural, jardinería, embellecimiento de tu entorno o trabajo con alimentos, plantas y mejoras personales. Es posible que te preocupe tu apariencia, cambiar de peinado o de estilo de ropa, o crear belleza a tu alrededor. Hay una apreciación estética y un disfrute de las cosas bellas. Quizás te preocupe el medioambiente o la cultura de tu comunidad. Tal vez emplees tus habilidades sociales para entretener, facilitar o ser anfitriona. Para un hombre, esta carta podría representar a una mujer en tu vida, pero es igual de probable que represente tu yo femenino internalizado (el ánima de Jung) o tu capacidad para encarnar cualidades de cuidado y nutrición. Podrías estar llevando a cabo un proyecto. A veces representa a una persona o institución a la que quieres honrar, amar, impresionar o proteger, o un principio alegórico que defender, como la Madre Naturaleza, el hogar, «la madre y la tarta de manzana» o «la caridad». Como padre o ejecutivo, podrías expresar poder y autoridad dando órdenes que promuevan la armonía, la interacción y el bienestar físico, y esperar el debido respeto por tu posición.

INTERPRETACIÓN TRADICIONAL. Fertilidad, fecundidad, riqueza. Madre, hermana, esposa. Matrimonio. Lealtad, idealismo. Elegancia, encanto, cortesía. Sociabilidad. Acción, plan, empresa. Movimiento, avance, progreso. Oscuridad, clandestinidad, lo desconocido. Símbolo, figura, imagen, alegoría.

La Emperatriz invertida

La Emperatriz invertida podría representar a la madre absorbente, asfixiante o exigente, o bien a una madre ausente. También puede señalar el deseo de no parecerse a ella. Los aspectos negativos de lo femenino son la autocomplacencia, la vanidad y la superficialidad. Por otro lado, esta carta puede aludir a una negación o rechazo consciente de los roles tradicionales asignados a las mujeres, o a la decisión de no tener descendencia. En algunos casos –y siempre con el apoyo de otras cartas– puede hablar de aborto espontáneo o intencionado, histerectomía, infertilidad, frigidez, divorcio o viudedad. Tal vez no estés cuidando bien de ti misma ni de otras personas o estés actuando de manera excesivamente generosa o desinteresada. También puede haber derroche, indulgencia o gasto desmedido, lo que sugiere la necesidad de establecer límites o iniciar una dieta.

Es posible que no te sientas atractiva o sensual, o que hayas descuidado tu entorno doméstico. La inacción y la indecisión pueden deberse a pereza o falta de energía. Otra posibilidad es que tú, o alguien cercano, hayáis retirado vuestro apoyo o interés en un proyecto. Tal vez te sientas excluida, debilitada o menospreciada debido a tu género o a características tradicionalmente asociadas con lo femenino. En ocasiones, esta carta alude al llamado «síndrome del nido vacío»: una sensación de inutilidad o vacío cuando ya no se cumple una función de cuidado o compañía.

La Emperatriz

La fertilidad y la creatividad propias de la Emperatriz en posición normal pueden transformarse, al invertirse, en un crecimiento descontrolado, poco saludable o excesivo. Es posible que falten límites y que los proyectos se expandan sin medida hasta marchitarse por saturación. En el extremo opuesto, esta carta también puede reflejar una falta de creatividad o la frustración que produce no poder expresarla. En el plano de la salud, podría señalar trastornos nutricionales o de tiroides, así como tumores o quistes, situaciones en las que el cuerpo actúa como un entorno fértil para el desarrollo de algo anómalo.

Como esta carta está asociada con la comunidad y la vida social, si aparece invertida puede señalar condena o desaprobación hacia comportamientos tradicionalmente mal vistos, como fallos en el protocolo, hedonismo, intercambio de roles, uniones no oficiales, relaciones extramatrimoniales o hijos fuera del matrimonio. Esto se vuelve especialmente evidente cuando proyectas la Emperatriz en otra persona. En su manifestación como lo que Jung llamó la «sombra luminosa», representa a la mujer idealizada hasta el extremo, ya sea como imagen materna, reina de belleza o modelo inalcanzable. También puedes verla como una figura sobreprotectora o destructiva. A nivel interior, quizá sientas que nadie te percibe tal como eres o escondas tu verdadera identidad bajo un disfraz de atributos femeninos convencionales.

Desde la mirada chamánica y mágica, esta carta encarna a la creadora, la Madre Tierra y la magia del mundo natural: encuentros con lugares y fuerzas de la naturaleza que se experimentan como expresiones del principio femenino sagrado. También puede aludir al rostro temible y devastador de la feminidad y de la naturaleza. Aquí se evocan todas las formas de amor y magia de la fertilidad, así como el uso de hierbas, pócimas y tinturas.

INTERPRETACIÓN TRADICIONAL. Afectación, vanidad, frivolidad. Vacilación, inconstancia. Letargo, parálisis, inacción. Ansiedad. Infertilidad, infidelidad, seducción. Falta de amor. Pérdida material. Día, claridad, luz, verdad. Conveniencia, facilidad. Una apertura.

El Emperador

Esta carta representa a los padres, la paternidad, el hombre interior, así como a las personas mayores, masculinas, paternas, autoritarias y profesionales. Al igual que la Emperatriz gobierna el corazón, el Emperador gobierna el intelecto; es la cabeza del organismo y utiliza la razón y la lógica para funcionar como un dictador benevolente. Esta carta muestra tu capacidad para crear leyes, establecer límites, nombrar y definir cosas, y analizar tu ámbito. Sugiere que puedes ser pionero, constructor y hacedor; o administrador, ordenador y establecedor. Basándote en los sentimientos y la imaginación de la Gran Sacerdotisa y la Emperatriz, ahora inicias planes y estructuras innovadores. Como carta que designa el dominio, tienes conocimientos y experiencia. Tal vez estés afirmando tu liderazgo, adquiriendo poder o asumiendo responsabilidades. La situación presenta una oportunidad para actuar con fuerza y convicción. Para los hombres, esta carta puede representar lo que la sociedad espera de ti, o sugiere rituales masculinos de unión y dominio. Para ambos sexos, podría ser el padre internalizado que aprueba o desaprueba un curso de acción y define las expectativas.

Se trata de asumir tu propia autoridad o de reconocer en qué momentos la has cedido a otros y en quién has depositado esas cualidades. Tu reacción ante esta carta refleja tu relación con el poder, la ley y el orden. En el trabajo, puede señalar que estás dando instrucciones y tomando decisiones, poniendo en marcha proyectos, asignando recursos..., o que, por el contrario, recibes órdenes de alguien que cumple esa función. Representa la actitud de mando de un directivo, un jefe o un gestor, y también puede aludir al gobierno o al ejército. El Emperador te anima a expresar tu visión dentro de una estructura jerárquica y a dirigir tu futuro a través de metas claras. También puede hablar de marcar límites, de levantar una coraza estratégica para protegerte de ataques, imprevistos o emociones perturbadoras. Otra posibilidad es que estés creando un entorno estable y seguro para quienes dependen de ti. Como carta de virilidad, encarna la energía fecunda que proyecta su voluntad hacia el mundo exterior.

INTERPRETACIÓN TRADICIONAL. Voluntad, poder, autoridad, ley. Protección, estabilidad, seguridad, confianza, convicción. Realización, logro, consecución. Razón, lógica, intelecto, principios. Paternidad, masculinidad, virilidad. Liderazgo, dominación. Contratos. Corporaciones.

El Emperador invertido

El Emperador invertido tiende a expresar la tiranía autocrática y moralista de un dictador no tan benevolente. O puede expresar lo contrario: un cobarde débil, pusilánime y poco viril. Por lo general, se encuentra en un punto intermedio, como el padre, el jefe o el líder que traiciona tu confianza, te retira su apoyo, no te protege o no defiende sus principios. Aquí tenemos al padre ausente o ineficaz, al líder fracasado. Puede indicar un orgullo falso: el Emperador está desnudo y se convierte en un bufón.* Si aparece invertido podrías verte humillado de forma abrupta y tu reino derrocado.

Puedes dudar, echarte atrás ante un reto, perder el control o recurrir a una fuerza desmedida. En vez de marcar límites sanos, levantar muros y barricadas. En lugar de reforzar tu determinación, quedarte bloqueado por la rigidez. Tal vez te hayas aferrado en exceso a lo que llamas razón y «hechos», sin dejar espacio a otras perspectivas. También cabe que adoptes una actitud demasiado crítica o sentenciosa, o incluso te muestres santurrón, competitivo, paternalista o machista. La invertida refleja a la persona que usa su poder (físico o intelectual) para imponerse sobre los demás. Si has entregado tu autoridad a otro, eso puede traducirse en una pérdida de confianza y de autoestima.

Por otro lado, es posible que hayas rechazado ciertas características masculinas o que estés rompiendo los estereotipos masculinos tradicionales para definir nuevas posibilidades de expresión. Según el contexto de la tirada, esta carta puede mostrar inmadurez o senilidad, o intereses y orientaciones sexuales poco convencionales.

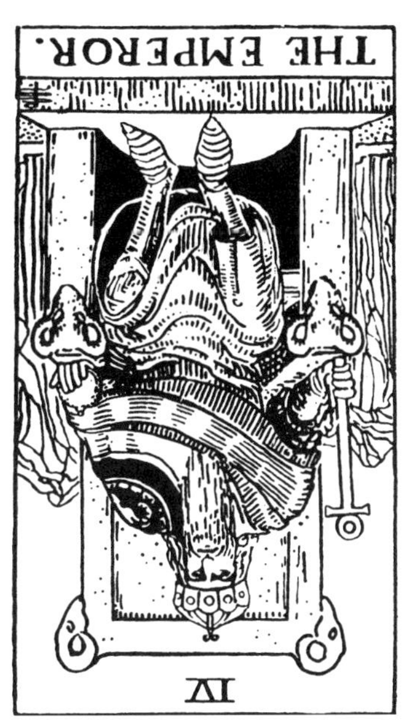

El Emperador

Quizás carezcas de una relación masculina en la actualidad. La aparición de la carta invertida también indica el hombre interior (el *animus* de Jung), el padre y la autoridad

* N. del T.: En referencia al cuento de Hans Christian Andersen *El traje nuevo del emperador*. En él se cuenta cómo un emperador es engañado por unos sastres que dicen que el traje que han confeccionado es mágico: su tejido es invisible para cualquier hombre estúpido o incapaz para su cargo. El emperador lo estrena y sale a desfilar, sin admitir que no puede verlo por temor a que lo consideren bobo o inepto para reinar. Toda la gente del pueblo también finge y alaba enfáticamente el traje, hasta que finalmente, un niño grita: «¡Pero si va desnudo!».

nternalizados, que pueden ser desaprobadores y censuradores, o que proporcionan una guía sabia en los caminos del mundo. Las proyecciones sobre otros pueden abarcar una amplia gama, aunque en algún momento es posible que hayas investido a esta persona con los ideales de la maestría. Puede que la veas como un tirano o un tonto, un abusador o un abusado.

También podría tratarse de un adversario. Un antiguo héroe puede haber caído de su trono. Los aspectos relacionados con la salud incluyen asuntos como la gota, los dolores de cabeza, la pérdida de virilidad y vitalidad, los problemas de próstata, los accidentes, las heridas y el trastorno de estrés postraumático. A nivel chamánico y mágico, esta invertida sugiere al Rey Pescador herido, cuya lesión hace que la tierra se vuelva estéril y que solo puede curarse cuando el Santo Grial (lo sagrado) se reintegra en la sociedad.

Marca las ceremonias de iniciación masculina y simboliza a los líderes cívicos o dioses cornudos que actúan como iniciadores y modelos para los jóvenes.

INTERPRETACIÓN TRADICIONAL. Protección, benevolencia, compasión, buena voluntad. Oposición, obstrucción, bloqueo, terquedad. Inmadurez, ineficacia, indecisión. Prejuicio. Tiranía. Carácter débil. Abuso de poder. Fracaso. Secuestro.

El Sumo Sacerdote / El Hierofante

Esta carta se relaciona con la enseñanza, el asesoramiento y el aprendizaje. El Sumo Sacerdote representa los «deberías» y «tendrías que» que te conectan con los valores tradicionales y el conocimiento establecido. A través de su instrucción en leyes creadas por la divinidad, la sociedad o el gobierno, moldea tu conciencia. Esto garantiza –al menos en teoría– que respetes los tabúes y obedezcas los mandamientos. En la situación actual, podrías estar recibiendo o impartiendo una clase, aprendiendo aquello que ha demostrado ser útil y significativo con el paso del tiempo. Tal vez estés centrado en resolver un problema, aplicando de forma práctica ciertas verdades espirituales. Es posible que estés buscando las claves para ingresar en un grupo, adoptar un nuevo estilo de vida o alcanzar una etapa de crecimiento y transformación. Quizás esperas hallarlas a través de un gurú, una religión o el último conferenciante de moda en el circuito del desarrollo personal, o bien seas tú quien encarne ese papel.

Como ocurre con la Gran Sacerdotisa, puedes pedir o dar consejo, pero en este caso te basas en fuentes ya establecidas. Tal vez estés tratando con grandes organizaciones o instituciones, con «el sistema» o con la administración pública. Para algunas personas, esta carta ha representado a un inspector municipal, con su código de normativas y su obligación de hacer cumplir ciertos estándares. Los procesos complejos se vuelven comprensibles cuando alguien con experiencia los transmite de forma clara.

Aunque para algunos la figura de esta carta es la de un mentor o consejero amable y servicial, otros –como, por ejemplo, quienes leían el tarot en los años setenta– lo ven como alguien dogmático, rígido y reacio a las preguntas.

La palabra hierofante significa 'el que revela lo sagrado haciéndolo comprensible'. En ti, esto puede aludir a sacar a la luz tu propio don, tu espíritu o cualidad innata. Quizá busques guía en una iglesia o un templo, o bien recurras a la meditación y a prácticas espirituales. Las bendiciones, la absolución o el perdón de los pecados pueden tener un efecto sanador. También puede tratarse de una fe sencilla en fuerzas superiores o del momento de asumir votos que te comprometen con un camino concreto.

INTERPRETACIÓN TRADICIONAL. Inspiración. Unión, vínculo, alianza, matrimonio. Cautiverio, servidumbre, restricción. Misericordia, bondad, amabilidad, clemencia. Deber, moral, conciencia, conformismo. Respetabilidad, reserva. Perdón. Enseñanza. Buen consejo.

El Sumo Sacerdote/El Hierofante invertido

El Sumo Sacerdote invertido puede aludir a la puesta en duda de las normas tradicionales, la desobediencia a las reglas, el cuestionamiento o la transgresión de los principios morales, o el rechazo de la formación religiosa recibida. Representa la conciencia del «forastero» o del iconoclasta. Quizá sea el momento de «cuestionar a la autoridad». En lugar de aceptar las normas impuestas por «los que mandan», puedes sentir el deseo de establecer tus propios principios. Es posible que haya un enfrentamiento con las estructuras del poder: religiosas, corporativas, gubernamentales o educativas. También sería posible que te sintieras impulsado a participar en actos de desobediencia civil o incluso en una rebelión abierta. Tal vez tu conciencia no te deja en paz.

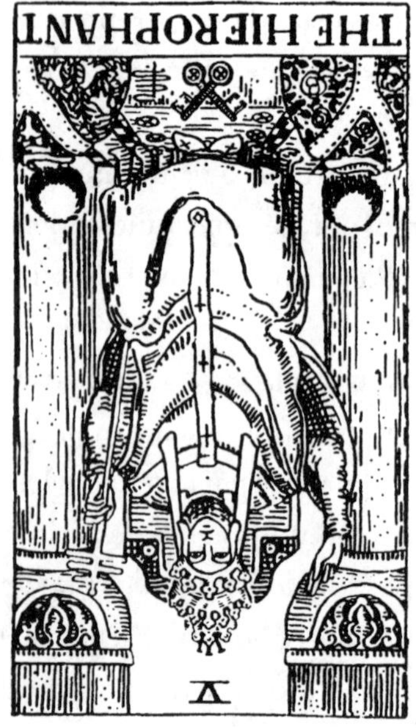

El Sumo Sacerdote

Probablemente los «deberías» y «tienes que» estén agotándote. O quizá te plantees algo inmoral, poco ético o sin principios. En una lectura diaria, podría indicar simplemente un comportamiento inadecuado, un «pecado» venial o algo de lo que te avergüenzas.

Por otro lado, puede sugerir que eres demasiado rígido o dogmático. Quizás te aferras a ideas obsoletas o principios inapropiados. Podrías juzgarte con dureza o permitir que otro haga de gran inquisidor, aceptando su censura o su punto de vista negativo. Es probable que temas la excomunión o ser expulsado. Un camino al que te has comprometido podría resultar limitado y restrictivo.

Tú, o quizá alguien más, podríais estar actuando de manera pomposa, santurrona o arrogante. Tal vez te aferras a principios no probados o imposibles de demostrar, con una fe ciega. La aparición en posición invertida indica rutinas en tu forma de pensar o hábitos obsoletos. En el otro extremo se encuentra la falta de convicción o la timidez a la hora de defender tus creencias.

Es posible que estés confundido, inseguro sobre la diferencia entre el bien y el mal, o atrapado en un dilema entre dos cosas correctas o incorrectas. Podría haber un divorcio si hay indicios de ello, una ruptura con la tradición o un abandono de los estudios.

Si lo proyectas en otra persona, puedes verla como tu acceso a la verdad espiritual y como un ser superior o más puro que los demás mortales. Por otro lado, es posible que descubras que establece normas imposibles, que se adhiere santurronamente a la letra y no al espíritu de la ley, o que es hipócrita. También podría indicar que un maestro o gurú se encuentra en una situación comprometedora y, por lo tanto, es posible que te sientas traicionado por aquellos a quienes admiras o por el sistema.

En cuanto a la salud, esta carta puede indicar afecciones de oído, nariz y garganta, infecciones, tensión y dolores musculares y rigidez en las articulaciones.

En el ámbito chamánico y mágico, es una de las cartas que representan al chamán como mediador o puente entre mundos. Se trata de rituales y del sumo sacerdote que oficia en ceremonias formales y explica el significado divino de los misterios sagrados.

INTERPRETACIÓN TRADICIONAL. Sociedad, institución. Excesiva amabilidad, generosidad tonta, debilidad. Intimidad inapropiada, familiaridad. Susceptibilidad. Mezcla impura, combinación, fusión. Poco ortodoxo. Sentimentalismo, moralidad rígida, inflexibilidad. Renuncia.

Los Enamorados

Con esta carta aprendes cómo se viven, en la práctica, las responsabilidades morales que enseña el Sumo Sacerdote en tus relaciones con los demás. Puede que estés trabajando en un vínculo de cualquier tipo:

con la familia, amistades, colegas, parejas, lo espiritual o incluso con distintas facetas de ti mismo. Los Enamorados a menudo establecen una conexión o muestran una relación entre las cartas que aparecen a su lado, las cuales tienden a atraerse o equilibrarse mutuamente. Es posible que estés participando en una fusión o en una situación que exige cooperación. También puede haber una dimensión romántica o una consumación sexual. Tal vez alguien cercano esté influyendo en tu forma de pensar o en una decisión importante.

En la tradición de la Aurora Dorada, los Enamorados se asocian astrológicamente con Géminis, y por tanto con la comunicación. Dado que muchas terapias de pareja comienzan por trabajar las habilidades comunicativas, este aspecto podría ser clave en tu situación. Tal vez desees relacionarte, intercambiar ideas y opiniones a través de símbolos y experiencias compartidas. La desnudez de las figuras en la imagen del mazo RWS sugiere un anhelo de mostrarse tal como uno es, sin ocultamientos, y ser aceptado de manera genuina. El amor podría estar ayudándote a liberarte de inhibiciones o culpas. Quizás haya en ti una dualidad que necesita reconciliación y equilibrio. Es posible que estés buscando una perspectiva más elevada que te permita integrar tus opciones. También podrías anhelar una unión espiritual más que física. La forma en que tu pareja te trata podría reflejar tu propia valoración personal. Pregúntate qué es lo que más amas y a quién o qué estás eligiendo como compañía en tu camino.

La representación del Jardín del Edén en el mazo RWS alude a la decisión de Eva de comer del Árbol del Conocimiento; del mismo modo, tus elecciones te conducen al aprendizaje y a la experiencia. En los mazos más antiguos, la carta muestra dos caminos y una elección entre el vicio y la virtud. Podrías encontrarte ante una prueba de madurez que exige discernimiento. También aparece Cupido lanzando su flecha, como símbolo de esa fascinación que puede atraparte bajo el hechizo de una compulsión inconsciente.

INTERPRETACIÓN TRADICIONAL. Deseos, sentimientos, aspiraciones. Afecto, atracción, amor. Juventud, inocencia, belleza, perfección. Pruebas, tentaciones, obstáculos superados. Equilibrio entre fuerzas. Armonía. Unanimidad. Confianza. Decisiones sabias. Autodeterminación. Responsabilidad.

Los Enamorados invertidos

Los Enamorados invertidos pueden indicar una unión intangible, una fusión de espíritus más que de cuerpos. A veces se trata de un matrimonio celestial entre almas gemelas, pero las circunstancias materiales los mantienen separados. Es posible que idealices a alguien (especialmente si está ausente) o simplemente la idea de una relación.

Los Enamorados

Podrías estar en una relación difícil, discordante, inmadura o poco saludable, especialmente en lo que respecta a los asuntos que muestran las cartas adyacentes. Quizás tengas problemas de comunicación o no sepas cómo acercarte a alguien. Puede surgir confusión y tal vez aparezcan conflictos debido a desacuerdos o malentendidos. Por otra parte, puede que no haya ninguna relación en perspectiva o que estés decepcionado porque una posible interacción se ha esfumado.

En el ámbito romántico, es posible que te seduzcan o que seduzcas sin amor, o que tu amor no sea correspondido. Puede haber frustración sexual o incompatibilidad. Podrías sentir dolor por los celos, la envidia o la posesividad. En casos excepcionales, habría una «atracción fatal» y acoso. Por otro lado, quizá te entregues al placer autoindulgente, la lujuria y el hedonismo. Es posible que alguien sea demasiado controlador o que ambos estéis luchando por el dominio. Una unión o fusión podría estar reprimiendo tu individualidad. Quizás simplemente necesitas espacio en este momento.

Tal vez te falte discernimiento y tomes malas decisiones que te lleven al arrepentimiento y la culpa, especialmente si hay otra persona involucrada. A veces se trata de tener dificultades para tomar una decisión o de retrasar el siguiente paso, lo que podría llevar a un ultimátum. Un conflicto entre la devoción por otra persona o por tu yo superior podría tenerte bloqueado. Podrías temer una separación, aunque sea temporal. Si otras cartas coinciden, habría desconfianza o engaño, peleas o infidelidad. En ocasiones, esta carta indica ruptura, separación o divorcio. Si os estáis distanciando, es posible que no sepáis cómo reconectar de una manera significativa.

La proyección psicológica es un tema importante en esta invertida, junto con la necesidad de verte a ti mismo a través de los ojos de otra persona. Sin embargo, si estás integrando conscientemente tu propia psique, puede indicar un equilibrio entre tu yo masculino y femenino, o un trabajo activo entre ambos en el mundo de los sueños.

En el ámbito chamánico y mágico, esta carta puede indicar el «Gran Rito» o «Matrimonio Sagrado», en el que las fuerzas masculinas y femeninas se unen ritualmente. También puede reflejar una relación con un demonio o un amante onírico, o cualquier comunicación profunda del alma en los planos internos.

INTERPRETACIÓN TRADICIONAL. Fracaso. Planes imprudentes. No superar la prueba. Contrariedades. Dudas, indecisión, desorden. Desobediencia. Interferencia. Seducción. Conducta sexual inapropiada. Tentación, debilidad. Falta de confianza, desilusión. Inmadurez. Separación.

El Carro

El juego original de triunfos, o *tarocchi*, probablemente se inspiró en marchas triunfales en las que desfilaban carros como este. Esta carta tal vez señale un momento de victoria, de haber alcanzado el dominio sobre una situación. Quizá estés buscando controlar las condiciones de tu vida. Si la carta anterior hablaba del amor, esta representa la guerra, o al menos un fuerte impulso de autoafirmación. Se te pide que desarrolles un ego lo bastante firme como para llevarte hacia tu objetivo, manteniendo bajo control tanto los instintos (las esfinges o caballos) como las emociones (representadas por las lunas en los hombros). Por ejemplo, puedes estar adoptando una actitud ambiciosa, ascendiendo en tu carrera. Las riendas están en tus manos, al menos en sentido figurado.

Algo podría estar impulsándote a superarte, a perfeccionar tus habilidades y a centrarte en alcanzar tu meta. Tal vez estés construyendo una trayectoria, una reputación o influencia. O estés adoptando una postura combativa respecto a un tema, aunque al mismo tiempo sientas que fuerzas internas en conflicto te arrastran en distintas direcciones. También es posible que te conviertas en un guerrero al servicio de una causa o en un defensor del ámbito doméstico.

Adoptar una imagen profesional funciona como una armadura: proyecta seguridad y competencia, pero también oculta tu vulnerabilidad. La victoria es posible cuando lo masculino y lo femenino, lo consciente y lo inconsciente trabajan al unísono. Ocasionalmente, esta carta puede aludir al servicio militar o a deportes competitivos, donde se trata de imponerse al adversario y superar los obstáculos.

Más a menudo, esta carta indica viajes o desplazamientos. Puede indicar un avance en tu carrera o en tu vida personal, una mudanza o un viaje. Tal vez tengas que aprender a manejar maquinaria o desenvolverte en transacciones empresariales y financieras complejas. En última instancia, representa una prueba de madurez en tu camino hacia la individuación.

INTERPRETACIÓN TRADICIONAL. Triunfo, victoria, dominio, conquista, control. Superación de obstáculos y adversidad, progreso. Viajes, exploración. Ayuda, providencia. Guerra, disputas, agitación, venganza, batallas, problemas. Ira, cólera. Lesiones. Fama, orgullo, arrogancia, pompa.

El Carro invertido

El Carro invertido ilustra la historia de Edipo, quien, detenido en un cruce de caminos en su carro, mata a un anciano. Una esfinge le plantea un acertijo, al que él responde correctamente «el hombre», y al salvar al país, se casa con la reina. Más tarde, Edipo descubre que el anciano era su padre y la reina su madre, origen de la teoría del «complejo de Edipo» de Freud. Quizás tú también estés en un viaje de autodescubrimiento, superando obstáculos para alcanzar la victoria, pero la carta invertida te pregunta: ¿a qué precio? Para algunos este héroe es un adolescente que acaba de iniciar el camino hacia la maestría. Por eso la carta al revés lo muestra cabalgando hacia la caída. Quizá tengas una actitud demasiado confiada y actúes de forma imprudente. Podrías tener problemas con el coche, en la carretera o con los preparativos del viaje. Puede que se retrase o se cancele un viaje. Es fácil desviarse del camino.

El Carro

Podrías experimentar conflictos y problemas debido a ideas y objetivos opuestos. Intimidado por la oposición o la falta de experiencia, puedes sentirte indeciso o imprudente, atrapado por una idea descabellada o dando vueltas en círculo, en lugar de avanzar hacia tu objetivo. Tu energía puede estar dispersa o fuera de control. Quizás estés siendo desconsiderado y no respetes los derechos de los demás. Puede haber ira, agitación y, en ocasiones, violencia. En concursos y competiciones, podrías salir derrotado por falta de energía, resistencia o experiencia. Por otro lado, tal vez seas demasiado agresivo o no juegues limpio. Existe el peligro de que se te infle el ego y creas que tus fines justifican cualquier medio.

Proyectado en otra persona, podrías percibirla como acosadora, transgresora, delincuente, agresiva o revolucionaria. Como «sombra brillante», podrías idealizarla como un héroe conquistador o un salvador, alguien que puede arreglar cualquier cosa. Por otro lado, puedes elegir conscientemente no trabajar en primera línea, sino entre bastidores. Es posible que no quieras salir de casa y prefieras centrar tus energías en tu entorno local o en un viaje interior.

En términos de salud, presta atención a las erupciones cutáneas, las úlceras, los problemas gastrointestinales u otros problemas relacionados con el estrés, los accidentes o las lesiones y, tal vez, la necesidad de una silla de ruedas.

En el ámbito chamánico y mágico, representa una experiencia extracorporal, un viaje realizado con el cuerpo imaginario o astral. Interiorizado, simboliza el viaje del héroe y, en su expresión más elevada, la transformación del propio ser en un vehículo a través del cual se manifiesta la energía cósmica, construyendo tu naturaleza como, según la tradición egipcia, un dios Horus: un guerrero espiritual.[2]

INTERPRETACIÓN TRADICIONAL. Alboroto, estruendo, bullicio. Riña, disputa, pleito. Competencia. Derrocamiento, derrota, fracaso, colapso. Poder usurpado, intrigas. Revuelta, rebelión. Accidentes. Malas noticias, preocupaciones, retraso. Ambición desmedida. Éxito inmerecido. Oportunismo peligroso.

La Fuerza

La Fuerza es la virtud que nos permite dominar el miedo y contener la imprudencia, para enfrentar los desafíos con sensatez. Representa el punto de equilibrio entre la cobardía y la temeridad. Puedes aprender a gestionar tus emociones, confiar en tu intuición y afrontar aquello que podría hacerte daño. Esta carta habla de desarrollar la autoconfianza a través del «poder interior», a diferencia del «poder como imposición» que simboliza el Carro.[3] Quizá deberías aceptar y respetar tus instintos, por muy salvajes o amenazantes que parezcan, pues en ellos residen el coraje, la seguridad, la nobleza, la paciencia y la constancia. Puede que estés atravesando una situación que exige precisamente esa perseverancia. Tal vez necesites actuar con la generosidad del león. También es posible que estés sintiendo deseos intensos o dejándote llevar por la pasión. Si tus impulsos más primarios están a flor de piel, el reto es encauzarlos con inteligencia y fuerza de voluntad. Al mismo tiempo, la rabia o el enfado podrían darte el impulso necesario para iniciar una transformación sanadora.

Esta carta también habla de crear lazos y fortalecer relaciones. Al asumir el papel del que escucha, brindas apoyo y aliento a los demás. El amor y la comprensión pueden ayudarte a aliviar el dolor o a calmar la ira. Cuando combinas un compromiso apasionado con una guía amable y una dirección desde el corazón, puedes afrontar las crisis con serenidad y confianza, apaciguando a la bestia interior. Como un alquimista, transformas la energía cruda en fuerza útil para alcanzar el éxito. La pasión por la vida y el coraje de entregarte por completo te dan el poder de expresar tu creatividad y tu vitalidad únicas.

A veces esta carta señala una conexión especial con los animales, sobre todo con los felinos. También puede hablar de la interacción entre lo refinado y lo salvaje. Tal vez necesites determinación, fortaleza interior, claridad mental o un propósito definido. O simplemente aplicar fuerza física a alguna tarea concreta. La energía sexual, bien encauzada, puede convertirse en una poderosa vía de transformación creativa.

INTERPRETACIÓN TRADICIONAL. Fuerza, vigor, fortaleza, coraje, poder, poderío, capacidad. Perseverancia, resistencia. Autoridad, mando, convicción. Magnanimidad, grandeza. Paciencia, calma. Celo, fervor. Energía moral. Subyugación de las pasiones. La mente sobre la materia.

La Fuerza invertida

Con la Fuerza invertida, es posible que sientas miedo de tus propias pasiones, impulsos o deseos, o que, por el contrario, actúes con una audacia excesiva. Tal vez estés lidiando con una división interna: el conflicto entre la razón y el instinto, entre lo civilizado y lo primitivo. Cuando haces algo sin verdadero compromiso, es difícil sostener el esfuerzo. También podrías sentirte superado por fuerzas que escapan a tu control.

La Fuerza

Por otro lado, podrías estar usando tu poder personal para imponerte o someter a los demás. O tal vez seas simplemente tímido o sumiso, servil y adulador, como un animal que ha sido maltratado. Por lo tanto, la Fuerza invertida puede indicar que estás en proceso de establecer algún tipo de jerarquía. Podría tratarse de algo lúdico, como jugar a pelear, o, como el gato con el ratón, convertirse en algo cruel. Las pasiones pueden desbordarse o, por el contrario, quedar reprimidas y negadas de forma irracional. En ese caso, lo que se oculta acaba saliendo a la superficie de manera poco adecuada. Surgen entonces la fragilidad, la debilidad personal, el fracaso o la cobardía; o bien lo opuesto: la imprudencia, el orgullo desmedido y una voluntad que se impone de forma exagerada. Alguien dijo que el mal es, en esencia, un instinto mal encauzado. Puede que sobrestimes tus fuerzas, te lances a retos imposibles y sigas adelante cuando lo sensato sería detenerse. O quizá te quedes paralizado por el miedo a equivocarte en cómo afrontar la situación. Además, es posible que aparezca la inconstancia, la volubilidad o la infidelidad.

También podría ser como dejar escapar al gato de la bolsa: no solo revelar secretos sin querer, sino liberar una fuerza que debería, pero ya no puede, ser contenida.

Cuando proyectas esta energía en otros, podrías verlos como personas emocionales o controladoras. Tal vez sientas que intentan atarte mediante encantamientos. Puedes temer o admirar su fuerza y dominio. En lo interno, se trata de equilibrar mente y cuerpo, y de encontrar el coraje moral al recurrir a ambos por igual, libremente. Es posible que estés prestando mucha atención a lo que tu cuerpo te dice.

En lo que respecta a la salud, forzarte a «ser fuerte» puede derivar en problemas cardíacos, hipertensión o depresión. También pueden aparecer sofocos hormonales o síntomas del síndrome premenstrual. La ira y la rabia acaban pasando factura al cuerpo, al igual que los abusos y los malos tratos físicos.

Desde una perspectiva chamánica o mágica, esta es una carta muy significativa en relación con la energía vital. Está asociada con el encantamiento, la brujería, el sexo tántrico, los misterios menstruales, la transformación en animales y el trabajo con un animal de poder o aliado espiritual. También representa el poder sanador del tacto o la sanación vital. En la metafísica oculta, esta invertida señala el despertar de tu propio poder mágico, ya sea para bien o para mal.

INTERPRETACIÓN TRADICIONAL. Despotismo, tiranía, abuso de poder. Soberanía. Reino, estado, gobierno, administración. Pueblo, nación. Debilidad, impotencia, imperfección. Ira, crueldad, discordia. Impaciencia. Caer en la tentación.

El Ermitaño

Al igual que el Sumo Sacerdote, el Ermitaño puede ser un maestro o gurú, pero se parece más a un guía, mentor o modelo: el anciano sabio de Jung, o *senex*. Al centrarte en la soledad y la introspección, es posible que estés evitando grupos u organizaciones, aunque esto también puede indicar que estás avanzando en tu educación. Lo más probable es que estés buscando la verdad, la sabiduría y el conocimiento fuera de los ámbitos tradicionales. Como último número entero, el nueve, la carta significa un nivel de logro que conlleva la responsabilidad de servir a los demás de forma humanitaria. Alguien podría recurrir a ti en busca de orientación.

Es posible que te estés alejando de las influencias que te distraen para poder centrarte o concentrarte. Quizás estés perfeccionando una técnica o completando un proyecto. Puede que te atraigan actividades introspectivas como la meditación, escribir un diario o la terapia. Tal vez quieras una visión reflexiva de alguna situación o estés buscando el significado de una experiencia vital. Utilizar el conocimiento del pasado te ayudará a elegir un camino en el que tu potencial seguirá desarrollándose. Por ejemplo, esta carta del tarot te serviría para discernir cómo las experiencias pasadas afectan a las probabilidades futuras.

Es posible que estés trazando un plan de acción sensato y prudente basado en la experiencia, la imparcialidad o una perspectiva única. Las barajas más antiguas muestran al Ermitaño sosteniendo un reloj de arena, por lo que podrías estar organizando tu agenda y tus prioridades para maximizar la eficiencia. O quizá esté acabándose el tiempo para cumplir un plazo. Aunque puede que hagas las cosas a tu manera, es probable que seas discretamente poco convencional en lugar de hacer alarde de tus peculiaridades. De hecho, tal vez necesites ser discreto y prudente. Si tienes una relación, es posible que tú o tu pareja necesitéis tiempo a solas. Esto también puede indicar un periodo de celibato o desinterés sexual. Quizás te sientes atraído por alguien mucho mayor o trabajas con personas mayores. Hay una tendencia a la austeridad, el perfeccionismo y la inflexibilidad.

INTERPRETACIÓN TRADICIONAL. Prudencia, cautela, deliberación, discreción, circunspección. Sabiduría. Vigilancia. Reserva, restricción, resignación. Retraimiento, aislamiento. Meditación. Consejo. Disfraz, disimulo, secretos. Traición, picardía, corrupción.

El Ermitaño invertido

Tal vez no quieras estar solo, por lo que el Ermitaño invertido a veces indica una búsqueda de relaciones, ya que despierta el miedo a envejecer en soledad. O bien, puedes sentirte poco sociable y evitar las relaciones íntimas. Es posible que hayas sido abandonado o que hayas dado la espalda a tus amigos o familiares. Quizás un maestro o gurú te haya decepcionado o traicionado. Esta invertida puede indicar que te exiges a ti mismo y a los demás un perfeccionismo excesivo y unos estándares imposibles de alcanzar. Por otro lado, puedes volverte imprudente, temerario y extravagante, en lugar de prudente. Es posible que afirmes tener una experiencia que en realidad no posees.

El Ermitaño

Tal vez temas mirar una situación demasiado de cerca o prefieras ignorar lo que tienes delante. La cautela, llevada al extremo, puede rozar la paranoia. También puedes cerrarte a escuchar, o bien dar y recibir consejos poco acertados. Por otro lado, quizá haya algo que quieras mantener en secreto o disimular. El Ermitaño invertido señala el área en la que adoptas una postura crítica o de desaprobación. Se muestra más compasivo cuando te invita a adentrarte en una experiencia emocional y buscar en tu interior, o en tu pasado, el origen de lo que sientes. La necesidad de un viaje interior y de revelaciones profundas puede intensificarse tanto que llegue a convertirse en una obsesión.

También puede señalar una crisis de madurez. Da igual la edad que tengas: quizá temas envejecer o enfermar. Tal vez busques refugio en la inmadurez o vivas una especie de segunda infancia. En el extremo opuesto, te aferras a viejas creencias, costumbres o ideales que ya no tienen sentido. Puede que la nostalgia te pese demasiado. A veces te comportas con excesivo recato o acabas convertido en un cascarrabias, amargado e intolerante con los más jóvenes, sobre todo si arrastras remordimientos. En algunos casos también apunta a investigaciones sobre la historia familiar o los antepasados.

Cuando se proyecta en los demás, los ves como personas con experiencia, pero solas. Pueden ser anticuadas y conservadoras o modelos por su integridad personal y sabiduría. El Ermitaño invertido, como guía interior, probablemente indique que debes retirar las proyecciones que haces sobre los demás y recuperar tu luz, para poder ver tus propios defectos y potencialidades.

En cuanto a la salud, podría haber problemas relacionados con la digestión. Esta carta puede apuntar a todos los problemas de la vejez, desde la senilidad hasta la rigidez, pasando por la pérdida de visión y audición, y el insomnio.

Desde una perspectiva chamánica o mágica, el Ermitaño invertido es el alquimista, el hermetista, el erudito en ocultismo o el propietario de una librería metafísica. Es el *psicopompo* o guía de las almas. Sin embargo, tanto Waite como Crowley reconocen a esta figura como la Perséfone oculta, reina del Hades, que en invierno conduce a las almas al inframundo y en primavera las lleva al renacimiento.

INTERPRETACIÓN TRADICIONAL. Tímido, solitario, ermitaño, misántropo. Aislamiento, soledad. Insociabilidad, malhumor. Miedo.

Exceso de prudencia, imprudencia. Inactividad. Inmadurez, prematuridad. Tonterías, malos consejos. Ocultación, disfraz. Celibato, pobreza, silencio.

La Rueda de la Fortuna

La Rueda de la Fortuna simboliza el cambio, el movimiento, la expansión y la oportunidad en todos los ámbitos. A menudo, el cambio es repentino y tangible, posiblemente estimulante, y los resultados finales o el desenlace son difíciles de predecir. Sin embargo, con la intervención de la diosa Fortuna o la diosa de la Suerte, las situaciones suelen dar un giro favorable. Metafísicamente, sientes que se trata más de destino que de azar, de sincronicidad más que de coincidencia. Como el destino es hijo de la necesidad, te adaptas y cambias según lo exige cada estación. Pueden surgir situaciones ventajosas, pero depende de ti arriesgarte y aprovecharlas, ya que se dice que «la suerte es el punto donde se encuentran la preparación y la oportunidad». Llegan o desaparecen recursos, personas, dinero o noticias. Puedes encontrarte trabajando con ciclos que se repiten, con los altibajos propios de los negocios, los aniversarios o las festividades solares. Tal vez intentes mantener una visión global, buscar una perspectiva más amplia o, sencillamente, dejarte llevar. A veces también surge la tentación de tomarte la vida más a la ligera, sabiendo lo fácil que resulta ganar algo... y lo fácil que es perderlo.

Quizás recibas recompensas y reconocimiento por cosas que has completado. Podrías estar en un torbellino de actividades sociales, con la vida acelerándose. Se amplían los horizontes y se abren posibilidades, que implican ascensos, viajes u otros cambios de lugar, o una ampliación de conocimientos. Como indican las cuatro figuras aladas con libros en la baraja RWS, es posible que estés diversificando, promocionando, creando redes, haciendo publicidad o difundiendo información a través de los medios de comunicación. La tendencia es hacia efectos amplios y globales.

Podrías tener un encuentro fortuito con alguien o estar en el lugar correcto en el momento justo. Esta carta puede señalar asuntos kármicos o relacionados con la reencarnación, que te atan al ciclo del renacimiento y a la evolución en espiral de la conciencia. También sugiere la importancia del reciclaje y los recursos renovables.

INTERPRETACIÓN TRADICIONAL. Fortuna, destino, suerte. Éxito inesperado, buena suerte, dicha. Inevitabilidad. Providencia. Prosperidad, mejora, avance. Ascenso, elevación, progreso, movimiento. Cambio, fluidez. Culminación. Iniciativa fructífera. Ganancias. Buena salud.

La Rueda de la Fortuna invertida

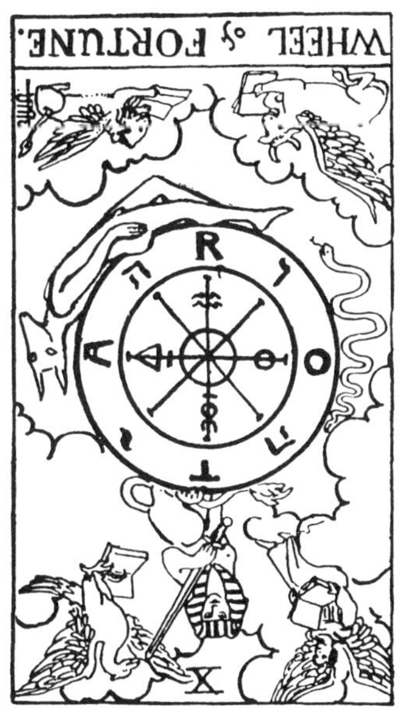

La Rueda de la Fortuna

Tradicionalmente, la Rueda de la Fortuna invertida sigue siendo beneficiosa, pero es más inestable, como un yoyó psicológico, con alternancia entre la esperanza y el desánimo. Es posible que experimentes retrasos y pequeñas molestias con los cambios que esperabas, como maniobras repetidas de arranque y parada. Puedes sentirte ansioso y preparado para algo nuevo, pero bloqueado y obstaculizado, sin saber cuál será el siguiente giro. Quizá una situación aún no esté «madura» y cualquier movimiento sea prematuro. Es posible que tengas que rehacer o repetir algo que ya hiciste, volviendo sobre lo mismo.

En el otro extremo, la emoción del torbellino social o las transiciones de la vida pueden empezar a parecer agitadas y agobiantes, como si estuvieras en una cinta de correr y no pudieras parar. A veces hay un exceso de cambios, con un rápido crecimiento y expansión, y efectos amplios y dispersos. Tal vez sea excesivamente rápido para cualquier tipo de planificación. Si sospechas que las cosas están sucediendo con demasiada rapidez y facilidad, podrías volverte desmesuradamente prudente, inflexible o conservador en un intento de ralentizar el proceso.

Aunque algunas interpretaciones sugieren fracaso y mala suerte, lo más probable es que el problema esté en la actitud, ya que la negatividad comienza a colarse en la visión optimista de la carta al derecho. Necesitas valor, resistencia y la convicción de que la rueda girará. Puede que simplemente no sea el momento adecuado, como intentar hacer algo fuera de temporada. Quizás temes haber perdido una oportunidad y no estás seguro de que vaya a surgir otra. Al igual que con el Carro, puede haber problemas relacionados con los viajes. La inestabilidad que indica la hace muy arriesgada para los jugadores, ya que puede haber ganancias o pérdidas inesperadas, o ambas cosas. Aumenta la imprevisibilidad.

Si lo proyectas en otra persona, podrías ver que tiene toda la suerte, que va camino de la cima y que la fortuna le sonríe, pero, si te quedas cerca, probablemente la verás caer. A nivel interno, hay movimientos y cambios invisibles en la conciencia que solo surgirán más tarde en acontecimientos externos. Tal vez percibas significado en patrones y ciclos que nunca habías visto antes. También podrías empezar a reconocer cómo tus acciones afectan al todo y lo reflejan.

En cuanto a la salud, podría indicar los altibajos de cualquier afección, como recurrencias y recaídas, fluctuaciones de peso, retención de líquidos o cambios de humor maníaco-depresivos, así como alergias o trastornos afectivos estacionales.

A nivel chamánico o mágico, tal vez haya trabajo y prácticas de vidas pasadas que te ayuden a salir de la rueda de la encarnación. Todo son actos de magia estacional y los equinoccios y solsticios y los cruces de cuartos.[*] La baraja RWS representa libros de sabiduría de los cuatro rincones del mundo y signos alquímicos de transformación.

INTERPRETACIÓN TRADICIONAL. Crecimiento, desarrollo, expansión, producción. Abundancia, excedente, exceso, superfluidad. Descuido, negligencia, inseguridad, inestabilidad. Inconstancia. Aventuras, riesgos, especulación. Lo inesperado e impersonal. Mala suerte, fracaso, destino adverso. Caída del poder.

La Justicia

Cuando aparece esta carta, se te llama a rendir cuentas por tus acciones. Puede que te encuentres en un momento decisivo del que dependerán futuras consecuencias o evaluaciones. Tal vez estés llegando a acuerdos con alguien, equilibrando tus necesidades y deseos con los suyos; podría tratarse de contratos, matrimonios, asociaciones, negociaciones, intercambios o resoluciones. También podrías estar involucrado en un caso judicial, una demanda, una investigación o una mediación. Por supuesto, es posible que seas tú quien exige justicia. Quizá tu rol sea el de juez, abogado, mediador o intermediario que facilita una resolución. Para algunos intérpretes, esta carta en posición normal indica que la verdad y la justicia prevalecerán –ya sea en términos kármicos, morales, éticos o legales– y que recibirás exactamente lo que mereces.

Como la pluma es más poderosa que la espada, esta carta puede referirse a la escritura y a los escritores. A veces es la voz de la crítica, que puede exigir disciplina, lógica, razones y justificación, y exactitud. Los símbolos le recordaron a una persona un metrónomo musical que le exigía mantener el ritmo.

---

* N. del T.: *Cross-quarters* en el original. Se refiere a los días a medio camino entre los equinoccios y solsticios. Estos días son importantes en diversas culturas y tradiciones. Marcan momentos significativos en el calendario.

En un nivel más profundo, se trata de ser fiel a ti mismo y a tu propia naturaleza; de lo contrario, ninguno de tus acuerdos con los demás será verdaderamente justo y equitativo. Para tomar decisiones con las que puedas vivir, es posible que tengas que sopesar los pros y los contras, analizar y evaluar, hacer listas y valorar. Puedes hacer ajustes basados en tus sentimientos subyacentes y honrar tu verdad personal, sin dejar de ser justo y moralmente recto. Las cartas a ambos lados de la Justicia suelen mostrar lo que estás tratando de equilibrar, ajustar o decidir.

La balanza también se refiere a actividades comerciales, como equilibrar tu talonario o tus cuentas, pagar facturas, préstamos e impuestos, así como acuerdos comerciales y asociaciones. En las relaciones, es posible que estés pidiendo una distribución justa y equitativa de las responsabilidades. Quizás te preocupa «legalizar» una relación. La diosa plasmada aquí, Themis, también representa la opinión pública, ya que su nombre significa 'convención' o lo que está fijado en la sociedad.

INTERPRETACIÓN TRADICIONAL. Equilibrio, balance, aplomo, armonía. Rectitud, equidad, probidad. Imparcialidad. Honestidad, integridad, virtud. Ley/orden. Misericordia/justicia. Lógica/razón. Correcto/incorrecto. Bueno/malo. Administración, ejecución. Regularidad, método. Disciplina. Necesidad. Ganar un juicio.

La Justicia invertida

Cuando la Justicia aparece invertida, muchos consultantes suelen exclamar que algo «no es justo». Surge el miedo a que la justicia quede anulada, a que el orden se altere o a que los deseos se vean frustrados. También pueden presentarse complicaciones legales, pérdidas o un desprecio total por la ley. A veces esta carta apunta a la necesidad de corregir desequilibrios en la vida personal o en las relaciones. Conviene observar las cartas que aparecen a ambos lados para encontrar pistas al respecto. Tal vez te inquiete la idea de asumir responsabilidades o de enfrentar situaciones que obligan a reparar daños o pedir disculpas. Esto se debe a los sentimientos de vergüenza, humillación o dificultad para aceptar las consecuencias. En otras ocasiones, refleja un proceso más positivo: reconocer los propios errores y asumirlos con humildad. Esta carta también puede aludir a una justicia poética, en la que alguien recibe lo que merece de un modo inesperado y con un tinte irónico. Y, si la lectura se orienta hacia la creatividad, puede señalar un bloqueo artístico o la sensación de sentirse abrumado por el papeleo.

Algo estable, equilibrado o que normalmente no varía, podría verse alterado. Los valores previos, las viejas reglas empíricas y las expectativas sociales no son fiables, por lo que debes responder de forma dinámica en el momento, con poca o ninguna información. Es posible que traspases los límites de lo que la sociedad y las convenciones pueden tolerar. Podrías reaccionar de forma emocional cuando se requiere una razón fría. Quizás estés tratando de justificar tus acciones. O bien te quedes estancado en la indecisión y la inacción.

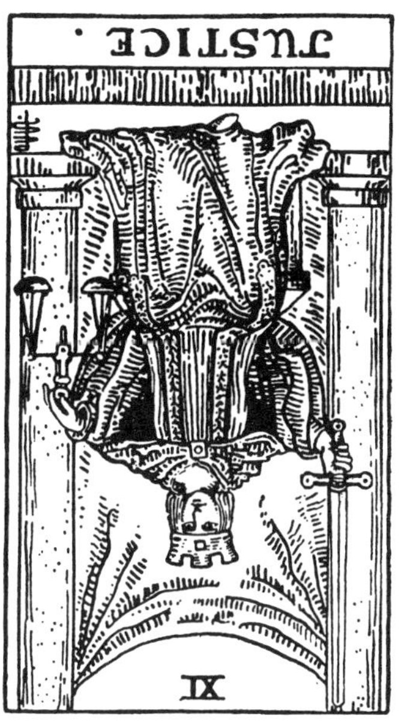

La Justicia

La injusticia es, por supuesto, el problema que plantea la posición invertida, junto con la intolerancia, los prejuicios y los sesgos. La relación entre la Fuerza y la Justicia, ambas numeradas con el once,* fue señalada por san Ambrosio, quien definió la injusticia como la fuerza sin justicia: dispuesta a oprimir al más débil. Las críticas pueden ser excesivamente severas y, por lo

* N. del T.: En algunas barajas de tarot la Fuerza es la carta número once (por ejemplo, en el de Marsella).

tanto, destructivas, o carecer de comprensión. Es posible que confíes excesivamente en la racionalidad o en los hechos, o que los ignores por falta de discernimiento.

Cuando proyectamos esta carta en los demás, aparecen los chistes sobre abogados y policías, o la idealización típica de las series policiacas y de personajes como Perry Mason.* Pero dirigir la mirada hacia dentro y encontrar en uno mismo la justicia y la resolución necesarias puede ser una de las tareas más difíciles.

En cuanto a la salud, esto puede describir cualquier tipo de desequilibrio metabólico o deficiencia vitamínica, pero tradicionalmente se relaciona con el envenenamiento y, por lo tanto, con el daño hepático. Esto se aplica especialmente a las sensibilidades y enfermedades causadas por el medioambiente y los productos químicos, o a cualquier accidente o situación que pueda dar lugar a acciones legales.

En el plano chamánico y mágico, es el corazón lo que se pesa en la balanza. Esta carta también se relaciona con la ley triple del retorno y los juramentos sagrados, junto con las consecuencias de romper dichos juramentos. También incluye técnicas adivinatorias y pruebas para descubrir las fuentes del desequilibrio, la enfermedad o el desastre.

INTERPRETACIÓN TRADICIONAL. Jurista, profesional del derecho. Legislación, ley, códigos, estatutos. Policía. Derechos humanos y naturales. Fanatismo, prejuicios, intolerancia. Acusaciones falsas. Complicaciones legales. Abuso de la justicia. Excesiva severidad. Desigualdad. Burocracia.

* N. del T.: Perry Mason es un personaje creado por el escritor estadounidense Erle Stanley Gardner. Se hizo popular sobre todo en la serie de televisión emitida entre 1957 y 1966, donde fue interpretado por el actor Raymond Burr. Mason es un abogado defensor que casi siempre logra demostrar la inocencia de sus clientes.

El Colgado

Debido a que la figura de esta carta está cabeza abajo, las características que normalmente aparecen en las invertidas se encontrarán en la posición normal, por lo que se analizan aquí. El Colgado es la imagen más compleja del tarot, lo que tal vez explique por qué aparece en tantas películas y en la literatura. La tememos porque no la entendemos. De este malestar común surgen varias interpretaciones: sentirse víctima, impotente para escapar del destino, atrapado en una adicción o acosado por fantasías e ilusiones astrales. Podrías sentirte «atado al potro» o castigado de alguna otra manera, lleno de autocompasión, plagado de desconcierto y confusión, a la deriva o estancado y sin rumbo, maltratado, atacado o convertido en chivo expiatorio. Puedes sentirte humillado por cualquiera de las situaciones anteriores o expuesto al ridículo y al abuso, lo merezcas o no.

En la época en que apareció el tarot, se representaba a los traidores colgados bocabajo en pinturas humillantes expuestas en edificios públicos.

Sin embargo, este no es el significado más profundo de esta carta, sino solo lo que sucede cuando permaneces atrapado en preocupaciones materialistas y evitas lo que la siguiente etapa de la conciencia requiere de ti. Con el mundo real aparentemente en suspenso, puedes hacer una pausa para reconsiderar a qué estás realmente apegado.

Esencialmente, el Colgado trata sobre la rendición total a un punto de vista opuesto, invirtiendo tu conciencia e imaginando de manera diferente. Aquí pones la conciencia espiritual en primer lugar y buscas el significado y la sabiduría, no de los bienes terrenales y la información. La carta sugiere devoción, ausencia de ego y sacrificio. Puedes encontrar afinidad con el místico, el chamán, el sanador, el artista, el poeta o el soñador, y por lo tanto, con las paradojas y los misterios de la vida. Es posible que quieras dedicarte a alguna causa o proyecto, o expiar voluntariamente alguna mala acción. Podrías renunciar a las expectativas mundanas y aceptar más plenamente las pruebas y condiciones de la vida, así como abandonarte al servicio en aras del Espíritu. Si es así, experimentarías una liberación del ego que te transportaría a un estado extático más allá de la racionalidad y el autocontrol. Así, podrías sacrificar algo menor por algo mayor, aunque menos tangible. Sacrificio significa 'hacer sagrado' y, como dijo una vez la novelista Mary Renault, «no es el derramamiento de sangre lo que invoca el poder, sino el consentimiento». No es la redención, sino la voluntad de ser redimido.

Desde esta nueva perspectiva, puedes ver más allá de las apariencias superficiales, lo que conduce a un cambio de conciencia sobre el significado de la vida. La adversidad se convierte en una oportunidad para adquirir sabiduría y comprensión, que es exactamente lo que puede suceder con los aspectos problemáticos de las cartas invertidas. Cuando te resistes al proceso interno de crecimiento, te quedas atrapado involuntariamente en el papel de víctima. Puedes escapar del sufrimiento renunciando al intelecto y la voluntad propia que alcanzaron su máximo desarrollo en la Justicia. La forma más eficaz de hacerlo es mediante la oración y la meditación, y entregándote a un poder superior. Cuando te sale el Colgado, recibes indicios de esta realidad alternativa, así como orientación y afirmación, a través de experiencias psíquicas, adivinación, sueños y visiones.

Cuando esta carta se proyecta en otras personas, las verás como poco realistas, soñadoras en extremo, sensibles, imaginativas y tal vez incluso locas o «colgadas».

En cuanto a la salud, puede manifestarse cualquier dolencia física, psíquica o espiritual, ya que esto activa el arquetipo del «sanador herido», cuya premisa es que solo podemos sanar a alguien cuando nosotros mismos estamos heridos. Sin embargo, las adicciones y otras formas de evasión o abuso podrían tender a debilitar la llamada del Espíritu.

Esta es una carta de gran peso en el ámbito chamánico, ya que representa la iniciación en el otro mundo. El antropólogo I. M. Lewis observó: «A quienes los dioses llaman, primero los humillan con aflicción y desesperación», y «El don de la iluminación, a cambio de la entrega del yo, [...] forma parte de la posesión espiritual controlada en todas partes».[4] En la magia ceremonial, esta carta simboliza el ingreso a una orden interior que implica una muerte y resurrección hacia una nueva vida. También representa el estado extático desde el cual se realiza gran parte del trabajo de sanación y surgen las visiones proféticas.

INTERPRETACIÓN TRADICIONAL. Sacrificio, autosacrificio, renuncia, entrega. Sabiduría. Vida en suspensión, trance. Devoción. Sumisión al deber. Patriotismo. Traidor. Pruebas. Intuición, profecía, previsión. Idealismo. Regeneración. Giro. Arrepentimiento, expiación.

El Colgado invertido

NOTA: Los temas que normalmente se tratan en la carta invertida se encuentran en la descripción del Colgado en posición normal.

El Colgado invertido parece listo para actuar, pero sin nada que hacer. Con su halo brillante y esa pose provocadora, parece demasiado bueno para ser real... y tal vez lo sea. Puede que quieras causar una buena impresión y agradar al público, aunque detrás se escondan otras intenciones. Tal vez no seas tan ingenuo como aparentas. Tus objetivos podrían ser egoístas o quizás estés demasiado centrado en tu propio punto de vista y en tus asuntos personales. También podrías estar absorbido por el materialismo. Aunque parezcas dispuesto, es posible que no cumplas tus promesas, sobre todo si implican algún tipo de sacrificio. Tal vez incluso te moleste tener que hacer

El Colgado

sacrificios. En el peor de los casos, podrías adoptar una actitud arrogante, de falsa superioridad moral, ya que puede que en el fondo no estés realmente comprometido con nada. También cabe la posibilidad de que te sientas desconectado, aburrido, apático o simplemente colgado, sin rumbo ni dirección.

Por otro lado, es posible que seas más vulnerable de lo que pareces, que quieras hacer las cosas bien pero no sepas por dónde empezar o que estés atrapado en la procrastinación. Podrías sentirte atrapado, acorralado y a merced de los demás, o simplemente liberado de algún tipo de detención. Quizás estés impaciente por ponerte en marcha, pero sigas atado a pequeños contratiempos y obligaciones.

También es posible que estés abriendo los ojos a tu situación, pero aún no seas consciente de tus opciones. Tal vez te encuentres en un punto de inflexión espiritual, buscando una dirección y esperando una señal o un presagio. Es como el joven *chela* o discípulo, que espera la atención y el consejo del maestro sobre un camino o una enseñanza en particular. Si te sientes muy vulnerable, busca más orientación en otras cartas de la tirada.

INTERPRETACIÓN TRADICIONAL. Egoísmo. Sacrificio parcial, inútil o no realizado. Las masas, la plebe, la población, el cuerpo político. Proyectos o ideas no realizados. Promesas incumplidas. Preocupación por el ego. Falsas profecías. Acusaciones injustas o encarcelamiento. Sin ataduras.

La Muerte

Es posible que sientas un gran alivio al sacar esta carta o un alivio mezclado con pena. La incertidumbre y la aprensión han llegado a su fin; el cambio y la transformación son inevitables. Sea lo que sea con lo que hayas estado luchando, ha terminado o pronto terminará, lo que te permitirá finalmente seguir adelante. El proceso es como podar y compostar a fin de despejar el camino para un nuevo crecimiento, mientras que la descomposición y la putrefacción transforman los restos en un suelo rico y nutritivo. Seth, canalizado por Jane Roberts, dice que lo que llamamos muerte es en realidad una «oleada agresiva de energía vital creativa», ya que elimina lo que carece de vitalidad.[5] La destrucción en preparación para la renovación y el desmembramiento que despeja el camino para la regeneración pueden dar lugar a que liberes hábitos restrictivos y formas obsoletas. Tal vez estés arrancando de raíz un entorno estancado o dejando atrás amistades que ya no te aportan nada. Podría ser el final de un proyecto o un trabajo, o representar recortes y liquidaciones.

Al eliminar todo lo que no es esencial, puedes llegar al meollo de la situación y encontrar lo que realmente te sostiene. La muerte representa el abandono de la voluntad personal y la liberación de formas innecesarias. Puede requerir un período de duelo y luto.

Por otro lado, quizá sientas una intensa pasión, lujuria o liberación. En la época de Shakespeare, el orgasmo se llamaba «la pequeña muerte», por la idea de que cada orgasmo acortaba la vida un día y simulaba la experiencia de la muerte a través de la aniquilación del ego individual. Esta carta también puede indicar cualquier cosa que «te deje sin aliento» o «por lo que morirías».

Una consultante, durante su embarazo, recibió esta carta el día de su ecografía. Vio, en la bandera de la carta RWS, la misma imagen blanca sobre un fondo negro. «Todas estas capas me hicieron pensar en una rosa que se abre, sobre todo porque en el centro de una rosa se encuentra el útero y el embrión (el pistilo y el ovario); y la rosa, por supuesto, es un símbolo clásico del sistema reproductivo femenino».[6] El bebé estaba bien, por lo que tenemos un ejemplo perfecto de que no hay que temer a esta carta.

INTERPRETACIÓN TRADICIONAL. Cambio. Final. Transformación. Alteración. Mortalidad. Destrucción, aniquilación. Renuncia. Corrupción, putrefacción. Pérdida, corte. Fracaso. Deterioro. Desencanto, desilusión. Desapego, resignación. Desempleo.

La Muerte invertida

La Muerte invertida puede resultar más difícil que cuando aparece del derecho si estás intentando resistir un cambio inevitable. Es posible que estés postergando o evitando el final de algo, engañándote a ti mismo, prolongando el dolor y el malestar, e impidiendo que surja algo nuevo. También puede señalar preocupación o angustia por algo que anticipas –en especial si lo consideras negativo o dañino–, independientemente de que esos temores lleguen o no a concretarse. Tal vez sientas que algo o alguien te «persigue», que no te deja en paz o que te resulta molesto e insistente. Esta carta también puede señalar situaciones de «muerte en vida», marcadas por la inercia, el exceso de sueño, la apatía o el cansancio, la estancación, la rigidez o el estreñimiento, activadas por distintos miedos e inseguridades. Cabe destacar que esta carta invertida suele aludir más a una actitud o estado mental pesimista que a una desgracia real. Sin embargo, ese pesimismo hace que hasta el día más luminoso se perciba sombrío y sin vida.

La Muerte

Por otro lado, podrías sentir que estás «resucitando», saliendo de un periodo de depresión o estancamiento, despertando nuevamente al disfrute de la vida y los placeres sensuales. Tal vez estés recuperándote del dolor o la tristeza. Algo que dabas por perdido podría resurgir, como el renovado interés por una antigua pasión. Incluso una persona podría «volver de entre los muertos», ya sea en sentido figurado o tras una experiencia cercana a la muerte.

También es posible que sientas fascinación por la muerte, la morbosidad o la estética gótica. Tal vez intentes comunicarte con los muertos o participes en actividades espiritualistas.

O bien podrías rechazar esa clase de experiencias o no creer en ellas.

Si proyectas esta energía en otras personas, seguramente las verás como figuras amenazantes o inquietantes, como el recaudador de impuestos –a veces asociado con la muerte–, los «hombres de negro» o personas con una actitud sombría que estropean cualquier momento de alegría. También podrías percibirlas como vampiros emocionales: individuos que te agotan emocionalmente, pero que, aun así, ejercen una extraña fascinación o un cierto atractivo erótico.

En cuestiones de salud, nunca interpretes esta carta –ya sea del derecho o invertida– como una predicción de muerte. Si una muerte literal está involucrada, por lo general la persona te lo hará saber. Algunos de los problemas de salud asociados son el estreñimiento, enfermedades infecciosas (especialmente de transmisión sexual), intervenciones quirúrgicas y todo tipo de extirpaciones, atrofia o falta de sensibilidad en partes del cuerpo, así como estados de coma. También puede indicar la menopausia.

En el ámbito chamánico y mágico, saber morir es el gran secreto de la iniciación, y las iniciaciones avanzadas suelen incluir un rito de muerte y renacimiento que se asemeja a una «experiencia cercana a la muerte» (ECM). También puede hacer referencia a los «no muertos»: gólems, zombis, vampiros y la nigromancia.

INTERPRETACIÓN TRADICIONAL. Muerte o accidente evitado por poco. Apatía, sueño, letargo. Estancamiento. Ruina. Inmovilidad. Sonambulismo. Cambio lento o parcial. Cambio para bien. Desánimo, pesimismo, depresión. Destrucción de la esperanza y los planes.

La Templanza

La Templanza trata sobre la moderación y el ajuste, y sobre encontrar un punto medio entre los extremos siendo mesurado y considerado. Puede que estés creando algo nuevo al mezclar, combinar o alternar elementos que probablemente sean opuestos por naturaleza. Estos elementos podrían estar representados por las cartas que aparecen a ambos lados. Tal vez estés buscando soluciones, tendiendo puentes, generando cambios o sintonizándote con el entorno y las circunstancias que te rodean. En este caso, el proceso es más importante que el resultado o la meta, y puede requerir varios intentos, pruebas, errores y ajustes hasta que «la química funcione». Para mantener y reforzar el equilibrio (homeostasis), es posible que debas hacer correcciones constantes. También podrías estar concentrándote en aspectos como el tiempo, la temperatura, el tono o el estado emocional, tratando de captar el momento oportuno, el ritmo adecuado, la estación justa o las proporciones correctas. Puede tratarse de algo tan cotidiano como cocinar o tan elevado como preparar un elixir mágico.

El ángel de la Templanza puede representar la guía divina o a tu ángel guardián, que te acompaña en la alquimia de la transformación con paciencia, compasión y perdón. Tal vez estés recibiendo orientación y apoyo de una fuente en la que confías. A veces, esta carta indica un bautismo, un renacimiento o una renovación tras el proceso de soltar que simboliza la Muerte.

En las interpretaciones modernas, esta es la carta de sanación por excelencia, aquella en la que la curación se entiende de forma holística, corrigiendo desequilibrios y reconciliando creencias opuestas. Quizás tu papel sea aliviar tensiones, ofrecer consuelo o propiciar una reconciliación a través de tu serenidad y tu energía relajante. Esta carta entiende el estrés como un motor creativo y los errores como oportunidades. También refleja la afirmación de tu integridad, tu belleza, tu fortaleza y la confianza en tu capacidad para alcanzar lo que deseas.

Para una consultante, esta carta simbolizó a un mecenas, un «ángel» en el mundo del espectáculo que ofrecía apoyo financiero. Podría relacionarse con gestiones, presupuestos o pruebas de productos. Si eres una persona con facilidad para conectar con los demás, tal vez estés creando redes, estableciendo vínculos o facilitando una fusión. La carta te anima a mantener en movimiento el fluir de ideas y energías, equilibrando las emociones con un sentido práctico y tangible.

INTERPRETACIÓN TRADICIONAL. Moderación, adaptación, ajuste. Gestión. Economía, frugalidad. Combinación, unión. Compatibilidad, conciliación. Calmar, apaciguar, aliviar, consolar. Templanza. Serenidad. Precaución, discreción. Temperatura, sincronización.

La Templanza invertida

La Templanza invertida indica que algo está descompensado, en conflicto o sobredimensionado, lo que genera una tensión que, si no se resuelve, podría afectar a la salud. Presta atención a las cartas de ambos lados para identificar qué elemento resulta problemático o difícil de integrar. También es posible que sientas que las personas no colaboran o que tus intereses y necesidades entran en conflicto. Las emociones tienden a desbordarse y dar pie a discusiones o desacuerdos. A veces ocurren accidentes o fallos en mecanismos y sistemas de producción; por ejemplo, filtraciones de agua o averías en calefacción, refrigeración o regulación. Las soluciones químicas se separan o contaminan. La energía se dispersa. Los proyectos creativos o experimentos pueden volverse poco prácticos o requerir más tiempo del previsto, lo que genera impaciencia y frustración.

La Templanza

Aparece la falta de compasión o la idea de que una situación solo puede resolverse en términos absolutos, de «todo o nada». Se siente la desconexión, la pérdida de sintonía. Tal vez cueste desprenderse de algo o asumir un compromiso entre distintas opciones. También puede señalar resistencia a enfrentar un problema, ya sea por falta de inspiración o de confianza. La procrastinación, la dispersión en distracciones o la indecisión contribuyen a esa ineficiencia. Esta carta transmite inquietud, agitación e incertidumbre: marca un momento poco propicio, desincronizado, en el que los ajustes no encajan bien. La reacción puede ser desproporcionada o compensatoria en exceso. Si esto se proyecta en los demás, se los percibe como demasiado buenos y perfectos, casi angelicales, con un talento mucho mayor del que crees poder llegar a tener; o bien como desmesurados. Como templanza interior, recuerda la importancia de atender a tu disposición interna y a los estados fisiológicos. Tal vez exista un sentido intuitivo de la combinación adecuada de elementos necesaria en una situación, aunque resulte difícil expresarlo con palabras o convencer a los demás.

En lo relativo a la salud, señala que los procesos homeostáticos y el hipotálamo trabajan para mantener el equilibrio interno, por ejemplo, mediante anticuerpos que combaten infecciones. También advierte sobre trastornos por alimentos en mal estado, indigestión u otros problemas relacionados con la alimentación, incluidos atracones. Puede haber buena respuesta a tratamientos holísticos como la sanación energética, el toque terapéutico, los masajes, la quiropráctica, las tinturas y los tónicos herbales, las esencias florales, la aromaterapia y la homeopatía, prácticas que actúan tanto sobre el cuerpo físico como sobre el sutil.

En el ámbito chamánico y mágico, esta es una carta de cirugía psíquica, transmutación alquímica y sanación. Sugiere la capacidad de trabajar en dos mundos simultáneamente. También puede indicar contacto con los espíritus de lugares y cosas, o alimentarlos, y trabajar con la magia de los ángeles. Representa al sacerdote o sacerdotisa que oficia en los misterios sagrados.

INTERPRETACIÓN TRADICIONAL. Iglesia, religión, clero y su ministerio. Discordia, desunión. Combinaciones poco acertadas. Competencia. Conflicto de intereses. Falta de cooperación. Cambio pasivo. Cambios de ánimo. Impaciencia, frustración. Enfermedad grave. Inestabilidad.

El Diablo

El Diablo trata, ante todo, del miedo, la mentira y la ignorancia, que generan duda y pesimismo. La palabra proviene de una raíz que significa 'adversario': alguien o algo que actúa en contra de tus intereses o bienestar. Esta carta muestra lo que tiende a frenar, limitar o restringir tu energía creativa y tu capacidad de acción, y puede estar relacionada con un sentimiento de culpabilidad adquirido en la infancia. En su forma más leve, puede hacerte actuar de manera «diabólica», hacer lo que sabes que no te conviene o molestar, fastidiar o acosar a otros. Tal vez cruces límites sociales o sexuales, te obsesiones con cuestiones materialistas o cedas a la tentación de torcer las reglas en beneficio propio. Es posible que busques ventajas ejerciendo un poder o una influencia desmedidos. También podrías estar cediendo tu propia voluntad a otros o tratando de someter la de ellos. Quizá temas que una fuerza cruel, externa o el destino mismo quiera hacerte daño, y por eso busques un chivo expiatorio entre aquellos hacia quienes sientes prejuicios u odio. En el fondo, hay una incapacidad para amar, que conduce a una sensación de aislamiento y separación.

Desde el punto de vista psicológico, esta carta representa la «sombra»: aspectos de ti mismo que niegas, no reconoces o mantienes ocultos. Aunque puede aludir a la sexualidad, fácilmente se ve teñida de perversión o violencia. Tal vez sientas la tentación del deseo, la lujuria, la codicia o el orgullo. Podrías obsesionarte con una relación o con algo que anhelas, como una atracción fatal. Puede que experimentes pánico o confusión, o incluso que seas tú quien provoque el caos o lo invite.

A veces, se trata simplemente de travesuras o bromas pesadas: «El diablo me obligó a hacerlo». También podrías sentir miedo o rechazo hacia todo lo que consideras malo, lo cual se convierte en una forma de limitación o esclavitud. En ocasiones, esta carta hace referencia a causar dolor de forma deliberada o maliciosa, o actuar desde los celos, la envidia o el rencor. Tal vez enfrentes adicciones o conductas obsesivo-compulsivas.

Como el dios Pan, el Diablo nos sobrecoge y nos atrae hacia el poder numinoso de las fuerzas elementales de la naturaleza. Pero también puede simbolizar la falta de humor y la incapacidad de reírte de ti mismo, junto con el dogmatismo extremo y una visión superficial de las cosas.

INTERPRETACIÓN TRADICIONAL. Destino, fatalidad. Violencia, devastación, impacto, conmoción. Enfermedad. Vehemencia, fuerza, poder. Ímpetu. Inmodestia. Pasión, lujuria, sensualidad, magnetismo. Poder oculto, magia negra. Esclavitud. Maldad. Tentación. Autodestrucción.

El Diablo invertido

El Diablo invertido puede manifestar extremos más intensos que cualquier otra carta. En un extremo, representa el triunfo del mal, la ceguera espiritual o la rendición ante la tentación, entregándose por completo a los propios impulsos. En el otro, señala el rechazo del mal y la esclavitud, y el inicio de un camino hacia la iluminación espiritual. Siguiendo el principio de la *enantiodromía*, podrías pasar fácilmente de pecador a santo, como un péndulo que se balancea demasiado y termina oscilando hacia el lado opuesto. Es una transformación como la de san Pablo en el camino a Damasco: de perseguidor a apóstol. En algunas ocasiones, puede indicar una actitud de superioridad frente a las debilidades y fragilidades ajenas, o una postura excesivamente recta, moralista o virtuosa.

Podrías rechazar las tentaciones, liberarte de lo que te ata y escapar de una situación desagradable. Por ejemplo, tal vez haya llegado el momento de dejar un trabajo que te consume el alma, en el que sientes que la empresa «te posee» o que estás atado solo por la necesidad de pagar las cuentas. Esta carta señala una oportunidad para acceder al tesoro oculto y protegido de tu propia creatividad y alegría espontánea. Si reconoces que tus miedos no tienen fundamento, podrías desprenderte de falsas inhibiciones y patrones de manipulación o codependencia. Por lo general, te vuelves más consciente de tus conductas destructivas y del uso inadecuado del poder. También es posible que las debilidades o acciones dañinas de figuras públicas te provoquen desilusión. Tal vez estés poniendo excusas en lugar de enfrentar lo grave que es realmente una situación.

El Diablo

Cuando crees que esta energía no te pertenece y la proyectas en otros, puedes verlos como falsos líderes, ladrones de almas o agitadores. Esta energía puede manifestarse en figuras políticas y sus seguidores, dictadores y sus chivos expiatorios, agresores y sus víctimas, hechiceros y los que caen en sus garras. A nivel interno, puede vivirse como pesadillas, una fijación con el pecado o pánico interior. Por otro lado, esta energía también podría estallar en forma de risa o comedia, ese tipo de humor que desmonta el mal, ridiculiza el falso orgullo y pone en evidencia prejuicios infundados.

En lo relacionado con la salud, la carta al derecho puede representar abuso (físico, emocional, sexual o por consumo de sustancias), tabaquismo, hemorroides y enfermedades venéreas, mientras que la posición invertida podría indicar recuperación. En algunas culturas, lo que hoy llamamos gérmenes o virus se consideraban demonios que habían invadido el cuerpo, por lo que en la posición invertida podrían estar siendo expulsados.

En el plano chamánico o mágico, esta carta representa al dios cornudo de la naturaleza sin límites. También encarna la energía del embaucador. Se relaciona con la creación de protecciones mágicas –amuletos, círculos, pentáculos– y con ese aspecto del trabajo chamánico que implica recuperar el alma, explorar los sueños y enfrentarse a la sombra, donde el chamán debe vencer a un adversario.

INTERPRETACIÓN TRADICIONAL. Destino, fatalidad. Debilidad, mezquindad. Ceguera. Deseo amoroso. Complicaciones, intrigas, problemas. Hechizo, fascinación. Liberación de ataduras, fin de una esclavitud. Recuperación, alivio. Divorcio. Comienzo de la comprensión espiritual. Virtud. Moralidad.

La Torre

La Torre es una de las «cartas del cambio», pero aquí el cambio suele ser repentino, inesperado y no deseado. Se refiere a situaciones volátiles y a los avances y retrocesos que se producen como consecuencia de ellas. A menudo significa un temperamento explosivo o un arrebato de ira, y podrías verte envuelto en acciones agresivas, discusiones y, en ocasiones, violencia. Con el objetivo de lograr una mayor conciencia, rompe todo lo que se ha vuelto rígido e inflexible y te expulsa de las circunstancias limitantes. Las energías reprimidas durante demasiado tiempo se liberan de repente. Sugiere la intervención del destino o de lo divino en tu vida, lo que precipita la emoción, los trastornos y las crisis. Puedes enfrentarte a situaciones difíciles o peligrosas, o recibir un *shock*. La sacudida te ayuda a detectar defectos y debilidades que no pueden soportar el estrés, ya que elimina cualquier falsa sensación de seguridad en tu trabajo, tu hogar, tus relaciones o tu sentido de identidad. Tal vez recibas un golpe humillante o seas expulsado de una posición o actitud elevada. Tu orgullo corre el riesgo de sufrir un revés y de dejar al descubierto grietas en tu personalidad. Aunque a veces se relaciona con desastres naturales, accidentes, quiebras o despidos, lo más habitual es que se trate de algo menos drástico. También alude a la llegada de una idea brillante o reveladora, impactante e inesperada. O bien a un simple proceso de limpieza: ordenar la casa y deshacerse de lo que ya no tiene utilidad.

El rayo representa las intuiciones que revelan nuevas posibilidades, y las llamas, como el encendido de las bujías en un motor, te impulsan a la acción. La corona es como el chakra coronario, por lo que con la fuerza ascendente de la *kundalini* se abren las puertas y ventanas de la percepción. Podrías despejar los escombros, quemar los obstáculos, limpiar y renovar. La Torre simboliza la fuerza eyaculatoria y orgásmica del impulso creativo, a medida que se libera la energía reprimida. En ocasiones, la carta significa los fuegos artificiales emocionales de enamorarse, que llegan como un rayo caído del cielo, o puede ser tan literal como problemas en el techo. En una escala más amplia, puede incluir la renovación urbana, los terremotos, las revoluciones y el éxodo que les sigue.

INTERPRETACIÓN TRADICIONAL. Miseria, angustia. Indigencia, pobreza, desamparo. Calamidad, catástrofe, destrucción, ruina. Caída. Repentino, inesperado. Adversidad, desgracia. Derrocamiento. Deshonra. Pérdida. Bancarrota. Castigo. Despertar. Crisis conveniente y saludable. Cataclismo natural. Naufragio.

La Torre invertida

Tradicionalmente, la Torre invertida suaviza la intensidad y el impacto de los significados de la carta al derecho. También puede señalar una catástrofe evitada por poco, liberación de restricciones o el fin de las dificultades. Una consultante interpretó las figuras humanas como «saliendo ilesas». Tal vez estés abandonando algo antes de que la situación empeore.

La Torre

Asimismo, es posible que ciertos aspectos de tu vida se estén desmoronando, a pesar de que insistas en que no hay ningún problema. Sin embargo, podrías aceptar los colapsos o los reveses, o llevar tanto tiempo conviviendo con ellos que ya no te sorprenden. Un cambio necesario podría estar siendo postergado o negado, lo que te da la oportunidad de aliviar la situación antes de que estalle.

Por otro lado, la presión puede intensificarse sin una vía de escape. Negar la propia responsabilidad o ignorar tensiones con los demás es una posibilidad, al igual que hacer la vista gorda ante la opresión. También aparece la aceptación pasiva de que las cosas no marchan bien, sin intención de actuar. A veces surge un apego a las estructuras establecidas y al *statu quo*, ignorando las señales de advertencia y con la ilusión de ser intocable. En el extremo opuesto, se perciben desastres inminentes que generan aprensión y pánico. Sin embargo, a menudo se trata más de confusión e incomodidad que de una emergencia real. Quizás estés lidiando con las secuelas de una crisis personal. Existe una tradición en el tarot francés que asocia esta invertida con el encarcelamiento, basada en la creencia de que Napoleón sacó esta carta invertida cuando fue exiliado a Santa Elena.

Cuando se proyecta en los demás, aparece el temor de que provoquen problemas o agitación deliberada. También pueden percibirse como personas enfadadas y destructivas. En otra lectura, en cambio, se los ve dinámicos, asertivos y con un aire de peligro emocionante. A nivel personal, simboliza confusión interna, caos o ira, o incluso una «patada en el trasero» divina destinada a sacarte de la complacencia.

En cuanto a la salud, señala cirugía y quimioterapia, así como accidentes, cortes y quemaduras. Pueden presentarse fiebre y erupciones cutáneas –acné, sarna, forúnculos, sarpullidos– o síntomas como náuseas y vómitos. No obstante, estos cuadros también pueden ser señales de que el cuerpo está en proceso de desintoxicación. En un consultante, coincidió con una apendicitis aguda. Al igual que la carta en posición normal puede aludir a la eyaculación masculina, su invertida se asocia con la impotencia.

En el plano chamánico y mágico, sugiere un aumento de la energía, como en un cono de poder, o un avance aterrador hacia la iluminación, ya sea mediante el despertar de la *kundalini* o a través de la intervención divina. También puede referirse a cirugía psíquica y magia sexual, así como a batallas mágicas y guerra psíquica.

INTERPRETACIÓN TRADICIONAL. Ruina, trastorno, derrocamiento, pérdida en menor grado. Encarcelamiento, arresto, cautiverio, trampa. Opresión, tiranía, sometimiento. Enfermedad. Castigo. Parto clandestino. Acaparamiento. Exilio. Persecución.

La Estrella

En la calma que sigue a la tormenta de la Torre, no solo te liberas del encierro, sino que experimentas una verdadera liberación y paz interior. Esta carta sugiere una situación en la que puedes ser completamente abierto y expresar lo que sientes con total sinceridad, sin guardarte nada. Representa el núcleo de la autoestima y la fe en el progreso de la humanidad. La Estrella te invita a reconocerte como parte del orden cósmico y como una fuerza de la naturaleza, de forma concreta y práctica. Tal vez sientas una conexión profunda entre las estrellas y la tierra, entre lo de arriba y lo de abajo, o percibas implicaciones ecológicas o planetarias en una situación. A consecuencia de esto, podrías volcar tu energía en una buena causa o comprometerte con una visión a largo plazo, que quizá no sea comprendida o valorada por los demás por ser demasiado avanzada. Por ejemplo, podrías implicarte en la sanación del medioambiente, la renovación de recursos o una gestión responsable de la conservación. Otras expresiones de esta carta son la meditación, el ritual, la ciencia y la informática, o la medicina natural. También pueden ser relevantes la astrología, la astronomía y otros sistemas o redes basados en patrones, así como la participación en la libre circulación e intercambio de ideas, como ocurre en Internet.

Por otro lado, esta carta alude de manera figurada a ser una «estrella»: estar en el centro de la atención y recibir reconocimiento por la belleza o los logros. También señala la revelación de un talento o la oportunidad de «enganchar tu carro a una estrella».* Refleja la capacidad de manejar situaciones con gracia, aplomo y carisma, así como la generosidad desinteresada. En el terreno de las relaciones, indica un vínculo idealizado y con un nivel inusual de independencia. Asimismo, se asocia con la clarividencia o con la luz clara y serena de la imaginación creativa y la inspiración, que permiten actuar con acierto en el momento oportuno. Despierta la sensación de que un destino mayor, o la providencia, se manifiesta a través de ti. La ofrenda vertida simboliza bendición, purificación o gratitud. También representa reciclaje, revitalización a través del fluir vital y renovación, como si se tratara de una «fuente de la juventud».

INTERPRETACIÓN TRADICIONAL. Esperanza, fe, expectativas, promesas alentadoras. Inspiración. Idealismo. Juventud y belleza eternas. Sinceridad. Naturaleza, clima, atmósfera. Los cielos, astrología,

* N. del T.: Expresión idiomática que significa unirse a algo o alguien con gran potencial.

destino. Augurios favorables. Equilibrio entre la esperanza y el esfuerzo. Satisfacción.

La Estrella invertida

La Estrella invertida se asemeja al viaje de la heroína al inframundo. Podrías desprenderte de toda esa falsa imagen de ti mismo que depende del estatus, la apariencia o las posesiones. O, como en el concepto de la «sombra luminosa», de Carl Jung, tal vez te niegues a reconocer tus verdaderos dones y creas que te falta talento, gracia o belleza. Por eso, no eres capaz de verte como una estrella. Normalmente, este es un espejismo temporal, provocado por tu visión limitada más que por la realidad en sí. A veces indica una desconexión de tus fuentes de inspiración. Sentirás que tus aspiraciones no valen la pena o que son muy difíciles de alcanzar. Falta claridad de visión, por lo que las decisiones pueden estar dispersas, poco definidas o postergadas. Los esfuerzos te parecerán inútiles o imposibles, como intentar vaciar un estanque con un colador. Quizás haya descontento o la sensación de haber perdido la inocencia. Con la autoestima baja, podrías evitar la exposición o sentirte sin fuerzas para mostrarte. O puede que este no sea un momento para el reconocimiento ni para actuar hacia fuera, sino más bien para la contemplación interior, para simplemente *ser*, en lugar de *hacer*.

La Estrella

Por otro lado, existe el riesgo de volverse altivo y arrogante, haciendo un mal uso de la admiración ajena y restando valor a los cumplidos o regalos recibidos. También cabe la posibilidad de quedar atrapado en falsas aspiraciones y autoengaños. Esta carta señala desperdicio en distintos ámbitos. Tal vez aparezca agotamiento o la sensación de que la imaginación se ha secado. Una consultante la interpretó como la dificultad de equilibrar sus obligaciones en el «mundo real» (verter agua en la tierra) con su labor espiritual (devolver el agua al estanque del cosmos). Asimismo, alude a la inmersión en una moda superficial o carente de sentido. A veces refleja el anhelo de un ideal inconquistable, como la pareja perfecta, que siempre parece fuera de alcance.

Cuando esta energía se proyecta en los demás, surgen imágenes de personas atractivas, carismáticas y llenas de talento, o de espíritus libres y desinhibidos que encarnan cualidades que parecen faltar. También puede aparecer la impresión de que no valoran sus dones tanto como lo haría uno mismo. En el plano interior, se revela el reconocimiento de una chispa de lo divino. La verdad, por supuesto, es que cada ser posee luz propia, completo en sí mismo, con una energía interna que se equilibra a la perfección con lo que irradia y con las fuerzas de quienes se sienten atraídos hacia él.

En términos de salud, esta carta puede señalar los procesos de sanación del cuerpo, especialmente aquellos que pueden desarrollarse mediante el *biofeedback*.* La energía de la Estrella es útil para disipar pensamientos negativos, bajar fiebres, aliviar migrañas y calmar erupciones; también ayuda a apaciguar la histeria, la hiperactividad y el estrés.

En el plano chamánico y mágico, esta carta se relaciona con el trabajo con los espíritus elementales y con medicinas de la tierra y las plantas. Puede indicar la necesidad de purificar y volver a consagrar el cuerpo y el alma cuando se han vuelto ritualmente impuros. También se asocia con el trabajo con alineaciones astrológicas.

* N. del T.: Técnica que consiste en aprender a regular funciones corporales involuntarias —como el ritmo cardíaco o la tensión muscular— mediante dispositivos que proporcionan información en tiempo real sobre el estado fisiológico.

INTERPRETACIÓN TRADICIONAL. Esperanzas no cumplidas, expectativas defraudadas. Arrogancia, altivez. Desvergüenza. Pérdida. Prueba. Clasificación, separación. Imprudencia, frivolidad, falta de espontaneidad. Obstinación. Mala suerte. Inestabilidad. Tormenta, tempestad.

La Luna

Esta carta trata sobre la sincronicidad, la intuición, los sueños, el misterio y el simbolismo (que Carl Jung describió como «algo vago, desconocido u oculto para nosotros»). Debido a su luz reflejada, la Luna representa el desplazamiento del significado de una cosa a otra. Eliphas Lévi dijo: «No hay misterios sin símbolos», y viceversa. Primero imaginas la realidad en el mundo invisible de los sueños y las visiones: el plano astral. Es posible que estén surgiendo en ti ideas o nuevas formas que aún no se han constituido definitivamente. Esta carta representa los miedos y las ilusiones que pueden acosarte en el camino evolutivo, más allá de los últimos puestos avanzados, en un paisaje desconocido. Las ilusiones, los miedos profundamente sumergidos o incluso el terror pueden estar despertando tus instintos de supervivencia, haciéndote reaccionar con un comportamiento irracional o habitual. Podrías sentirte confundido o desconcertado, perdido o asustado. Tal vez haya algo que no logras comprender del todo, en los límites de tu conciencia. Abrumado por las emociones, podrías verte envuelto en malentendidos, percepciones confusas, motivos ocultos, secretos y problemas subyacentes, ya sean tuyos o de otros. Por otro lado, podrías sentirte guiado o atraído, como por la marea del destino o la compulsión, hacia algún propósito aún indefinido. Al igual que el cangrejo de río, podrías estar limpiando las aguas de los hábitos inconscientes al digerir los restos de tu pasado y caminando con valentía entre las necesidades del instinto y la domesticación que te «persiguen».

Si te sientes a gusto en el mundo de los sueños o en el reino astral, en el inconsciente colectivo o en el subconsciente, es posible que actúes como médium, tengas experiencias extracorporales, escribas poesía o ficción imaginativa, hagas terapia o ayudes a otros a «cruzar» al otro lado de la muerte. Si te incomodan las experiencias subjetivas y los significados ocultos, es posible que temas lo que percibes como ilusiones peligrosas. El creador de la baraja de tarot contemporánea Brian Williams señala que los franceses describen las formas cambiantes del crepúsculo como *entre chien et loup*, que significa 'entre el perro y el lobo', lo que sugiere que algo peligroso puede parecerte benigno, o viceversa.

INTERPRETACIÓN TRADICIONAL. Enemigos ocultos. Fuerzas secretas u ocultas. Engaño, ilusión, autoengaño. Penumbra, oscuridad. Lo desconocido. Peligro, advertencia. Miedos instintivos. Terror. Conspiraciones. Escándalo, calumnia, chismes. Falsos amigos. Nostalgia. Sueños. Locura. Navegación.

La Luna invertida

Con la Luna invertida, puedes negar el mundo invisible, aferrándote a la racionalidad, la lógica, lo literal y lo práctico, especialmente frente a la confusión o aquello que percibes como irracional. Tal vez bloquees información psíquica o te resistas a recibir impresiones intuitivas. Puedes intentar mantener a raya o ahuyentar las «fuerzas salvajes», lo que podría dejarte psíquicamente agotado y drenado. Es posible que te refugies en los bastiones de la convencionalidad y el conformismo, o que te encierres en el silencio, la inmovilidad o la apatía. Puedes sentir que no estás preparado para afrontar los cambios que representa la Luna (incluso los atmosféricos), sobre todo si no parecen tener sentido. En algunos casos, esta carta puede aludir a lo fantástico: experiencias con ovnis, encuentros con extraterrestres, vidas paralelas, existencias reencarnadas, romanticismo extremo o realidades alternativas que pocas personas consideran reales. Contenidos arquetípicos –a veces disfrazados de peligros de otro mundo o leyendas urbanas– pueden emerger del inconsciente colectivo. También puede potenciar conductas irracionales, especialmente cuando surgen miedos relacionados con conspiraciones, actos ilegales, ataques de depredadores o posesiones espirituales. Tal vez se trate de delirios... pero no necesariamente.

La Luna

Por otro lado, esto podría indicar la capacidad de afrontar los peligros con calma y aceptación, sobre todo cuando se está produciendo una transformación personal o cultural o una evolución espiritual. Por lo tanto, la inestabilidad y el engaño tal vez no parezcan tan amenazantes como en la posición normal. Las cosas ocultas pueden salir a la luz. Las adicciones secretas, la locura o los traumas podrían revelarse, lo que llevaría a la necesidad de un tratamiento.

Al proyectarla en los demás, es posible que los veas como soñadores, ilusos o excesivamente emocionales, y que no se responsabilizan de sus actos. O que creas que quieren hacerte daño a través de algún tipo de ataque psíquico. A nivel interno, quizá haya autoengaño. Por otra parte, hay una visión de las imágenes de la psique, como dice la mística del siglo XIX Anna Kingsford: «El alma recibe iluminación interior y los oscuros recovecos de su cámara se iluminan con recuerdos sagrados». La aceptación te permite digerir y aclarar tus experiencias.

En cuanto a la salud, esta carta es específica de todas las formas de problemas mentales. Además, indicaría incontinencia o retención de líquidos, trastornos del sueño, neurastenia, problemas con el olfato o cualquier cosa que afecte al cerebro primitivo y al sistema límbico, y todos los problemas primarios de supervivencia.

También se refiere al abuso de drogas y alcohol, el coma y el proceso de la muerte.

Esta es una carta importante del chamanismo y la magia que sugiere viajes astrales, viajes al inframundo, interpretación de sueños, recuerdo de vidas pasadas, búsqueda de objetos perdidos, alineación con los ciclos lunares y todas las formas de magia lunar, contacto con animales, posesión espiritual, ataque y defensa psíquicos y recuperación del alma.

INTERPRETACIÓN TRADICIONAL. Inestabilidad, variación, fluctuación. Fluidez, rocío, niebla, lluvia. Silencio. Inconstancia. Cambio irracional. Creencias fantásticas o visionarias. Pequeños engaños, errores menores. Aprovecharse de alguien. Emboscada, fraude, chantaje. Superar una debilidad o tentación.

El Sol

El Sol representa una sensación de bienestar radiante y alegre. Es una carta que dice «¡sí!». Tal vez la felicidad surja de un motivo concreto o simplemente del hecho de estar vivo y disfrutar de los placeres sencillos. A veces anuncia éxito, honor, prosperidad, el triunfo de la razón y el florecimiento del ser, o al menos una realización momentánea de todo ello. Quizá aluda a la consecución de una meta largamente esperada, a un nacimiento en la familia o al inicio de un nuevo proyecto. El sol celeste evoca espontaneidad y juego natural, de ahí que aparezca la frescura e inocencia de un niño. También se relaciona con el trabajo con niños o animales, o con el contacto con el «niño interior». La oscuridad se disipa, trayendo claridad a la vida y haciendo más livianas las tareas pequeñas, los asuntos cotidianos y las preocupaciones menores. Brota un optimismo intenso, una alegría que abre la puerta a expresar la individualidad con libertad. Tal vez haya disfrute en trabajar o jugar al aire libre, entusiasmo por una nueva idea brillante o la sensación de aprovechar al máximo talentos, intereses y habilidades. Esta carta también refleja la capacidad de iluminar la vida de otros e inspirarlos con optimismo, creatividad y visión, promoviendo con eficacia un proyecto o concepto en el que se cree profundamente. Asimismo, alude a aquello que ocupa el centro del universo personal, en torno a lo cual gira todo lo demás: los hijos, el trabajo, una relación, el hogar, la salud o cualquier otra preocupación. En última instancia, señala confianza y seguridad en uno mismo.

Dondequiera que brilla el Sol, salen a la luz hechos ocultos e intenciones, y las situaciones quedan al descubierto, a la vista de todos. Surge la sensación de estar iluminado por una idea o una verdad que de pronto cobra sentido. Tal vez formes parte de una unión consciente, confirmes amistades o experimentes una reconciliación. La energía de esta carta también inspira a compartir generosamente la buena fortuna con los demás. En ocasiones alude a unas vacaciones bajo el sol o al disfrute pleno de ellas.

INTERPRETACIÓN TRADICIONAL. Iluminación, claridad, revelación. Felicidad, bienestar, alegría, satisfacción. Éxito, honor, gloria, logro. Resplandor. Triunfo de la razón. Sinceridad. Fortuna material. Matrimonio, dicha conyugal. Buena amistad.

El Sol invertido

Por lo general, el Sol invertido es igual que el Sol en posición normal, pero ligeramente debilitado o exagerado. En cualquier caso, el placer y la satisfacción pueden verse reducidos. Es posible que te niegues a reconocer la alegría en tu vida o tal vez te parezca que está empañada. Puede que malinterpretes lo que a los demás les parece claro. Quizás tengas miedo de disfrutar, de aceptar lo bueno, o dudes de que vaya a durar, como si fuera «demasiado bueno para ser verdad». Puedes carecer de confianza y no creer que mereces reconocimiento o éxito. Podrías reprimir tu luz interior.

Por otro lado, la vida quizá se vuelva demasiado intensa. A veces uno se centra demasiado en sí mismo o busca exhibirse. La energía llega a tornarse dominante y excesiva, quemando a los demás con un exceso de ego y autoconfianza. También existe la sensación de estar «quemado» y exhausto. En algunos casos, incluso el clima resulta sofocante o se presenta nublado. Si otras cartas señalan dificultades, pueden aparecer acuerdos rotos, contratos anulados o una mancha en una situación que en apariencia era luminosa. Los divorcios, en general, tienden a resolverse de manera amistosa. En el peor de los casos, se levanta una fachada engañosa, llena de vanidad, optimismo vacío o placer fingido. También cabe la posibilidad de atribuirse méritos que no corresponden.

La conducta llega a ser infantil o inmadura, o bien surge el temor de que la vulnerabilidad y la faceta lúdica queden expuestas. Una lectora de tarot lo interpretó como una relación romántica con una persona más joven, donde predominaba la apariencia sobre los sentimientos genuinos.[7] Para uno de mis consultantes, en cambio, fue una imagen profunda de vida en la muerte, ya que representaba a su pareja recién fallecida, quien según la astrología china había nacido en el año del caballo. Mientras él colocaba estatuas de caballos en su casa, yo imaginaba a su pareja rejuvenecida y cabalgando libre de todo dolor.

El Sol

Cuando se proyecta en otra persona, puedes verla como un líder creativo lleno de optimismo y entusiasmo juvenil, aunque demasiado egocéntrico o crédulo e ingenuo. Estas personas, que parecen deslumbrar y brillar, comparten su felicidad con los demás.

En cuanto a la salud, puede advertir de golpes de calor, ataques cardíacos, cáncer de piel y quemaduras solares. Pero, en su mayor parte, es una carta de salud, vitalidad y regeneración, así como de alivio del trastorno afectivo estacional (TAE), el miedo y la ansiedad. En el ámbito interior, representa la aceptación amorosa de uno mismo como individuo único.

En el plano chamánico y mágico, representa iluminación, esclarecimiento, la culminación de la Gran Obra, el *hierosgamos* o matrimonio sagrado, la creación del oro alquímico, el desbordamiento del corazón del Espíritu y el despertar del niño interior divino, libre y sin ataduras ni pecado.

INTERPRETACIÓN TRADICIONAL. Felicidad, alegría, éxito en menor grado. Calor, llama, pasión. Iluminación. Vanidad, orgullo, jactancia, delirios de grandeza. Fanfarronería, fachada. Malentendidos. Futuro incierto. Compromiso o matrimonio roto. Triunfo postergado.

El Juicio

El Juicio trata de trascender los estrechos límites de las condiciones materiales o las circunstancias que restringen. Puedes encontrarte en una encrucijada, donde una epifanía o revelación provoque un cambio profundo y significativo. Como la metamorfosis de la mariposa, podrías asumir una nueva forma o liberarte de ataduras. Algo puede estar «llamándote», ya sea una nueva vocación, una idea intelectual o una gran verdad. Es posible que enfrentes una elección o decisión importante que requiera entrega total. Podrías ofrecerte voluntariamente para una tarea. Esta carta anuncia un cambio de paradigma: la aparición repentina de una nueva perspectiva, un nuevo sentido o una mejor calidad de vida. Asimismo, evoca el inicio de algo trascendental, como un nuevo ciclo o etapa vital. Quizás recibas una llamada de atención por parte de tu propia conciencia, que te brinda la oportunidad de expiar errores del pasado o enmendar juicios equivocados. Puede llevarte a hacer un inventario personal o una autoevaluación. Sugiere una reorientación del rumbo vital, aceptar la responsabilidad por acciones pasadas y poner fin a patrones kármicos. Para algunas personas, es como volver a nacer o descubrir su verdadera vocación.

También es posible que estés desarrollando un buen juicio al usar todas tus facultades de manera madura e integrada. Podrías criticar o recibir críticas, o asumir la responsabilidad de aprobar un proyecto. En los juicios legales, suele prevalecer una verdad superior. Si te identificas con el ángel de la trompeta, tal vez seas quien marca el ritmo, se hace oír, da la alarma, promueve una causa o se dirige a un público amplio. La cooperación y la acción en familia, grupo o comunidad pueden ser claves, así como una preocupación compasiva, al estilo de Buda, por todos los seres. Refleja sensibilidad a las necesidades, tendencias y deseos colectivos. A veces esta carta habla de resucitar algo antiguo, dando lugar a un renacimiento o resurgir de estilo o interés. También indica la lucha de cada generación por adquirir conciencia, identidad y una voz propia. En ocasiones, la situación puede estar relacionada con la música o la resonancia vibratoria.

INTERPRETACIÓN TRADICIONAL. Renovación. Resurrección. Despertar. Movimiento, cambio. Resultado, consecuencia. Inteligencia, razón. Opinión, creencia. Resolución de un asunto. Rendición de cuentas. Expiación, arrepentimiento. Exaltación, asombro. Fama. Misión.

El Juicio invertido

El Juicio invertido trata sobre las transiciones difíciles y la resistencia al cambio. Podrías abandonar una causa o huir de una situación que amenaza la comodidad y la seguridad de las viejas costumbres, medios o posesiones. Es posible que te resientas del cambio, evites tomar decisiones o necesites tiempo para adaptarte. Si te aferras a lo viejo, puede producirse un estancamiento y un deterioro. Quizás te niegues a escuchar una «llamada» o rechaces las nuevas tecnologías. Por otro lado, podrías ofrecerte como voluntario para algo demasiado apresuradamente.

Se anuncia una posible ruptura o un golpe a la unidad familiar, una mudanza forzosa o la pérdida de bienes materiales. También surgen retrasos y confusión por la pérdida de una oportunidad o una comunicación importante. Existe el riesgo de quedar fuera de una invitación. Los grupos pueden sentirse alienados entre sí, lo que genera disturbios, protestas o manifestaciones. En el peor de los escenarios, la situación desemboca en disturbios graves o incluso en una llamada a las armas.

El Juicio

El descontento con una decisión judicial o legal es otra de sus lecturas. Aparece una actitud excesivamente crítica y autoanalítica, o bien demasiado sentenciosa. También cabe percibir las críticas de los demás como duras, rencorosas o prejuiciosas, bloqueando así la creatividad. En general, refleja falta de perspectiva e incapacidad para ver el panorama completo, lo que conduce a juicios erróneos y malas decisiones. Puede haberse pasado por alto una noticia o información importante. En un nivel mundano, la carta señala llamadas de ventas no solicitadas o interrupciones molestas. Asimismo, despierta dudas –fundadas o no– sobre el valor del cambio, la validez de las voces internas o las promesas de los líderes. A veces también expresa miedo a la vejez y a la muerte.

Cuando se proyecta en los demás, tal vez aparezcan como individuos que intentan influir a través de la fuerza de su personalidad o de la propaganda. En el extremo opuesto, se los percibe como seguidores dóciles. A nivel interno, surgen voces interiores o incluso visiones apocalípticas.

En el terreno de la salud, esta carta señala alergias, picaduras de insectos, mareos, indigestión, migrañas, asma, cólicos, menstruaciones dolorosas y un estado general de fragilidad. También alude a recuperaciones repentinas o inesperadas de una enfermedad.

En la dimensión chamánica y mágica, esto implica un trabajo consciente a nivel social y colectivo, así como transiciones globales, que pueden incluir cambios climáticos y terrestres, o la llegada de una nueva era. De forma más tangible, muestra los efectos mágicos de la música y la vibración para elevar el espíritu.

INTERPRETACIÓN TRADICIONAL. Aplazamiento de resultados, demora, rechazo. Cobardía. Debilidad, incapacidad. Simplicidad. Condena. Arresto. Ruido y agitación. Decepción. Indecisión. Procrastinación. Estancamiento, retraso. Aislamiento.

El Mundo

Como última carta de los arcanos mayores, el Mundo representa el triunfo de la culminación y la victoria tras las dificultades. Con el resplandor de un objetivo cumplido, llega el momento de reclamar tu lugar en el centro de la abundancia material y recibir las recompensas. En el pleno florecimiento de tus logros, los dones y el reconocimiento del mundo te rodean. Esta carta habla de reconocerte como un ser multidimensional y de afirmar tu realidad simultánea tanto en el cuerpo como en el espíritu. También evoca la imagen de bailar sobre tus propias limitaciones: hallar libertad individual dentro de los inevitables límites del espacio y el tiempo, o encontrar inspiración creativa dentro de las restricciones de un medio artístico. A veces señala estar en el lugar justo, con todo lo necesario. Tal vez implique reunir recursos y personas desde los cuatro puntos cardinales, integrándolos en una unidad compuesta. En otras lecturas, sugiere pensar en términos globales, viajar ampliamente o involucrarse en relaciones internacionales.

Por otro lado, esta carta alude a crear o definir un ámbito de influencia, estableciendo límites físicos y psíquicos. También enseña a decir «no» a lo que excede tus posibilidades y a construir la seguridad y la protección personal necesarias. Indica la vivencia de una experiencia amplia y desafiante que se maneja con aplomo. Asimismo, puede marcar un proceso de recreación personal en un nuevo nivel, integrando aspectos femeninos y masculinos en la propia expresión.

En un sentido más literal, podrías estar bailando, haciendo trabajo corporal o ejercicio, o adoptando un enfoque holístico de la salud y el bienestar. También es posible que recibas recompensas o un ascenso por un trabajo bien hecho. Esta carta se relaciona con la conciencia planetaria o conciencia de Gaia, y con el respeto por toda forma de vida. Sugiere que te encuentras en una posición de belleza, prosperidad y gracia, y que aspiras a la excelencia. Al mismo tiempo, hay algo terrenal, práctico y sustentador en tu danza cósmica y tu juego divino. Estás emergiendo del útero de tu vida anterior y te encuentras al borde de un salto emocionante hacia lo desconocido, lleno de potencial infinito.

INTERPRETACIÓN TRADICIONAL. Culminación, éxito, realización, triunfo. Perfección. Meta alcanzada, resultado final. Recompensa, premio, ascenso. Salud. Honores. Viaje, emigración, vuelo. Integridad. Desplazamiento. Integración, síntesis. Herencia. Éxtasis.

El Mundo invertido

Al igual que el Sol, el Mundo invertido conserva esencialmente su significado, aunque en un grado menor. Un ascenso o recompensa podría retrasarse o ser menor de lo esperado, y el triunfo, más discreto o privado. Por otro lado, puede señalar una sensación de vacío que acompaña incluso a la finalización exitosa de un proyecto, similar a la depresión posparto. También indica posibles dificultades con los viajes. Es posible que pospongas deliberadamente la culminación o el cierre de algo. O bien que tengas que rehacer algo que creías terminado.

El Mundo

Puedes sentirte restringido o con tus energías incómodamente limitadas. Tal vez exista una protección excesiva, como si los límites del entorno te ataran por todos lados. La falta de perspectiva dificulta ver el panorama completo. Las circunstancias materiales restringen otras vías de crecimiento y desarrollo personal, lo que genera frustración y la sensación de que algo falta. La inercia y el estancamiento detienen el avance deseado o conducen a permanecer pasivo y dormirte en los laureles. Las responsabilidades y obligaciones te mantienen atado, como en el Colgado, cuyas piernas aparecen cruzadas de la misma manera; sin embargo, los sacrificios que se realizan en este contexto suelen nacer de la sabiduría y la compasión. Es como el alma que ha completado su propio karma y alcanzado la iluminación, pero elige volver a la manifestación física hasta que todas las almas se liberen.

Si otras cartas coinciden con una interpretación más problemática, podría haber pérdida de posición, fracaso o incluso catástrofe.

Cuando se proyecta en los demás, es posible que los veas de forma idealizada, como personas atractivas, realizadas y rodeadas de admiradores. Te parecerán intocables, divinas y ajenas a este mundo. A nivel personal, esto sugiere un momento interior de perfección en el que dejas atrás lo que te impide participar en la danza divina de la creación.

Esta es una carta importante para la salud, con énfasis en la comunidad. Solo si hay otros indicios, encontrarías problemas de la columna vertebral u otros huesos, como osteoporosis, discapacidades físicas o un sistema inmunitario debilitado. Quizá te preocupe la pérdida de peso o tu apariencia. Puede presagiar un nacimiento exitoso tanto en posición normal como invertida, aunque con posibles retrasos si está invertida.

En el plano chamánico o mágico, se trata de Gaia, la Naturaleza o la diosa de la Tierra personificada, y la creación de un espacio ceremonial sagrado que refleja el axioma «como es arriba, es abajo». También representa la danza extática, fundamental en la celebración de la vida. Encarna la plenitud, la armonía y el equilibrio que buscan alcanzar la mayoría de las prácticas mágicas, así como la promesa de la vida eterna.

INTERPRETACIÓN TRADICIONAL. Inercia, rigidez, estancamiento. Obstáculos, fracaso. Recompensa negativa. Atmósfera hostil. *Prima Materia*. Materia. La tierra. Imperfección. Falta de visión o previsión. Distracciones. Desorientación. Desesperación. Cataclismos. Trabajo inconcluso.

NOTAS

1. Ver los arcanos mayores invertidos como «El viaje de la heroína», en el apéndice D.
2. Agradecimientos a Normandi Ellis, quien describe este proceso en *Dreams of Isis* [*Sueños de Isis*].
3. La distinción entre «poder como imposición» y «poder interior» se desarrolla con mayor detalle en el libro de Starhawk, *Dreaming the Dark* [*Soñando la oscuridad*] y se aplica perfectamente al contraste entre el Carro y la Fuerza.
4. I. M. Lewis, *Ecstatic Religion* [Religión extática], pp. 70 y 57.
5. Jane Roberts, *The Nature of Personal Reality: A Seth Book* [La naturaleza de la realidad personal: un libro de Seth].
6. Agradecimientos a T. Susan Chang, quien compartió esta historia en TarotL.
7. Agradecimientos a Elizabeth Hazel, de TarotL.

Interpretaciones de los Arcanos Menores

Los números

As de bastos

Este as ofrece nuevas oportunidades en el plano energético. Es la carta del «pulgar arriba» o del «sí», y suele dar luz verde a aquello que estás planteando: una idea, una pasión, una inspiración o un impulso hacia el crecimiento personal. En algunos casos representa un nacimiento. Quizá tomes una oportunidad vital y avances con energía. Como todo as, simboliza un potencial o semilla, y depende de ti desarrollar sus posibilidades latentes. Su forma claramente fálica expresa una intención de actuar con pasión. Si estás listo para actuar, la sangre ya está en movimiento. Esta carta invita a actuar con espontaneidad y tomar decisiones rápidas. Cuando aparece en una lectura, suele reflejar un deseo de cambio. Representa una convicción motivadora –la sensación de que algo nuevo y emocionante está por comenzar– y señala indicios de éxito. También recuerda que la magia está viva y que aceptar un reto puede llevarte a crear cosas sorprendentes. La posición del as de bastos en la tirada resalta un punto clave, casi como si marcara una instrucción. Representa un objetivo. No obstante, un consultante lo interpretó como una zanahoria atada a un palo: un incentivo para hacer algo que en el fondo no deseaba hacer.

INTERPRETACIÓN TRADICIONAL. Carta. Orden, edicto, decreto. Anuncio. Comienzo, nacimiento, inicio. Invención, fortuna, empresa. Una aventura. Fuerza, autoridad, mandato. Origen. Principio, preeminencia. Premisa, causa, razón. Casa, linaje, familia.

As de bastos invertido

El as de bastos invertido se llama a veces la carta del «pulgar abajo», que sugiere la inacción, el «no» o el «ahora no». Sin embargo, incluso con los ases invertidos, los nuevos comienzos están en el aire. Hay una sensación de estar listo para un cambio –el deseo o anhelo ya existe– pero la oportunidad adecuada aún no se ha manifestado. Por otro lado, la situación puede ser prematura y faltar la energía o preparación suficiente para asumirla. De ahí que aparezca frustración o sensación de bloqueo. El entusiasmo se desperdicia si la meta es ilusoria o poco ética. Cuando hay un exceso de entusiasmo o estimulación, se producen inicios precipitados o fallidos. A veces surge resistencia o desgana ante la idea de asumir algo más. Otras cartas mostrarán qué es lo que frena el proceso. En ocasiones se presentan retrasos, cancelaciones o situaciones comprometidas, o una oportunidad se desvanece. Asimismo, aparecen bienes dañados o falta de mano de obra o alguien te decepciona. Quizás, simplemente, no haya interés o energía suficiente. Como en todas las invertidas, también se asocia con enfermedad. Aquí, la imagen fálica refleja pérdida de energía o impotencia. Puedes sentirte sin fuerza o incapaz de actuar. Si se solicita un puesto o se presenta un proyecto, existe la posibilidad de ser rechazado, vetado o de recibir la prohibición de actuar. En tales casos, lo mejor es replantearte planes y objetivos o dejar algo en suspenso por el momento.

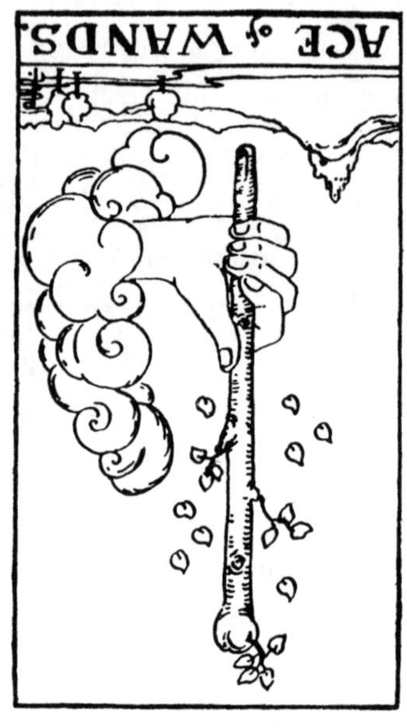

As de bastos

En la baraja RWS, el basto parece estar echando raíces en el cielo y, por lo tanto, sugiere plantar las ideas en el ámbito del potencial espiritual, sin esperar resultados inmediatos. Así como esta carta aconseja un «no» en el plano externo, en el interno puede ser un «sí», destacando el acceso a la fuerza y el poder interiores.

Desde una perspectiva chamánica o mágica, podría tratarse de una antorcha que sirve como luz y guía en un viaje por el inframundo. El axioma ocultista asociado a los bastos es «querer», en el sentido de dirigir y enfocar la energía hacia una intención consciente y específica.

INTERPRETACIÓN TRADICIONAL. Caída, decadencia, ruina, declive. Colapso, contrariedad. Bienes perdidos o dañados. Trabajo improductivo. Alegría empañada. Ilegitimidad o complicaciones en un nacimiento. Tiranía, crueldad, persecución. Abandono. Mal comienzo. Expectativas no cumplidas.

Dos de bastos

A veces se considera la carta de «tenerlo todo» pero «desear más». Con el dos de bastos, podrías estar decidiendo tu próximo proyecto. Quizás estés evaluando varias opciones o cursos de acción, o buscando alternativas. La baraja RWS muestra a una persona con el mundo en sus manos, lo que significa dominio sobre los recursos. Probablemente tengas suficiente poder, influencia y control para hacer cualquier cosa que desees en el mundo. Puedes elegir qué quieres lograr dentro de una esfera de influencia concreta. O bien puedes establecer una posición ahora y ampliarla más adelante. Tal vez estés contemplando la posibilidad de emprender un viaje o echar un último vistazo antes de partir hacia tierras extranjeras. Esta carta podría indicar una puerta hacia una oportunidad, aunque es posible que dudes en atravesarla. Quizás estés esperando a ver si los esfuerzos anteriores dan sus frutos. Aquí hay una curiosa paradoja: en medio de los logros que te han proporcionado riqueza y posición, hay una aparente melancolía o descontento. Un cliente interpretó la carta como una separación matrimonial. Por otro lado, las dos varas podrían indicar una colaboración, cooperación, alianza de fuerzas o equilibrio de poder. Te encuentras en el umbral de una decisión. En su nivel más profundo, es posible que estés encontrando una relación equilibrada entre la naturaleza espiritual y la terrenal.

INTERPRETACIÓN TRADICIONAL. Partida o ausencia que causará sorpresa mezclada con tristeza. Melancolía. Dolor. Pena. Problemas.

Pérdida de fe. Sufrimiento. Pelea. Ira. Resentimientos. Una decepción. Celos. Pérdida de dinero. Fracaso matrimonial.

Dos de bastos invertido

El dos de bastos invertido podría llamarse la carta de Cenicienta, ya que a veces presagia un cambio sorprendente en una situación que, de otro modo, sería un callejón sin salida. Es posible que te falte orientación, que tengas recursos limitados o que te sientas atrapado y frustrado en tu proceso de toma de decisiones. Puede que te sientas limitado por la personalidad dominante de otro individuo, o que no tengas ganas de viajar ni de salir de casa. Tal vez anheles algo que está fuera de tu alcance. Eso podría llevarte a abandonar tus metas o a no sacar provecho de lo que ya tienes. Aun así, lo que parece imposible podría, de pronto, abrirte el camino más allá de tus límites actuales. Un giro inesperado de los acontecimientos podría sorprenderte o incluso desbordarte. Este cambio no llega por la fuerza de voluntad, sino a través de la apertura y la receptividad. Podría sorprenderte la llegada inesperada de alguien. O tal vez te veas obligado a dar marcha atrás en un viaje por algún contratiempo. Prepárate para lo imprevisto, ya que podría abrirte nuevas perspectivas y horizontes que ni siquiera imaginabas. Sin embargo, si en la tirada aparecen cartas relacionadas con el engaño, conviene preguntarse si has sido demasiado confiado o si alguien te ha manipulado. La decepción o el desánimo pueden aparecer como un anticlímax después de una cadena de acontecimientos. A través de la

pérdida, podrías descubrir nuevas posibilidades y recursos internos, en lugar de seguir dependiendo de estímulos externos. En el plano de la salud, esto puede estar relacionado con la agorafobia, el miedo a los espacios abiertos.

Si proyectas esta percepción en los demás, tal vez sientas que concentran todo el poder y no están dispuestos a compartir su fortuna. O quizá los admires tanto que te consideres indigno de su atención. Esa persona también puede aparecer como un obstáculo que se interpone en tu camino o como alguien que bloquea tus oportunidades.

Desde una mirada chamánica –como en muchos relatos de fantasía–, esto puede representar una puerta de entrada a otro mundo, un acceso inesperado a un estado de encantamiento, donde se despiertan la dicha, el gozo y el arrobamiento.

INTERPRETACIÓN TRADICIONAL. Lo imprevisto. Sorpresa, asombro. Arrebato. Maravilla, admiración. Milagro. Encantamiento. Alegría inesperada. Un viaje de regreso. Miedo, terror. Problemas. Dominación. Nuevas posibilidades. Pérdida y tristeza inesperadas. Ansiedad.

Tres de bastos

El dos de bastos hablaba de una decisión pendiente; en el tres de bastos, los acontecimientos ya están en marcha. En la imagen del mazo RWS, los barcos han zarpado. Esta carta señala que cuentas con la fuerza, la confianza y la audacia necesarias para iniciar una empresa, quizá reuniendo a tres personas o elementos clave. Desde una posición de autoridad, diriges, supervisas y coordinas actividades vinculadas al comercio, a los negocios internacionales o a negociaciones en el extranjero. Una vez puesto todo en marcha, cabe retirarse y esperar a que «tu barco llegue a puerto». Históricamente, el comercio marítimo implicaba grandes empresas de alto riesgo, cuyos beneficios –si llegaban– podían tardar meses o incluso años. Por eso, esta carta alude a planes a largo plazo o a una visión de futuro que requiere perspectiva amplia y creativa. No obstante, existe el riesgo de pasar por alto los detalles inmediatos o más pequeños. También invita a explorar nuevos horizontes o a buscar oportunidades, con disposición a lanzarse tras aquella posibilidad que se insinuaba en la carta anterior. Transmite una actitud osada y decidida para avanzar hacia la meta, incluso si el movimiento parece arriesgado. Asimismo, puede implicar un viaje o la necesidad de gestionar asuntos a distancia. La previsión y la capacidad de anticiparse a lo que viene resultan claves.

INTERPRETACIÓN TRADICIONAL. Empresas, comercio, negociación. Actividad, iniciativas. Audaz, atrevido, imprudente, temerario. Arrebatar o usurpar. Valentía, osadía. Dinamismo intelectual, capacidad comercial. Iniciativa. Viajes. Exploración. Cooperación productiva.

Tres de bastos invertido

El tres de bastos invertido indica dificultades para poner en marcha tus planes o un bloqueo creativo. Puedes sentirte desbordado, como si hubieras asumido más de lo que puedes manejar, y las tareas parecen demasiado exigentes. En un extremo, esto se manifiesta como una falta de previsión, con una actividad precipitada que conduce al agotamiento y a los errores. En el otro, se trata de ilusiones, sueños o deseos que no llegan a materializarse porque no sabes por dónde empezar o te paraliza el miedo a correr riesgos. También pueden surgir problemas por exceso de ambición, arrogancia u obstinación, seguidos de ansiedad por los posibles resultados. Quizás te cueste pedir ayuda por desconfianza o temor a ser engañado, lo que conduce al aislamiento. Aunque estas dificultades generan retrasos o contratiempos, en general son temporales y la situación tiende a mejorar. Sin embargo, también cabe la posibilidad de que los esfuerzos no se vean recompensados o que un proyecto no llegue a buen término.

Concéntrate en los detalles inmediatos y prácticos, paso a paso. Podrías reorganizar un trabajo dividiéndolo en tareas más pequeñas. Tal vez tengas suposiciones o expectativas inconscientes que terminen generando problemas cuando alguien no las cumpla o actúe de forma inesperada o te sientas ignorado o excluido de la información importante. En un plano más personal, podrías estar dándole la espalda al futuro para centrarte en el pasado, lo cual abarca desde recuerdos de vidas anteriores hasta investigaciones genealógicas. En ocasiones esta carta se refiere a alguien que vive lejos de su país.

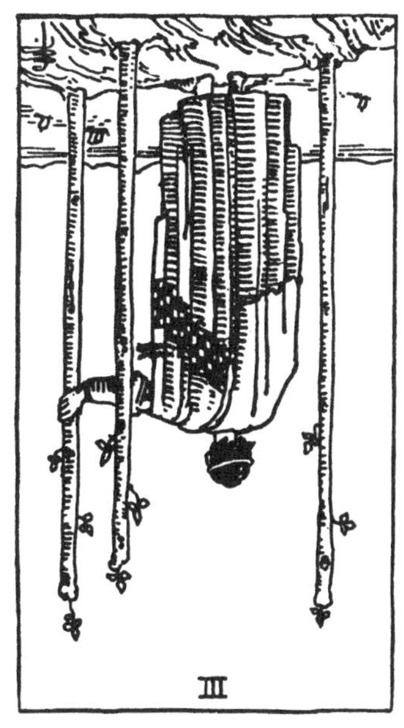

Si proyectas esto en los demás, podrías verlos como personas que desatienden las tareas cotidianas mientras fantasean o se concentran únicamente en lo que podría pasar en el futuro. En lo que respecta a la salud, sugiere enfermedades contraídas durante viajes al extranjero o una predisposición genética a ciertos problemas.

En el ámbito chamánico y mágico, esta carta habla de la responsabilidad personal por los propios actos y decisiones, cuyos efectos se extienden (según algunas tradiciones) hasta siete generaciones hacia el futuro, e incluso también hacia el pasado.

INTERPRETACIÓN TRADICIONAL. Segundas intenciones. Desconfianza, traición, engaño. Interrupción por infortunio. Recompensa por los esfuerzos. Fin de las dificultades. Alivio del dolor, el esfuerzo y la decepción. Pausa en la aflicción. Desconfía de la ayuda ofrecida. Esperanza, deseo, intento, anhelo.

Cuatro de bastos

Así como el tres señala una partida, el cuatro de bastos indica una llegada o un regreso al hogar. Esta carta suele mostrar una celebración que marca el cierre de una etapa o de una estación y sus labores. Se ha concluido una tarea y se recogen los frutos. Hay una culminación de esfuerzos y una sensación de logro sólido. Es posible que celebres estos momentos con ritos de paso ceremoniales, como compromisos, matrimonios, graduaciones, inauguraciones, reuniones, fiestas o cenas de premiación en congresos o convocatorias. Podrías consolidar vínculos personales, establecer alianzas, reafirmar lazos afectivos o reconectar con tus raíces familiares.

Por otro lado, sugiere la negociación de un acuerdo entre partes enfrentadas para restablecer la armonía y el equilibrio. Quizá estás animando o alentando a otros de cara a una tarea próxima. Esta carta también puede señalar celebraciones estacionales o talleres de fin de semana. Podrías estar disfrutando de una estancia en el campo o en algún refugio vacacional. Evoca descanso y relajación, placer, armonía social y felicidad. A veces esta carta habla de adquirir una propiedad o de construir una base firme para lo que vendrá. Y, antes de avanzar, invita a hacer una pausa y reconocer con gratitud lo alcanzado.

INTERPRETACIÓN TRADICIONAL. Sociedad, alianza, comunidad. Reunión, encuentro, celebración. Reuniones festivas. Estancia en el campo. Convención, pacto, tratado. Evento inesperado. Recompensa modesta. Relajación tras el esfuerzo. Fortaleza. Prosperidad. Fruto del trabajo.

Cuatro de bastos invertido

Tradicionalmente, el cuatro de bastos invertido no difiere demasiado de su posición normal. En general, las personas siguen siendo felices y la vida les sonríe, aunque a veces se olvida agradecerlo. Los bloqueos o la resistencia frente a reuniones familiares, encuentros escolares o banquetes convencionales recuerdan la ambivalencia que muchos sentimos hacia ellos. Tal vez exista el deseo de ver a todo el mundo y, al mismo tiempo, el temor a las incompatibilidades o a las sutilezas sociales que generan incomodidad. En estos contextos afloran inseguridades e inhibiciones, o la conciencia de que bajo la superficie se esconden vidas marcadas por la dificultad. Esta carta también cuestiona la convencionalidad: puede faltar algo en el disfrute de esas ocasiones o aparecer la proyección de una felicidad perfecta en los demás, con la sensación de ser uno mismo el único excluido. Tras un taller o una reunión gratificante, surge la aprensión por la despedida y el regreso a la vida cotidiana. Es un momento agridulce, en el que los miembros de la familia o del grupo retoman cada cual su camino. Lo que parecía completo a veces se rompe. Los ritos de paso pueden resultar inquietantes o poco habituales, como un matrimonio no autorizado. También llega el tiempo de dejar o vender la casa familiar. Esta carta refleja además contratiempos o errores en eventos sociales que, más que devastadores, terminan siendo anecdóticos y hasta divertidos. En el ámbito laboral, señala el riesgo de volverse excesivamente sociable o de temer que la diversión interfiera en los negocios.

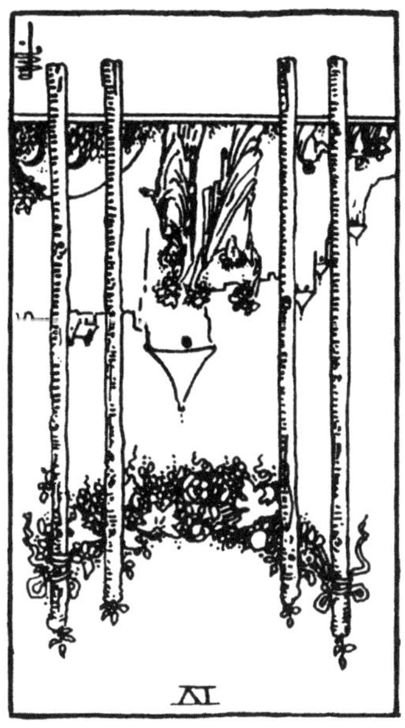

Cuando se proyecta en los demás, puedes verlos como parte de una familia extendida o como benefactores. En cuanto a la salud, sugiere un retorno a la buena salud o el éxito de un nacimiento o de procedimientos médicos.

En un contexto chamánico y mágico, esta es una carta importante que significa ritos de paso, que, como uno de sus objetivos fundamentales, tienen un propósito civilizador o espiritualizador. En los viajes espirituales, representa los cánticos, los tambores y las oraciones de los asistentes que te ayudan a regresar sano y salvo del inframundo.

INTERPRETACIÓN TRADICIONAL. Prosperidad, éxito, belleza, felicidad, placer, romance. Base sólida. Florecimiento. Ventaja, avance. Belleza, adorno. Felicidad incompleta. Falta de placer. Belleza empañada.

Cinco de bastos

El cinco de bastos altera la armonía del cuatro. Cabe la posibilidad de que estés involucrado en conflictos, competiciones, luchas de poder, ambición u orgullo. Por otro lado, la imagen del RWS podría aplicarse igualmente bien a los juegos en equipo, la lluvia de ideas y la resolución de problemas para todos aquellos que implican una postura agresiva y la lucha por el éxito. Yo la llamo la «carta del comité», que te permite poner a prueba tus ideas a través del conflicto y los desacuerdos con los demás o luchar con los deseos contradictorios de cinco partes diferentes de ti mismo. Lo que comienza como una justa lúdica o una guerra simulada podría acabar en una pelea airada o en críticas destructivas. Cuando temes que tus ideas no sean reconocidas o que tus deseos no se satisfagan, puedes desarrollar animadversión. Por otra parte, la carta sugiere explorar múltiples perspectivas cultivando la expresión libre y lúdica de las ideas. Evoca actividades estimulantes, lucha por el poder o excitación de la libido. Es posible que estés luchando por el éxito o por que te escuchen. En la baraja RWS, cinco personas parecen estar construyendo un pentáculo, símbolo de poder y protección. Esto sugiere que examines diversos puntos de vista. Aunque es posible avanzar, tal vez tengas que trabajar duro y superar obstáculos para conseguirlo.

INTERPRETACIÓN TRADICIONAL. Oro, riquezas. Opulencia, lujo, brillo. Abundancia. Ganancia. Un matrimonio prudente. Gran actividad moral. Un orgullo desmedido o un carácter iracundo que podrían arruinar el éxito.

Cinco de bastos invertido

El cinco de bastos invertido indica la posibilidad de salir de un punto muerto o de que termine un periodo de conflicto y estrés. Sin embargo, tal vez sea necesaria la intervención de un profesional o de un abogado. Podrías negarte a participar en juegos o intentar calmar una situación volátil sin involucrarte en ella. Sin embargo, indica que quizá no logres mantenerte al margen. Al igual que le ocurrió al presidente Clinton con Monica Lewinsky, es posible que otras personas te persigan y acosen activamente, hasta el punto de iniciar procedimientos legales. Alguien podría sabotear las negociaciones para mantener la situación en el aire o inestable.

Quizás busques reducir tus opciones en lugar de abrirlas al debate. El miedo a hablar o la duda de crear controversia también están presentes. Dado que, en posición invertida, la confusión tiende a ser interna, surgen conflictos personales que dificultan la toma de decisiones. A veces las prioridades no están claras. Las animosidades aumentan hasta convertirse en disputas y discusiones serias, o se debilitan hasta agotarse. Mientras que en la carta RWS al derecho todos los palos están en conflicto, si las invertimos las piernas de las figuras aparecen alineadas; así, en el extremo opuesto, se trabaja en grupo para llegar a un acuerdo y poner fin a las hostilidades. Entonces aparece la posibilidad de relajarse y entrar en un periodo de tranquilidad y alivio. Un partido o evento deportivo podría posponerse o cancelarse.

En cuanto a la salud, esta carta invertida señala que los anticuerpos combaten una infección. Proyectada en otras personas, despierta la sensación de que son ellas las que generan un comportamiento antagónico o perturbador, mientras uno permanece tranquilo y desapegado. También puede insinuar la sospecha de que estén tramando algo.

En el plano chamánico y mágico, se relaciona con la autodefensa psíquica. A veces se asumen cualidades del coyote o embaucador: recurrir al engaño o la astucia para fomentar la disputa, quizá como estrategia para desviar la atención del verdadero propósito y luego escabullirse de la refriega.

INTERPRETACIÓN TRADICIONAL. Litigios, procesos legales. Tribunales, juzgados. Disputas. Engaño, fraude. Persecución. Irritación, acoso, peleas. Contradicciones. Demoras y algunas molestias, pero con un desenlace generalmente favorable.

Seis de bastos

Tras el conflicto del cinco, en el seis de bastos aparece una figura victoriosa o un líder alrededor del cual se agrupan los demás en señal de apoyo. También representa la movilización en torno al plan predominante. Esta carta indica éxito, victoria, orgullo y empoderamiento o ascenso personal, generalmente fruto del propio mérito y valentía. En la baraja RWS vemos una figura coronada de laurel que «va en alto». Presagia un triunfo, la subida al poder o la obtención de un premio. Tal vez consigas visibilidad, reconocimiento público o recompensas por tus logros. Puede que asumas un papel de liderazgo o que apoyes a alguien que lo ocupa. También podrías estar esperando liderazgo por parte de una figura de autoridad. Esta persona podría traer buenas noticias o anunciar la realización de tus deseos y esperanzas. Otros pueden admirarte, ponerte en un pedestal o pedirte que tomes las riendas. Tu confianza y tu actitud motivadora podrían inspirar a un equipo o generar seguidores. No obstante, esta posición podría depender del apoyo continuo de quienes te rodean. Como carta del número seis, sugiere beneficios recíprocos entre líder y seguidores, ya que todos actúan en armonía mutua. Alternativamente, puede mostrar una asamblea de trabajadores o el peso de la opinión pública, que tiene la capacidad de impulsar o hundir la popularidad.

INTERPRETACIÓN TRADICIONAL. Vida doméstica y familiar, hogar, servidumbre, tareas del hogar. Mensajero. Buenas noticias. Esperanzas, deseos, anhelos, expectativas cumplidas. Dificultades resueltas. Alternancia entre pereza y trabajo. Riñas entre sirvientes. Los esfuerzos traen recompensa. Progreso.

Seis de bastos invertido

Después de la posible persecución y acoso del cinco, el seis de bastos invertido señala una caída desde lo alto. Es la carta del «caballo de Troya». Tradicionalmente, sugiere que una victoria o un éxito resultan transitorios. A menudo hay enemigos a las puertas y no falta la intervención de la traición o el engaño. Las noticias o entregas se extravían o se retrasan, y los malentendidos se hacen presentes. Empleados o personas bajo tu cargo muestran deslealtad, poca cooperación o terminan fallando. En otros casos, es uno mismo quien actúa con orgullo, arrogancia o condescendencia hacia los demás. La victoria se desvanece, las acciones encuentran obstáculos. Surgen demoras, inseguridad o miedo. Conviene actuar con cautela, sobre todo si se depende de otros, aunque sin dejar que la desconfianza derive en distanciamiento. El orgullo también juega malas pasadas y provoca caídas vergonzosas. A veces todo se reduce a una fachada, sin sustancia real. Falta liderazgo o este se muestra ineficaz. Una figura heroica o pública revela sus «pies de barro». También existe la tentación de retroceder para escapar de un compromiso. En otras ocasiones, se rechaza o se resiste a asumir un papel de liderazgo. Aunque haya ambiciones ocultas y logros personales, no es necesario esconder los propios méritos. Si la victoria se proyecta en los demás, surgen los celos, la desconfianza hacia sus capacidades o incluso el impulso de sabotear sus esfuerzos. En el terreno de la salud, señala un sistema inmunitario debilitado que no consigue hacer frente a una infección o incluso el riesgo de una caída física.

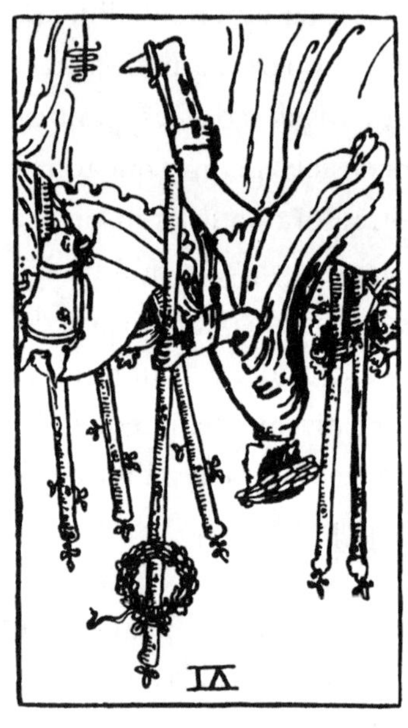

En el plano chamánico, remite a la salida de los seres feéricos desde sus túmulos, haciendo travesuras y reclamando para sí a quienes se topan con sus entradas. Al igual que en la búsqueda de Inanna,* simboliza un descenso al inframundo, un viaje de autodescubrimiento.

* N. del T.: En la mitología sumeria, Inanna desciende al dominio de la diosa Ereshkigal, dejando atrás sus atributos divinos en un proceso de desnudez total, muerte y posterior renacimiento. Este relato se interpreta como arquetipo de transformación espiritual, paralelo a la experiencia de «descender» a la sombra para emerger con mayor conciencia.

INTERPRETACIÓN TRADICIONAL. Infidelidad, traición, deslealtad. Aprensión, cautela, miedo. Espera, expectativa. Esperanza postergada. Engaño. Retrasos. Mal servicio. Ganancias efímeras. Beneficios superficiales. Cartas extraviadas o retenidas. Autoconfianza. Seguridad. Visión de futuro.

Siete de bastos

Esta es la carta del «rey de la colina». Habla de mantener la posición y salir adelante contra todo pronóstico. Siempre que alguien alcanza la cima –como sucede en el seis de bastos–, aparecen otros dispuestos a desafiarlo o a hacerlo caer, como muestra el siete de bastos. Superar estos obstáculos pone a prueba tu temple. Después de atreverte a liderar, necesitas valor y constancia para afrontar la adversidad o incluso una simple negociación. Tal vez tengas que defender tu postura, tus creencias o ideales. Puedes estar enfrentándote a la competencia o a opiniones contrarias en un discurso, en una discusión o en Internet. Quizás enfrentes desaprobación. En la baraja RWS, la figura parece estar abriendo las piernas sobre una grieta o al borde de un precipicio. Aunque tiene una posición de ventaja, lleva dos zapatos distintos, lo que puede sugerir que no pisa sobre terreno firme. Puedes fortalecer tu autoestima y tu valentía enfrentando problemas, rivalidades o confrontaciones con persistencia, pero también con mesura. Una lectora de tarot observó, sin embargo, que lidiar con la oposición puede agotar tu energía y hacerte perder un tiempo que podrías dedicar a cosas más valiosas.[1] También podría interpretarse que la figura está clavando las varas en el suelo, centrada en distribuir correctamente los elementos de un proyecto.

INTERPRETACIÓN TRADICIONAL. Debate, negociación, discursos. Comercio, negocios. Reuniones, conferencias, simposios. Disertación.

Chismes. Éxito, ventaja, beneficio, ganancia. Victoria gracias al esfuerzo y la competencia. Alta productividad. Buenas notas en exámenes.

Siete de bastos invertido

Esta carta recuerda al Muro de Berlín, concebido para mantener a la gente dividida. Habla de paranoia o del proceso de superarla y derribar el muro. También se asocia con la sensación de estar abrumado o de tener demasiadas cosas entre manos. En ocasiones refleja la confrontación con las objeciones de la familia o amistades respecto a un trabajo o una relación. O bien muestra la tendencia a levantar defensas o barreras activas para mantener a los demás a distancia. En el mejor de los casos, esas barreras brindan tiempo y espacio para reflexionar antes de tomar decisiones o permiten resolver dificultades en soledad y hacer ajustes con calma. Pero también aluden al uso de excusas o distracciones para evitar dar el siguiente paso. Tradicionalmente se la ha llamado «vergüenza», término que encierra un doble sentido: tanto un malestar por timidez o incomodidad, como una sobreabundancia* que complica las cosas. Esta carta señala la posibilidad de volverse excesivamente precavido o perder el ánimo, sobre todo en una posición de desventaja o inferior, lo cual lleva a retroceder, retirarse o adoptar una actitud pasivo-agresiva. En lugar de

* N. del T.: El término original, *embarrassment*, en inglés, puede referirse tanto a la vergüenza como a un exceso que causa dificultades, como en la expresión *an embarrassment of riches* ('una sobreabundancia de riquezas').

mantener la postura, a veces se cede en negociaciones, especialmente para ganar aprobación o simpatía. En el extremo opuesto, surge la rigidez, la agresividad o la ira como una manera de sobrecompensar la vulnerabilidad o el miedo a ser victimizado. La indecisión conduce a la vacilación o al desánimo. Proyectada en otras personas, esta energía hace verlas como débiles de carácter y serviles o, en el extremo contrario, como acosadores persistentes. Invertida, también simboliza la eliminación de defensas, muros y barreras entre las personas.

En cuanto a la salud, sugiere ansiedad, trastorno obsesivo-compulsivo o una producción excesiva de alguna sustancia en el organismo, como sucede con la diabetes.* En el plano chamánico y mágico, advierte de la necesidad de aplicar técnicas de enraizamiento y centrado, fundamentales cuando se abre uno psíquicamente o al trabajar con miedos y traumas de la infancia que hayan sido bloqueados o compartimentados.

INTERPRETACIÓN TRADICIONAL. Vergüenza, ansiedad, consternación. Indecisión, duda, irresolución, vacilación. Incertidumbre, perplejidad. Pérdidas. Variedad, diversidad. Victimización. Calumnias. Exceso. Sobreabundancia.

Ocho de bastos

El ocho de bastos se conoce a menudo como la «carta del enamoramiento», mientras que la Aurora Dorada la llamaba «celeridad». Puede interpretarse como dejarse llevar por el entusiasmo, el enamoramiento o una gran idea, una especie de sacudida de adrenalina que te arrastra con fuerza hacia lo que deseas. Las actividades se movilizan y

* N. del T.: Esta afirmación no es del todo exacta, ya que en la diabetes el problema no es la sobreproducción de glucosa (que proviene principalmente de los alimentos), sino una alteración en su regulación debido a resistencia a la insulina o deficiencia de esta hormona.

la energía se acelera. Señala negociaciones comerciales y comunicaciones rápidas por teléfono, Internet o mensajería exprés. También podría referirse a viajes en avión, maniobras, una carrera o cualquier tipo de avance veloz hacia un objetivo.

Como muestra la carta del mazo RWS con sus «flechas del amor», todo parece estar en el aire, aunque dispuesto en líneas paralelas y ordenadas. Tal vez estés sistematizando, organizando, alineando o agilizando procesos. En el mundo de las ideas, podrías estar trabajando de forma independiente pero en sintonía con otros, como cuando varias personas hacen descubrimientos similares al mismo tiempo. Por lo general, esta carta indica que se está avanzando, aunque existe el riesgo de actuar con demasiada prisa. Conviene dejarse llevar por el flujo de los acontecimientos. Podrías notar sincronicidades o encuentros fortuitos que confirmen que vas en la dirección correcta. Por otro lado, también puede reflejar una energía frenética, como la que se vive en una feria o parque de atracciones.

INTERPRETACIÓN TRADICIONAL. Vida en el campo o salida a la naturaleza. Agricultura, cultivo. Jardín, campo, bosque. Viaje. Recreación, pasatiempos, festividades. Gran actividad. Calma, tranquilidad. Despertar amoroso. Suerte. Evolución acelerada. Transacciones comerciales. Progreso, rumbo.

Ocho de bastos invertido

Los bastos del ocho de bastos invertido parecen bloquear el camino o agitarse, de modo que surge la tentación de precipitarse hacia los problemas. La armonía se convierte en disputa, el enamoramiento se transforma en celos o rivalidad y las emociones se descontrolan. A veces se pierde el entusiasmo amoroso. También aflora la impulsividad o la sensación de quedar atrapado en un patrón volátil y repetitivo. Surgen desacuerdos y discusiones. La excitación alcanza un punto excesivo y termina fuera de control. Un tercero irrumpe y altera la vida amorosa. Las comunicaciones se desvían o llegan a la persona equivocada. La energía se desperdicia y los esfuerzos resultan en vano. Tal vez aparezca la carrera de última hora, cuando un cúmulo de pequeños contratiempos empieza a estallar. En exceso, la situación desemboca en histeria o pánico. Esta carta sugiere también inconformidad, incompatibilidad, irregularidad o la sensación de que algo no encaja. En otro sentido, remite a huelgas, ralentizaciones, retrasos y cancelaciones habituales. Los planes y las inspiraciones se disipan. En cambio, también elimina límites y abre lo posible, liberándote de restricciones. En lugar de descender a la tierra, el movimiento asciende y anuncia la llegada a un nuevo nivel de experiencia.

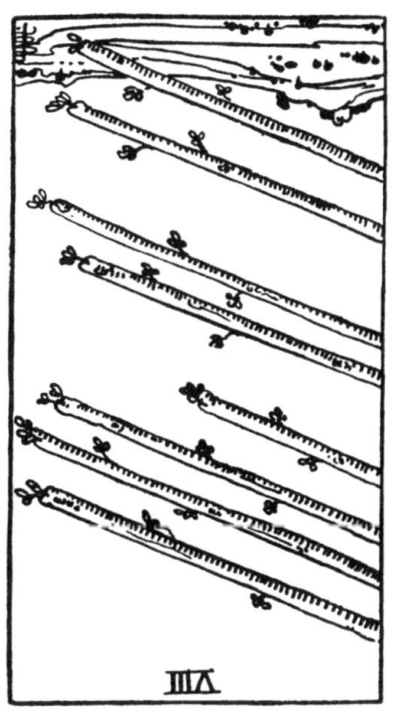

Para una consultante, que llevaba tres años separada de su marido, esto representaba el momento en el que dejó de dudar (dos de oros) y solicitó el divorcio. Todas sus dudas desaparecieron al liberarse de las restricciones autoimpuestas para emanciparse.

Si lo proyectas en otras personas, podrías verlas como causantes de trastornos o problemas por ser demasiado precipitadas. En cuanto a la salud, esto representa el funcionamiento de las hormonas, la adrenalina y otras sustancias químicas del cuerpo que alteran el estado de ánimo y la mente.

Desde la perspectiva chamánica y mágica, se trata de una explosión de energía vital. En cuanto al movimiento rápido, puede representar la escoba de una bruja y la capacidad de volar o de realizar viajes astrales.

INTERPRETACIÓN TRADICIONAL. Disputas, conflictos domésticos, discordia. Flechas de celos, conflicto interno, punzadas de conciencia, desarmonía en el hogar. Problemas conyugales causados por una tercera persona. Retroceso, paralización, huelga. Arrepentimientos, remordimientos. Escrúpulos.

Nueve de bastos

El impulso del ocho de bastos culmina en el nueve. En la imagen del mazo RWS, los bastos ya han aterrizado y se alzan como una especie de empalizada. Quizá sientas que debes estar preparado para una amenaza, seguramente de algo o alguien que no acaba de mostrarse con claridad. Tal vez estés protegiendo tus proyectos, vigilando tus logros o incluso acaparando recursos por si llegan tiempos difíciles. Al igual que un veterano cuyas cicatrices dan testimonio de su pasado, tu recorrido, tu disciplina y lo aprendido han moldeado una fortaleza interior, moral y espiritual. Este es un momento que invita a la cautela y a observar con atención, sobre todo si existe la sensación de que podrían aparecer conflictos o viejos enemigos. Conviene hacer una pausa, posponer decisiones o simplemente descansar. Quizás estés dejando atrás varias opciones para enfocarte en una sola, aunque eso implique cierto aislamiento. A veces, las heridas del pasado llevan a levantar barreras como forma de protección. También podría tratarse de hábitos o puntos de vista rígidos que ya se han hecho costumbre. Aun así, tu fortaleza de carácter y el compromiso con lo que valoras serán fundamentales para resistir las dificultades y defender lo que has construido. Frente al ímpetu del ocho de bastos, esta carta propone una actitud más pausada, como si te dijera: «Espera. Observa. Y decide con calma».

INTERPRETACIÓN TRADICIONAL. Retraso, suspensión, aplazamiento. Alejamiento. Distanciamiento. Dificultades, frustración. Espera, anticipación. Enemigos ocultos. Estancamiento. Orden, disciplina. Experiencia. Fuerza en reserva. Reposo tras la acción. Prudencia. Falta de motivación.

Nueve de bastos invertido

En el nueve de bastos invertido, la figura de la baraja RWS parece lista para romper las cadenas y buscar una salida. Los obstáculos y dificultades que en la posición normal ya estaban presentes se agravan, al igual que la soledad y la sensación de alienación, que en el peor de los casos llegan a parecer un destierro. Quizás sea momento de derribar defensas y volver a unirte a tus semejantes. O tal vez el reto consista en superar la resistencia de otra persona. También surge la necesidad de reconsiderar compromisos, eludir responsabilidades, perder disciplina o simplemente aburrirse y cansarse de esperar algo que nunca llega. En otro nivel, todo esto se traduce en un simple descanso. Con algo de libertad, aparecen impulsividad o actitudes imprudentes.

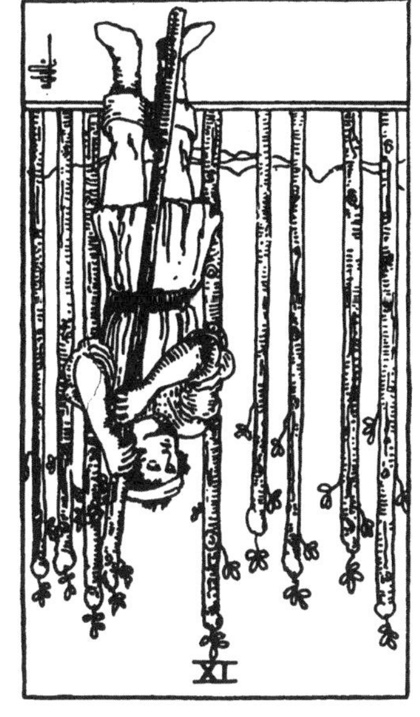

El camino puede haberse estancado o tal vez hayan surgido reveses profesionales. Como una larga espera en la consulta del médico o en el aeropuerto, la impaciencia se intensifica al no poder avanzar. En el terreno de la salud, alude a una enfermedad leve pero persistente, quizá crónica y molesta, junto con un sistema inmunitario debilitado que implica una lucha constante. En otras palabras, las defensas básicas se muestran frágiles y deterioradas. A veces incluso se carga con una «cruz» que se convierte en obstáculo involuntario para alcanzar objetivos. Proyectada en los demás, esta carta los hace parecer hostiles, como si negaran el acceso a un club o a una experiencia. También puede aparecer una fachada falsa, negando la sospecha o la hostilidad real. El resultado es mostrarse excesivamente a la defensiva o, por el contrario, bajar la guardia. Finalmente, esta carta refleja conocimientos y experiencias internas que no se comparten o no logran compartirse con los demás.

A nivel chamánico y mágico, esta carta está relacionada con el arquetipo del anciano sabio, el ermitaño o incluso el dragón, que, como guardián, espera la llegada de los viajeros. Expresa la habilidad del discernimiento en el uso de los poderes.

INTERPRETACIÓN TRADICIONAL. Obstáculos, cargas. Adversidad, problemas, retrasos, desastre. Barreras que superar. Dolor. Enfermedad leve pero prolongada. Mala suerte, infortunio. Apatía. Desagrado.

Diez de bastos

Los dieces pasan de la realización individual de los nueves a compartir los frutos con la comunidad. En el caso del diez de bastos, esto hace referencia tanto al éxito como al sufrimiento. Lo que comenzó como una gran idea singular en el as ha proliferado, quizás por exceso de confianza, en demasiados proyectos. El peso de mantenerlos se ha vuelto una carga opresiva. Esta carta podría indicar exceso de información o agotamiento. Habla de cargas, responsabilidades, obligaciones y la necesidad de cumplir con lo que se espera. Es posible que te sientas traicionado por tus propias ambiciones o resentido con aquellos a quienes sirves. Si tienes la impresión de que «el sistema» (ya sea la familia, el gobierno o el trabajo) te aplasta, es probable que percibas tus cargas como injustas y opresivas, y te sientas agobiado y desbordado. Tal vez seas incapaz de delegar responsabilidades o te lo guardes todo para ti por puro egoísmo. Los proyectos se convierten en obstáculos difíciles de superar. El entusiasmo muere bajo el peso del deber, lo que genera bloqueos creativos. Por otro lado, podrías sentirte orgulloso de tus habilidades y de tu capacidad para ayudar a otros, mientras asumes las tareas con perseverancia e incluso con soltura. En algunos casos representa el tramo final de un largo esfuerzo exitoso, los últimos y dolorosos pasos hacia la meta.

INTERPRETACIÓN TRADICIONAL. Opresión. Hiperactividad. Traición, perfidia. Falsificaciones, engaños, apariencias. Injusticia. Crueldad. Obstinación. Viajes. Confianza, seguridad, honor, buena fe. Apuestas de alto riesgo. Éxito a cualquier precio. Cosechas. Grandes recompensas.

Diez de bastos invertido

El diez de bastos invertido sugiere liberación de cargas, alejamiento de situaciones opresivas o delegación de responsabilidades. A veces implica apartarse de las dificultades, encontrar alivio a la presión o despejar el camino para empezar de nuevo. En otros casos, refleja la negación de que la tarea sea excesiva. Si la situación resulta insostenible, aparecen sentimientos de desesperanza o desamparo. También surge la tentación de «esconder la cabeza bajo tierra» para evitar enfrentar un problema. Retomando algunos significados tradicionales de la carta en posición normal, se asocia con falsificaciones y engaños: algo que en el fondo está podrido o que solo es una simulación. En este sentido, remite a la idea de «ocultar la luz bajo un barril»* o de recurrir al disfraz y al engaño, como Sherlock Holmes cuando se camuflaba de obrero. Conviene preguntarse si hay alguna forma de duplicidad o traición en juego. Revisa si el alivio de la carga se hace de

* N. del T.: La frase «ocultar la luz bajo un barril» es la traducción del dicho inglés *to hide your light under a bushel*, que significa 'esconder los propios talentos o virtudes en lugar de mostrarlos'. La metáfora proviene de un pasaje bíblico (Mateo 5, 15).

manera consciente o si, en realidad, se está «echando el muerto» a otra persona.

Algunas tareas quedan sin hacer. También surge la sensación de bloqueo o de incapacidad frente a obstáculos. Por mucho esfuerzo que se invierta, los resultados positivos parecen no llegar. En ocasiones marca el final de una ambición o de un sueño largamente acariciado. Conviene consultar las demás cartas para entender el contexto y hallar otras formas de afrontar la situación.

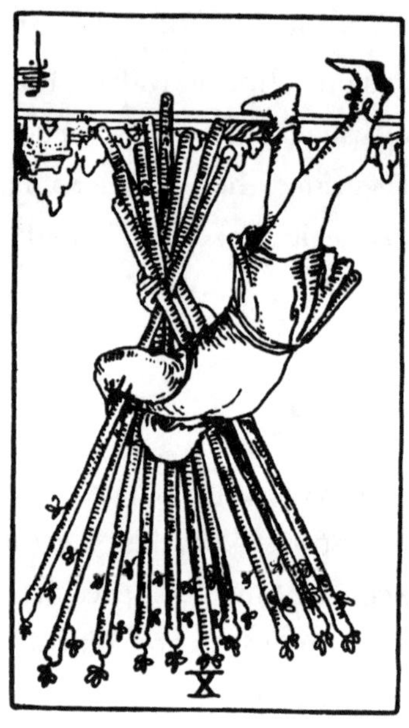

En el terreno de la salud, uno de los significados tradicionales alude a enfermedades frente a las cuales no existe inmunidad previa, como la gripe, el sarampión o la tuberculosis. Cuando se sueltan cargas, la experiencia se vive como un nuevo comienzo o una renovación vital. Asimismo, esta carta señala la necesidad de despejar residuos acumulados o deshacerse del desorden en el hogar. A veces coincide con una mudanza o incluso con una emigración.

En el plano chamánico o mágico, se asocia con el trabajo con los ancestros para liberar patrones familiares o genéticos que ya no sirven al propósito más elevado.

INTERPRETACIÓN TRADICIONAL. Esfuerzos que producen pocos resultados. Corrupción en el núcleo. Una trampa. Obstáculos. Ruptura deliberada de la confianza, violación calculada de la fe, traición. No eres lo que pareces. Contradicciones. Pérdidas. Intrigas. Hipocresía, preocupaciones, conspiraciones.

As de copas

Este as anuncia nuevas oportunidades en el plano emocional, psíquico y familiar. A menudo presagia el inicio de una relación o el fortalecimiento de vínculos ya existentes. Quizás comience una historia de amor, se abra paso la felicidad o llegue alguien nuevo al hogar. Abundan la comida y la bebida, o se aproxima una fiesta o evento social. También se experimenta una emoción difusa pero intensa, como un desborde del corazón. Tú y tus seres queridos recibís una bendición –humana o divina– y un cuidado espiritual profundo. En ocasiones, señala una declaración de amor o una muestra de afecto, tal vez expresada en una carta romántica.

Esta carta te invita a dejarte llevar por la corriente y conectar con los demás. En el ámbito laboral, sugiere la posibilidad de seguir tu vocación y dedicarte a lo que amas. En algunos casos, también puede indicar fertilidad, concepción, nacimiento o matrimonio. Señala una apertura psíquica, una cascada de sueños, visiones e intuiciones. El mundo de la imaginación y del inconsciente está más accesible. Podrías sentirte especialmente receptivo y reflexivo: es un buen momento para mirar hacia dentro. Lleno de gozo, «tu copa rebosa». Esta carta evoca el idealismo del Santo Grial y la imagen de una cornucopia inagotable de dones espirituales y materiales.

INTERPRETACIÓN TRADICIONAL. Hogar, fuego del hogar, morada, familia. Mesa, banquete, alimento, festejo. Invitación. Buen ánimo. Opulencia, exceso. Buenas noticias. Fertilidad, nacimiento. Amor, pasión. Amabilidad. Abundancia. Belleza. Alegría. Constancia.

As de copas invertido

El as de copas invertido sugiere que existen límites o barreras en el plano emocional, psíquico u onírico. El amor que antes sentías por una persona, un hogar o un trabajo quizá se ha desvanecido con el tiempo. Puedes sentirte vacío o agotado. Tal vez estés tomando distancia de una situación para protegerte de influencias perturbadoras. Viejos recuerdos y decepciones pasadas podrían hacerte reacio a abrirte a una nueva relación o idea. Es posible que niegues tus verdaderos sentimientos o, por el contrario, muestres un afecto que no es genuino. Por ejemplo, podrías recurrir a halagos insinceros para manipular a alguien o intercambiar cariño por seguridad económica, estatus o comodidad. Los excesos con la comida o el alcohol, así como los trastornos alimentarios, apuntan a una causa emocional más profunda. También puede haber un amor perdido o no correspondido, o una decepción sentimental. El afecto que deseas quizás no está a tu alcance en este momento. Como ocurre con los otros ases invertidos, este también puede aludir a retrasos o a una dificultad para concebir o iniciar algo nuevo.

As de copas

Es posible que hayas bloqueado tus capacidades psíquicas, místicas o intuitivas, o que desconfíes de ellas. También es factible que te sientas a la deriva, crédulo, incapaz de concentrarte o de comprometerte con una dirección clara. Si proyectas esto en los demás, los percibirás como personas inconstantes o indecisas. La carta sugiere que el cambio te incomoda y podrías volverte sentimental o melancólico, aferrándote al pasado. Tal vez sientas que quienes te rodean están «aguándote la fiesta». También cabe la posibilidad de que rechaces una oferta amistosa o dejes pasar una oportunidad.

Por otro lado, esta carta puede señalar un alejamiento de las drogas, el alcohol o los excesos, en el intento de comprender mejor las verdaderas fuentes de vitalidad. En cuestiones de salud, sugiere dificultades relacionadas con adicciones, trastornos estomacales o digestivos, desequilibrios alimentarios y problemas vinculados al sistema reproductivo femenino.

Desde una perspectiva chamánica, esto sugiere sumergirse a fondo en los propios sentimientos –sobre todo en los negativos– y seguirlos como un hilo que conduce a un recuerdo más antiguo, para así recuperar esas emociones y liberarlas de la carga excesiva y la culpa que dejaron en aquella experiencia.

INTERPRETACIÓN TRADICIONAL. Cambio, novedad, revolución, alteración. Erosión, mutación, metamorfosis. Inconstancia, inestabilidad. Amor no correspondido. Falsedad. Esterilidad. Intercambio, trueque, venta. Donación. Beneficios despreciados.

Dos de copas

Como sugiere la imagen del dos de copas, esta carta habla del amor y de su capacidad para elevar y sanar. El león alado simboliza la posibilidad de sublimar las pasiones, mientras que la escena en su conjunto expresa igualdad, respeto mutuo y beneficio compartido. Es una afirmación poderosa sobre cómo los opuestos pueden atraerse, señalando la posibilidad de una relación amorosa o de una conexión afectuosa. Tal vez estés compartiendo algo con otra persona, colaborando para superar diferencias o uniendo fuerzas con un propósito más elevado. También puede representar la integración de aspectos opuestos dentro de ti mismo –como lo masculino y lo femenino, o lo exterior y lo interior– en un equilibrio armonioso de dar y recibir. Quizás sientas compasión o simpatía, o estés dispuesto a llegar a un punto medio.

Los doses también implican elecciones, y aquí sugieren la posibilidad de fusionar o reconciliar alternativas. William Blake observó que los contrarios se necesitan para expresarse plenamente. Si has atravesado un conflicto, podrías estar buscando una vía de reconciliación o perdón; esta carta apunta a una sanación de esa fractura. Puede indicar matrimonio o compromiso, una amistad profunda, una pasión compartida o incluso un enamoramiento. También alude a acuerdos mutuos o a una colaboración donde hay entendimiento y objetivos comunes.

INTERPRETACIÓN TRADICIONAL. Relación, amor, apego. Atracción. Pasión. Afecto, afinidad, amabilidad. Armonía, empatía, concordia. Sinceridad. Compromiso, matrimonio, asociación, unión. Amistad, cooperación. Fortuna compartida. Benevolencia.

Dos de copas invertido

El dos de copas invertido puede señalar mensajes confusos y una dinámica de «tira y afloja», marcada por disputas o una pasión vacía. Los intentos de unión pueden fracasar, al menos por un tiempo. Tal vez haya obstáculos o resistencia frente al amor. Las diferencias podrían desembocar en una separación o divorcio, aunque no necesariamente. También puede indicar una etapa estéril en la que no hay ninguna relación a la vista o una atracción ciega dominada por el deseo. Es posible que estés rechazando el amor o que mantengas una relación secreta.

Incluso si mantienes una buena relación en el presente, podrían surgir tensiones pasajeras. Otras cartas en la tirada ayudarán a precisar si hay señales de abuso, maltrato, infidelidad o problemas de compatibilidad sexual. También podría aludir a obsesiones, falta de comunicación, distanciamiento, amor no correspondido, vacío afectivo o alguien que te está arrastrando al fango. En su aspecto más negativo, habla de una confianza rota, pasiones degradadas o ilusiones truncadas. Tal vez sientas atracción por alguien que no te conviene.

Dicho esto, esta carta suele ser tan positiva que, salvo que esté acompañada por indicios más graves, lo más probable es que las cosas

no estén saliendo como esperabas, sin que eso implique una tragedia. No todos los amantes están tan malditos como Romeo y Julieta. Tal vez tu cita llegue tarde, discutas con tu pareja o sencillamente te entristezcas por una breve separación, como un fin de semana lejos de la persona amada.

Si lo proyectas en otro, tal vez surja la sensación de traición o de que esa persona no quiso dar un paso más. Interiorizado, alude al equilibrio entre lo masculino y lo femenino, entre Venus y Marte, o entre lo consciente y lo subconsciente. Lo que se refleja es tu yo interior: la manera en que los demás te tratan muestra cómo te sientes contigo mismo. En el terreno de la salud, esta carta señala enfermedades de transmisión sexual o contagio de otras infecciones, aunque en esencia habla de sanación.

A nivel chamánico y mágico, esta carta sugiere prácticas de magia sexual, chamanismo diversidad de género y, sobre todo, el trabajo con el espejo: el reconocimiento de una sombra o un adversario en otra persona que te permite ver aspectos tuyos que normalmente no reconoces.

INTERPRETACIÓN TRADICIONAL. Deseos contradictorios. Deseo, anhelo, nostalgia, ansia. Codicia. Envidia, avaricia, celos. Lujuria, pasión. Ilusión. Obstáculos, impedimentos, oposición. Disputas, conflictos. Despedidas, separaciones. Insatisfacción. Infidelidad.

Tres de copas

Tras la unión de la pareja en el dos de copas, las interacciones se amplían y se hacen más públicas en el tres de copas. Esta carta ha adquirido un significado especial dentro de los círculos y reuniones de mujeres, aunque también puede señalar la unión entre hombres, amistades mixtas o vínculos laborales con un ambiente cordial. Habla de camaradería y puede anunciar una alianza, una celebración, una ocasión alegre, hospitalidad y buenos momentos en general. Tal vez asistas a un espectáculo, recital o actuación, participes en un juego o celebres una buena racha o un logro, como un ascenso o la finalización de un proyecto. Es posible que recibas apoyo de tus colegas o te beneficies de sus consejos e información.

Los símbolos de la cosecha en la carta del mazo RWS sugieren un momento fructífero y abundante, en el que el trabajo ha dado frutos o se han superado dificultades. El éxito que representa está especialmente relacionado con las artes: literatura, poesía, canto, música y danza. Podrías participar en rituales, ya que las tres figuras parecen reunir energía y elevar el ánimo juntas.

El énfasis está en el disfrute, la satisfacción, la gracia, el compartir grupal y el apoyo mutuo. Diversión y baile están a la orden del día. No obstante, si otras cartas lo confirman, puede haber excesos de drogas o alcohol, o problemas de codependencia.

INTERPRETACIÓN TRADICIONAL. Éxito, renombre. Fecundidad. Fin de las dificultades, final feliz. Recuperación, alivio, consuelo, curación. Logro. Perfección. Reunión literaria. Placer, alegría. Abundancia. Compromiso. Embarazo.

Tres de copas invertido

Con el tres de copas invertido, es posible que dispongas de menos tiempo de lo habitual para tus amigos o para socializar, quizás debido a otros compromisos. La vida parece acelerarse, y da la impresión de que hay poco espacio para salir o para la amistad. Esto genera una sensación agridulce de nostalgia por la pérdida o la disminución de la compañía y los buenos momentos. Sin embargo, también cabe la posibilidad de que te hayas excedido y estés cansado de repetir el mismo patrón. Quizás estés desencantado con tus compañeros o socios, o descubras que los placeres habituales resultan vacíos e insatisfactorios. Esta carta a veces alude a un consumo excesivo de comida y bebida, así como a conductas adictivas. El baile podría transformarse en una juerga de borrachos o en distracciones que interrumpen el trabajo pendiente. Tal vez tus redes de apoyo o de codependencia se hayan retirado.

También puede significar que has reducido los excesos o que has decidido dejar la bebida y ya no frecuentas el grupo de antes. Si estás intentando llevar a buen término algún proyecto, aún podrían persistir obstáculos o una falta de cooperación. Esta carta también se refiere a la exclusión de un grupo o círculo íntimo, como cuando se veta a alguien para impedirle la entrada, y a la sensación de quedar al margen. Una tradición menciona el robo cometido por alguien cercano. En lugar de estar con quienes celebran tus victorias, tal vez te encuentres rodeado de personas envidiosas o que no comparten tus valores y objetivos. Proyectado en alguien, lo verás como la cigarra, que se divierte mientras las hormigas se preparan para el invierno. En cuanto a la salud, las copas suelen asociarse con la indulgencia, aunque también señalan accidentes y caídas.

A nivel chamánico y mágico, esta carta indica la triple diosa: la doncella, la madre y la anciana. Sugiere dejar ofrendas a los «duendes» y a los espíritus elementales para mantener buenas relaciones con las fuerzas de la naturaleza. También puede indicar que hay que elevar la energía para realizar trabajos mágicos.

INTERPRETACIÓN TRADICIONAL. Final, conclusión. Agilizar los negocios, rapidez, despacho. Obstáculos que superar antes de un final feliz. Revés. Placeres excesivos, superabundancia, demasiada indulgencia. Pérdida de prestigio. Retrasos. Robo de libros. Accidente.

Cuatro de copas

El cuatro de copas a veces se describe como «la mañana después de la fiesta» representada en el tres. Tras un período de placeres, surge la necesidad de tranquilidad, estabilidad y descanso. Quizás busques meditación, contemplación o retiro en un intento por hallar serenidad. También es posible que sientas solo letargo, apatía y aburrimiento. Tal vez surjan dudas respecto a tus excesos, acompañadas de disgusto, descontento o aversión. Puede que estés literalmente con resaca, con dolor de estómago o simplemente agotado tras un esfuerzo intenso. Nada logra despertar tu interés o complacerte. Con estudiada indiferencia, ignoras o rechazas un regalo, una oportunidad o un gesto de amistad, o das algo tan por sentado que no haces esfuerzo alguno. En otras ocasiones, optas por tomarte un descanso o irte de vacaciones.

Por otro lado, como carta de ensueño, quizás estés rumiando, imaginando u organizando algo en tu mente. En situaciones creativas, esta carta alude a un período de barbecho en el que parece que nada ocurre en el exterior, de modo que los saltos creativos y las nuevas ideas surgen en estados de relajación. También señala la conveniencia de tomarse un tiempo para estar en contacto con la naturaleza o simplemente aguardar a que el siguiente paso se haga evidente.

INTERPRETACIÓN TRADICIONAL. Cansancio, hastío, abatimiento. Molestia. Aburrimiento. Repulsión, aversión, descontento. Insatisfacción, disgusto. Tristeza de espíritu. Problemas domésticos. Dolores de amor. Aflicción. Adversidad, odio. Amargura. Relaciones insatisfactorias. Período de estancamiento.

Cuatro de copas invertido

El cuatro de copas invertido sugiere que estás buscando nuevas oportunidades para superar el aburrimiento y la pasividad. En tu deseo de animar tu existencia, tal vez reconsideres opciones que antes rechazabas. Todo lo que necesitas es una señal, un presagio o un presentimiento sobre en qué nuevos estudios, amistades o acontecimientos lanzarte. La posición invertida a veces intensifica el potencial psíquico de esta carta, haciéndote aún más sensible a los mensajes del mundo invisible. Asimismo, es posible que aparezcan nuevas soluciones a viejos problemas de formas imprevistas.

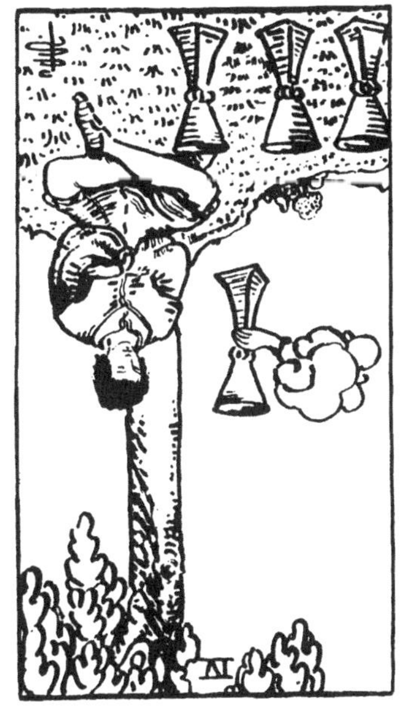

En otro sentido, esta carta indica un sentimiento de inquietud, una incapacidad para estar tranquilo o meditar serenamente. Quizás estés dejando atrás el período de descontento que se ve en la carta en posición normal y ahora tengas ansias de vivir nuevas experiencias. Si las relaciones antiguas te resultan monótonas, buscarás nuevas compañías, aunque sin demasiada exigencia si lo único que te atrae es la novedad. A veces surgen premoniciones o presentimientos, como cuando un escalofrío recorre el cuerpo sin motivo aparente. Cuando esta carta se proyecta en otras personas, se las percibe como obstinadas y cerradas a nuevas experiencias o, en el extremo opuesto, como volubles, saltando de una moda a otra y aburriéndose con rapidez. En casos extremos, aparece el riesgo de quedar tan atrapado en el mundo de los sueños, la meditación o la fantasía que se rechaza la participación en la vida real.

En el terreno de la salud, puede manifestarse pérdida de apetito. El cansancio y la apatía tienden a aumentar, sobre todo cuando la presión arterial baja, la mala circulación, la anemia o la fatiga crónica drenan la energía.[2]

Desde una perspectiva chamánica, esta carta sugiere el uso de herramientas de adivinación y oráculos. Como en los cuentos de hadas, también alude al Espíritu o al don feérico que aparece en medio de la desesperanza. En otro sentido, representa los efectos del agotamiento psíquico.

INTERPRETACIÓN TRADICIONAL. Novedad. Nuevo giro de los acontecimientos. Nuevos conocimientos, conocidos, oportunidades. Señal, presagio, presentimiento. Premonición, pronóstico, predicción. Mal presentimiento.

Cinco de copas

El cinco de copas sugiere sufrimiento, duelo, tristeza, desilusión y sacrificios. Tras la pasividad del cuatro, surge el pesar por las oportunidades perdidas o la serenidad que se esfumó. En la carta del mazo RWS, la figura aparece cubierta con una capa negra que simboliza ignorancia, limitación o miedo. La imagen muestra varias etapas del duelo: pérdida, ira y desesperación, recomponer los fragmentos, cruzar un puente hacia una nueva etapa y, finalmente, regresar al propio centro. Implica llorar la pérdida y dejar que fluyan las lágrimas. Sin embargo, aún quedan dos copas esperando atención. Algo valioso podría surgir de la situación: la tradición lo relaciona con una herencia o un legado. Aunque también existe la posibilidad de que las copas se hayan volcado en un arranque de ira, dejando tras de sí un legado de abuso o rabia. Es un punto de inflexión. Aun así, puede surgir la autocompasión, la culpa y la obsesión con lo que pudo haber sido y no fue... A veces esto se asocia con la revelación de una traición, un engaño o una deslealtad. Las esperanzas se desmoronan y los planes fracasan. Puede tratarse, simplemente, de un día en el que todo sale torcido. Al centrar la atención en lo perdido, se corre el riesgo de ignorar lo que aún permanece y, con ello, limitar las opciones. Los temores al abandono se viven como realidad. La melancolía y la tristeza mantienen la mirada fija en el pasado, o bien se aceptan como «agua pasada» para poder seguir adelante.

INTERPRETACIÓN TRADICIONAL. Lamento. Matrimonio sin amor. Imperfección, error. Peleas, rupturas. Pérdida. Herencia, legado, patrimonio, testamento. Regalos. Tradición. Sacrificio. Engaño, traición. Relaciones peligrosas. Alejamiento del pasado. Arrepentimiento. Abusos heredados, venganzas.

Cinco de copas invertido

El cinco de copas invertido suele ser bastante esperanzador, ya que indica recuperación y renovación, alejamiento de la pérdida y continuación con tu vida. Existen recompensas inesperadas al hacerlo. Quizás te sorprenda el regreso de viejos amigos o familiares, una invitación a una reunión o el descubrimiento de que alguien te ha estado apoyando en silencio. Se trata de sanar las heridas y dejar atrás el pasado. También es momento de forjar alianzas y conexiones personales que resultarán beneficiosas en el futuro. La carta se asocia con grupos afines en torno a causas políticas y medioambientales, impulsados por la amenaza de extinción de especies y hábitats, o por la preocupación por las generaciones venideras. Puede llevarte a explorar la historia familiar y la genealogía, a descubrir «ovejas negras» y defectos genéticos, así como héroes y talentos ancestrales. Padres e hijos separados llegan a buscar a su familia biológica o a reunirse, según indiquen las cartas acompañantes.

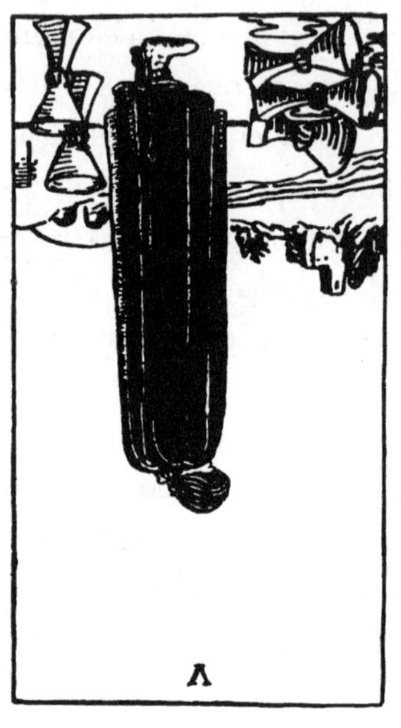

En ocasiones, esta carta se muestra más difícil, especialmente si hay una negación de la pérdida y del dolor, o una resistencia a superar el duelo. La falta de conexión significativa con los demás y la sensación de victimismo o martirio lo delatarían. La tristeza y la pérdida personales llegan entonces a convertirse en un secreto, proyectando hacia fuera una falsa alegría. Cuando se proyecta sobre los demás, surge la percepción de que permanecen atrapados en el pasado o desperdician sus habilidades en causas perdidas. Sus problemas terminan provocando frustración y preocupación. En cuanto a la salud, se relaciona con la incontinencia o con pérdidas derivadas de un accidente o una enfermedad que han dejado secuelas o extinguido una habilidad anterior.

A nivel chamánico, esto puede indicar mediumnidad y comunicación con los muertos. Es la primera etapa del viaje arquetípico al inframundo, en el que uno debe despojarse de todo orgullo mundano y apariencias antes de descubrir el verdadero valor.

INTERPRETACIÓN TRADICIONAL. Perspectiva esperanzadora. Alianza, afinidad, conexiones. Consanguinidad, miembros de la familia. Raza, linaje. Invitaciones. Regreso de un viejo amigo o pariente. Reencuentro. Amigos beneficiosos. Herencia recurrida. Proyectos falsos.

Seis de copas

Tras la pérdida del cinco, en el seis de copas se busca consuelo en el pasado o se agradece el apoyo de los amigos en el presente. En general, esta carta habla de la influencia de lo vivido en la situación actual. Surge nostalgia por tiempos más sencillos y felices, o bien un trauma temprano continúa proyectándose en el presente. Los recuerdos, en ocasiones, se remontan a vínculos kármicos de vidas pasadas. Los seises suelen considerarse el punto álgido de cada palo y representan la reciprocidad o el intercambio equitativo, en este caso de energía emocional. Se trata de obsequiar, perpetuar gestos románticos de amor y bondad, rememorar la infancia y la juventud o añorar estilos y épocas pasadas. También alude al cortejo, a la reconciliación tras una pelea, al placer sensual y a la felicidad compartida, así como al cuidado y la valoración de los demás. Incluso puede reflejar el deseo de embellecer el entorno, especialmente con un estilo antiguo o clásico. Una lectura alternativa de la carta RWS señala que el guardia, el patio cerrado y la disparidad de tamaño entre las figuras sugieren protección o intriga, aunque en ocasiones adquiere un matiz más inquietante: aunque en raras ocasiones, esta carta también puede apuntar a abusos o malos tratos infantiles que son negados u olvidados, como esas fotos familiares felices que ocultan una verdad disfuncional.

INTERPRETACIÓN TRADICIONAL. El pasado, anteriormente, antes. Recuerdos. Pensamientos sobre amores pasados. Nostalgia. Desvanecido, desaparecido. Vejez, decrepitud, antigüedad. Anhelo, nostalgia. Indecisión en el amor. Malas decisiones. Traumas, errores. Insatisfacción, falta de afecto. Cortejo. Nuevos conocidos.

Seis de copas invertido

Mientras que los significados tradicionales hacen del seis de copas invertido una carta de acontecimientos venideros, las interpretaciones modernas ponen el acento en la tendencia a aferrarse al pasado. Al reunir ambas lecturas, la carta alude a apartarse de lo que quedó atrás para centrarse, con mejores o peores resultados, en el futuro. Ambos implican una incapacidad para vivir plenamente el presente. La preocupación por lo que fue genera letargo e inercia, tal como observa la médica intuitiva Carolyn Myss, quien advierte sobre los peligros de la *woundology** (estudio de las heridas) entendida como la incapacidad de superar las viejas heridas.

Por otro lado, esta carta también habla de regeneración. Desde un enfoque terapéutico, implica soltar viejos lazos emocionales junto con los patrones inconscientes que los acompañan. Al regresar a entornos conocidos, descubres que nada es como lo recordabas. Los recuerdos idealizados se deshacen ante la realidad dura. Se trata de liberarse de antiguas obligaciones y responsabilidades. En el otro extremo, se vincula con nuevas tecnologías, la ciencia ficción u otros proyectos de carácter futurista. Aunque en ocasiones se relaciona con el trabajo con el niño interior, también señala que ha llegado el momento de madurar, vivir en el presente y, quizá, desprenderse de la casa de la infancia o de asuntos familiares, ya sea en sentido metafórico o material. A veces implica redecorar para deshacerse de recuerdos. Superar las raíces –sobre todo si hay vergüenza– puede convertirse en motor de ambiciones hacia el futuro. En casos poco frecuentes, anuncia una reconexión con un amor del pasado.

* N. del T.: *Wound* significa 'herida' en inglés.

Al proyectar esta carta sobre los demás, la percepción puede ser la de personas reaccionarias o ultraliberales, o simplemente individuos que se resisten a crecer.

Desde un punto de vista chamánico, se relaciona con plantas medicinales como las flores que aparecen en la carta. También evoca un viaje en el tiempo hacia el pasado o el futuro. El olfato y el gusto actúan como catalizadores hacia una visión interior o la reviviscencia de acontecimientos anteriores, de modo que el patio funciona como recordatorio de la importancia de trabajar dentro de un espacio sagrado o *témenos*.

INTERPRETACIÓN TRADICIONAL. El futuro, las perspectivas futuras. En breve, pronto, después. Lo que pronto sucederá. Promesa de tiempos mejores. Regeneración, resurrección, renovación. Nuevos amigos o entorno. Planes que pueden fracasar.

Siete de copas

A medida que avanzamos en el palo de copas nos adentramos más en el ámbito de los sueños, ensoñaciones y visiones, y se vuelve cada vez más difícil distinguir entre fantasía e ilusión, o tomar decisiones claras. Dado que el siete es el número de las pruebas y los desafíos, esta carta alude a una especie de *psychomachia* o batalla por el alma, que pone a prueba la capacidad de ver más allá de los espejismos. Las apariciones que surgen de las copas en la carta del RWS pueden representar los siete pecados capitales, fatales para el progreso espiritual, o bien las visiones de un místico o un artista. En algunas ocasiones refleja un trabajo con el simbolismo de la imaginación creadora y del alma; en otras, el abandono a la depravación y a los placeres sensuales. Puede hablar de castillos en el aire, de confusión y de indecisión persistente. Pero también evoca la imaginación de nuevas posibilidades y la preparación interior de planes para alcanzarlas. El peligro consiste en quedar tan fascinado por tus visiones que termines perdiéndote en ensoñaciones y dejando que tu energía se disipe. Como la imagen se asemeja a un esquema piramidal, también alude a la tentación de caer en planes para hacerse rico de manera rápida, esperando un éxito instantáneo. Waite llama a este tipo de éxitos ilusorios o temporales «favores de las hadas». Otras cartas mostrarán de qué manera materializar estos sueños.

INTERPRETACIÓN TRADICIONAL. Pensamientos y planes. Fantasía. Alma, espíritu, inteligencia. Idea, sentimiento, imaginación. Meditación, reflexión, ensueños. Opinión, punto de vista. Actitudes poco realistas, caprichos tontos. Éxito ilusorio.

Siete de copas invertido

El siete de copas invertido enfatiza el pensamiento claro y lógico, la elaboración de planes realistas y el establecimiento de prioridades. Es una buena señal para alcanzar tus aspiraciones. Indica que estás rompiendo la niebla de la confusión y la ilusión para concentrarte en un objetivo elegido. Con determinación de propósito, trazas intenciones y encuentras soluciones.

Por otro lado, la perplejidad puede aumentar hasta el extremo de perder el contacto con la realidad. Quizá estés luchando por resistir la tentación o utilizando tu fuerza de voluntad para reprimir o sublimar tus deseos. Un ejemplo sería la persona célibe que renuncia a los placeres sensuales. En realidad, también refleja la oposición a cualquiera de los siete pecados capitales mediante las virtudes contrarias: humildad frente a soberbia, bondad frente a envidia, abstinencia frente a gula, castidad frente a lujuria, paciencia frente a ira, generosidad frente a avaricia y diligencia frente a pereza. Aquello que antes despertaba tu deseo quizá ya no resulte tan atractivo, de modo que dejes pasar placeres temporales en favor de una recompensa mayor. Que esta elección obedezca a un propósito espiritual o a la consecución de otro objetivo lo señalarán las demás cartas.

Si eres un artista creativo, es posible que tengas un diseño bien concebido, pero que aún carece de la imaginación vivaz y el alma que caracterizan a la carta en posición no invertida. Si proyectas esto en otra persona, la verás como un racionalista incapaz de apreciar las maravillas de la imaginación o de reconocer la falsedad subyacente en sus premisas. Una esperanza podría hacerse añicos. En cuanto a la salud, esta carta puede indicar hipocondría, la falsa creencia de que uno está enfermo o cualquiera de los males que surgen de los vicios.

En el ámbito chamánico, habla de disipar las ilusiones para ver la realidad interior y de enfrentarse a las tentaciones mundanas que provocan, por ejemplo, la caída de tantos gurús y líderes. También puede indicar que se pasa demasiado tiempo en el mundo imaginario.

INTERPRETACIÓN TRADICIONAL. Planifica, diseña, proyecta. Deseo. Fuerza de voluntad, intención. Determinación, resolución. Claridad de pensamiento. Una meta casi alcanzada. Elección inteligente. Aspiraciones logradas.

Ocho de copas

Los ochos representan el progreso, haciendo ajustes sobre la marcha. En el ocho de copas, el interés se desvanece o ha quedado eclipsado. Quizá dejes atrás lo que antes te atraía, nutría, sostenía emocionalmente o fascinaba, como las visiones del siete de copas. Una relación puede llegar a agotarte emocionalmente hasta dejarte exhausto, cansado, descontento o decepcionado. Tal vez haga falta un retiro o unas vacaciones. También puede que se dé la necesidad de apartarse, aunque sea de manera temporal, de una situación para sanar y regenerar la energía. El agua en la imagen del RWS evoca la fuerza calmante del mar o los placeres contemplativos de las pozas de marea. Surge la atracción hacia un anhelo desconocido, percibido de forma psíquica (la capa roja del deseo), que a menudo se manifiesta como búsqueda espiritual o como un examen profundo de conciencia. Aunque se trata de una de las cartas asociadas con el vagabundeo o el viaje, también alude a problemas de abandono. Tú o alguien cercano quizá hayáis perdido el interés, os sintáis alienados o insatisfechos. Parece faltar algo que obstaculiza la serenidad emocional. Otras cartas aclararán si la situación es transitoria o si la esperanza se ha desvanecido por completo. La timidez, la aprensión o el miedo pueden encubrir temor al éxito o el deseo de evitar causar dolor, pero esa actitud corre el riesgo de malinterpretarse como falta de interés.

INTERPRETACIÓN TRADICIONAL. Relación con una chica rubia o de cabello claro, modesta, tímida y sumisa. Corrección. Timidez. Apego, ternura. El declive de un asunto. Esfuerzos interrumpidos. Posibilidades de que un sueño amoroso se haga realidad; miedo a que no sea así.

Ocho de copas invertido

En lugar de alejarse, el ocho de copas invertido sugiere la recuperación de una situación enriquecedora. Al igual que el hombre que dejó atrás a su rebaño para ir en busca de una oveja perdida, esta carta invertida representa la alegría y la celebración que acompañan al regreso de lo extraviado. Tradicionalmente, señala la necesidad de continuar un proceso para asegurar el éxito final. Las copas que aparecen en la parte superior de la carta invertida evocan una «ventana de oportunidad» por la que entra algo nuevo. También insinúan pertenencias acumuladas que la figura recoge, en un gesto propio de quien siempre busca más: el coleccionista incansable.

Por otro lado, cabe la posibilidad de que exista resistencia a pasar tiempo en soledad. Quizá unas vacaciones se cancelen o se posterguen, o los deseos de viajar se vean bloqueados. Los anhelos de escapar pueden chocar contra la inercia o tal vez te surja la sensación de estar controlado por personas que aseguran actuar en tu beneficio.

Esto también refleja la deriva desesperada y sin rumbo de alguien que no soporta sentirse confinado o que nunca encaja del todo. Tú u otra persona teméis la intimidad y encontráis dificultades para comprometeros y mantener vuestras promesas. En el otro extremo, resulta complicado soltar y seguir adelante, lo que lleva a aferrarse obstinadamente al pasado, incluso si una relación se ha roto irremediablemente.

Esta es una carta significativa que alude a visualizaciones guiadas y viajes interiores. En el peor de los casos, los viajes, tanto internos como externos, funcionan como evasión o huida de la realidad. En el ámbito de la salud, es posible que sufras insomnio o sonambulismo, o que necesites una extracción dental.[3]

En el trabajo chamánico y mágico, se trata de explorar la «insaciabilidad» o los «pozos sin fondo» de la psique, que llegan a manifestarse en forma de trastornos alimentarios, compras compulsivas o relaciones dependientes. Regresar al origen del problema y repararlo (como sustituir una cinta adhesiva temporal por un parche más resistente) constituye parte del trabajo interior necesario.

INTERPRETACIÓN TRADICIONAL. Felicidad, satisfacción, júbilo, contentamiento. Alegría, banquete, festividades. Reuniones familiares. Espectáculo público. Preparación. Esfuerzos continuados para alcanzar el éxito. Disculpa, expiación. Deuda pagada.

Nueve de copas

Tradicionalmente, el nueve de copas se conoce como la «carta de los deseos», lo que significa que tus anhelos se cumplen. Representa la felicidad material y la satisfacción emocional. Por lo general, anuncia buena salud y bienestar, aunque con una ligera inclinación al exceso. Tus apetitos encuentran saciedad y tus deseos se realizan. Todo parece ir a tu favor; sin embargo, «se está muy solo en la cima». Quizás seas un mecenas de las artes. Como maestro de ceremonias, organizas un evento o realizas una presentación. En un sentido literal, la carta muestra una cena. Tu mesa está llena, con colecciones y trofeos expuestos para que todos los admiren. Tal vez te sientas satisfecho y complacido contigo mismo, incluso un poco engreído o moralista. Sin embargo, hay aspectos incómodos que permanecen escondidos, como si se hubieran «barrido bajo la mesa». El sombrero señala una gran capacidad para imaginar y visualizar lo que deseas con tal detalle y claridad que puedes llegar a materializarlo. Pero, así como en el banquete no hay nadie más presente, cabe la posibilidad de que hayas olvidado algo importante. En los nueves la energía se acerca a su culminación, por lo que aumenta el riesgo de caer en la complacencia o incluso en la pereza. Atención: podrías convertirte en el típico «teleadicto», vegetando frente a la pantalla.

INTERPRETACIÓN TRADICIONAL. Un abuelo. Matrimonio con alguien mayor. Victoria sobre los enemigos. Realización de los sueños. Éxito, abundancia, ventaja, ganancia. Triunfo en los asuntos materiales. Amor por el placer. Pompa. Bienestar físico. Dificultades superadas. Prosperidad.

Nueve de copas invertido

Con el nueve de copas invertido, se revelan errores, imperfecciones y fallos. Por eso, esta carta significa tradicionalmente tanto la verdad como el error. Todo lo desagradable que estaba oculto a la vista queda al descubierto. Esto sucede a través de la sinceridad, la honestidad y la buena fe de alguien que descubre la situación o te muestra el error de tus actos. El resultado es una sensación de liberación, una vez que te desprendes de los apegos superficiales o falsos. Quizás debas abandonar una actitud anterior de autosatisfacción y complacencia, incluso si eso implica levantar el velo emocional para ver lo que se oculta tras la expresión pública de tus sentimientos. Surgen oposiciones y dificultades que trastornan tus planes, especialmente en torno a las fiestas y el entretenimiento. También aparecen diferencias de opinión en las que resulta fundamental aclarar la información. La autoindulgencia y la tendencia al exceso que caracterizan a la carta en posición normal tienden a imponerse, llevando al hedonismo imprudente, la superficialidad y la adicción. Sin embargo, esta carta indica que alguien probablemente te pedirá que le rindas cuentas. Dormirse en los laureles del pasado va en contra de tus actuales recursos y te expone al riesgo de quedarte atrás en un mundo que cambia constantemente.

Por otro lado, esta carta también puede referirse a una felicidad interior más que exterior y al abandono de los placeres materiales en favor de los espirituales. Representa al buscador de placeres que deja atrás ese estilo de vida para entregarse a la sencillez y la contemplación. Mantener una fachada deja de ser necesario si te replanteas qué es lo que realmente te hace feliz y lo que de verdad deseas. En cuanto a la salud, puede señalar excesos en la comida y la bebida, aun cuando los síntomas de estos u otros trastornos permanezcan ocultos.

A nivel chamánico, puede representar una cabaña de sudación o un baño de vapor en el que se liberan las toxinas del cuerpo y del alma. O un regalo en el que tu verdadera riqueza y bienestar se demuestran públicamente mediante tu capacidad para darlo todo.

INTERPRETACIÓN TRADICIONAL. Fallos, errores, imperfecciones, que pueden aclararse y superarse. Sinceridad, verdad, honestidad. Lealtad. Candor, sencillez. Liberación. Ciencia, libertad. Afluencia. Que te muestren el error de tus actos. Sufrimiento o dificultades transitorias.

Diez de copas

La alegría del nueve se vuelve comunitaria en el diez de copas. Es la culminación del palo del amor, la imaginación, los sueños y el inconsciente. Representa el asombro y el éxtasis, la generosidad y las altas expectativas, el afecto, la compatibilidad, las relaciones armoniosas y el hogar feliz. Evoca la idea de que «todo es para tu bien en el mejor de los mundos posibles». En la carta del RWS, las copas aparecen dispuestas en forma de arcoíris, símbolo de la paz tras la tormenta. Sin embargo, los arcoíris son ilusiones, de modo que lo que parece ideal puede convertirse en una idealización excesiva, ya sea respecto al hogar, al país, al matrimonio o a los frutos de un proyecto. A veces refleja el anhelo de un sueño imposible, del tipo que promueven los publicistas cuando venden fantasías. En un nivel más literal, describe la vida en una familia extensa o en una comunidad afectuosa, una estancia en el campo, o el hecho de recibir –o ser recibido– como invitado de honor. También alude a la gloria y al buen nombre de la ciudad natal. Los niños tienen aquí un papel importante. Señala además la posibilidad de haber encontrado la manera de conciliar la vida personal y profesional. En la baraja de Thoth, la carta se llama «Saciedad», lo que indica una situación que contiene más de lo deseado o conveniente. En su mejor expresión, este arcano remite a vivir en armonía con el entorno y con quienes nos rodean.

INTERPRETACIÓN TRADICIONAL. Patria, país, ciudad, vivienda, residencia. Ciudadano, pueblo, habitantes. Lugar donde se reside. Honores públicos. Estima, gloria, virtud. Reputación. Amor por el hogar. Bienestar. Satisfacción. Seguridad.

Diez de copas invertido

El diez de copas invertido alude a posibles tensiones en el hogar o en las relaciones. Pronto llega un jarro de agua fría, un revés o algún otro golpe de realidad ligado a las esperanzas. Celebraciones, regresos y reuniones familiares se retrasan, se cancelan o terminan siendo emocionalmente agotadoras. Un sueño o una fantasía empieza a desmoronarse. En ocasiones anuncia el síndrome del «nido vacío» cuando los hijos parten, aunque también se refiere a cualquier despedida, ruptura o pérdida de lo que se consideraba un hogar. Señala discusiones, incompatibilidad e incluso divorcio. A veces te coloca en el papel de chivo expiatorio o de elemento que rompe la armonía familiar. La vergüenza o la indignación surgen al sentirte obligado a aceptar caridad, asistencia o compasión no deseada. También aparece la sensación de estar ahogado por las necesidades emocionales

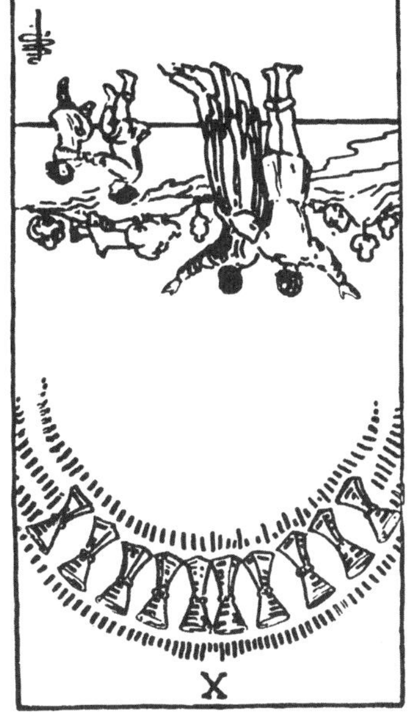

y las expectativas del entorno. Al tratarse de un diez, suele vincularse con valores y creencias colectivas –de clan o familiares– más que con convicciones personales. En ese sentido, refleja el rechazo de tales valores al mantenerse al margen de la vida doméstica o al optar por no tener hijos.

Esto alude a una saciedad que se transforma en disgusto. Se trata de una sobreabundancia, una «abundancia excesiva» que termina resultando perjudicial. En el plano de la salud, expresa tu bienestar en relación con el entorno. A veces describe un pueblo que crece demasiado rápido, campos rurales convertidos en un suburbio deslucido o incluso tu propio jardín o patio trasero ya sin espacio. También señala la posibilidad de que tú o tu comunidad estéis desatendiendo el bienestar de los menos afortunados.

Esta carta representa tu familia interior, una conjunción de elementos armoniosos dentro de ti. Representa la plenitud emocional interior independiente de los estímulos externos, una integridad psíquica.

A nivel chamánico, el arcoíris invertido sugiere una embarcación como la de Osiris y otros dioses lunares que se embarcan en un viaje por el mar con la puesta de sol o al rey Arturo al abandonar Camelot. En las tradiciones místicas, evoca un viaje alegre de renovación y regeneración que simboliza la reunificación del alma y el espíritu cuando el cuerpo muere.

INTERPRETACIÓN TRADICIONAL. Ira, indignación. Tristeza. Insulto. La imprudencia amenaza al bienestar. Disputas familiares. Diferencias de opinión. Conflictos, irritación. Pérdida de amigos. Mezquindad, rabia, ira, lucha. Violencia.

As de espadas

Este as representa una nueva determinación y la aplicación de la voluntad. Estás adoptando nuevas formas de pensar o despejando problemas y razonamientos confusos. Al alzar la espada, concentras tus energías y te comprometes con una nueva dirección y una acción concreta. Como carta de aire, asociada con la agudeza mental, señala planes o estrategias renovadas, así como el uso de herramientas analíticas de crítica y examen. Al ser una espada de doble filo, representa la división respecto a alguna idea o situación o la necesidad de valorar ambos lados de una cuestión, examinar pros y contras, o distinguir la verdad de la falsedad. En situaciones de bloqueo o estancamiento, permite cortar los lazos y liberar energía para la acción. En un sentido literal, puede referirse a una operación quirúrgica, al tallado o a cualquier uso de un objeto cortante. Simbólicamente, la pluma guarda relación con la espada (piensa en la pluma de ave como símbolo del aire y de la mente), por lo que la comunicación puede tener un papel importante. La corona y los laureles señalan un logro supremo, de modo que el as de espadas es ambicioso, pero también representa el juego limpio y la ley y el orden. Puedes sentir confianza en tu ingenio, tu inteligencia y tu capacidad para resolver problemas. Sugiere estar preparado para avanzar y hacer valer tus derechos. Los juicios y las decisiones se basan en la razón, la lógica y el método científico.

INTERPRETACIÓN TRADICIONAL. Dificultades. Accidentes. Conflictos, batallas, agresividad. Valentía. Fuerza, justicia, poder. Exceso. Triunfo por la fuerza. Autoridad. Conquista. Gloria. Competencia. Potencia. Carácter, pasión. Concepción.

As de espadas invertido

Al igual que el as de bastos invertido, esta carta aconseja: «No lo hagas». Señala retrasos en proyectos, juicios en tu contra o esfuerzos fallidos. Aquí, nuestro mecanismo biológico de «lucha o huida» se inclina por la huida. Si la agresividad y la lógica no funcionan, intenta un enfoque distinto: convierte las espadas en arados (o en monedas y pentáculos). La carta invertida también podría significar una rendición humilde del ego, como al decir: «Que se haga tu voluntad, no la mía».

As de espadas

Las cosas tienden a torcerse cuando predominan el pesimismo y la falta de confianza. Eso genera tensión mental y nerviosismo, rasgos propios del elemento aire (o de fuego, si se quiere). A veces se manifiesta como dolor mental o físico –migrañas, úlceras– o como la negación de pensamientos perturbadores. En esas circunstancias resulta difícil pensar con claridad, lo que conduce a bloqueos creativos o a problemas que parecen no tener salida.

Cuando anuncia el final de las hostilidades, suele ser porque la situación se asume como una causa perdida. También aparece la tendencia a volcar la agresividad en los demás. Puede dar lugar a excluir fríamente a alguien bajo el pretexto de la objetividad o a sentirse uno mismo apartado por otros. Las palabras y la lógica se convierten entonces en armas de manipulación. Surgen choques con la autoridad y, junto con ellos, el temor al castigo o la sensación de vivir «bajo la espada de Damocles», especialmente cuando se desafían las normas.

Se trata de poner límites a un proyecto, definir un ámbito concreto de influencia o guardar algo a buen recaudo (como la espada en la piedra).* También implica negarse a provocar o a pelear, o bien

* N. del T.: Alusión al mito artúrico.

retractarse y retirar palabras duras. Aunque podría esperarse un significado de impotencia, la imagen invertida conserva un antiguo simbolismo de concepción.

Desde la perspectiva chamánica, alude a un viaje al *inframundo*, lejos del aire. Puede referirse a una cirugía psíquica, a la extracción de objetos –simbólicos o literales– que generan desequilibrio y «enfermedad»,* así como al uso de armas espirituales en la lucha contra la mentira y el engaño. La espada del *otro mundo* permanece en el lago,** la piedra o la cueva hasta que un héroe la invoque para devolver la justicia al mundo.

INTERPRETACIÓN TRADICIONAL. Calumnia. Desastre. Castigo. Tiranía. Injusticia. Pérdida de poder. Destrucción. Obstáculos, impedimentos. Prejuicio. Semilla. Esperma. Concepción. Impotencia.

Dos de espadas

El as de espadas representa una sola idea, pero con el dos de espadas aparecen perspectivas en conflicto, y buscas una paz, armonía o conformidad imparcial entre ellas. Esto implica suspender hostilidades y juicios, y negarte a tomar partido. Tal vez te veas en medio de negociaciones diplomáticas o busques lograr equilibrio y moderación a través del diálogo y la conciliación. El equilibrio que se establece puede ser tanto un cómodo equilibrio de fuerzas como un estancamiento, una postura neutral mantenida por miedo, indecisión o la necesidad de ajustarse. Es una paz incómoda, con un delicado equilibrio de poder. También sugiere la unión con otra persona para lograr beneficios mutuos a través de una posición imparcial. Las ideas o visiones en conflicto requieren comunicación y una moderación imparcial. Sin

* N. del T.: En inglés *dis-ease*, literalmente 'falta de bienestar', un juego de palabras que matiza la idea de malestar además de enfermedad.

** N. del T.: Alusión al mito artúrico.

embargo, existe la tentación de cerrarse, de no querer ver o saber aquello que perturbe la armonía alcanzada. Quizás temas la influencia excesiva de alguien. Mientras la mente se enfrenta a un dilema, el corazón permanece acorazado e inaccesible. Cuando los propósitos entran en conflicto y dominan la ambivalencia, la indecisión o la falta de compromiso, la elección se aplaza. Se confía en que las circunstancias cambien antes de dar un paso, aunque a veces no es más que pura postergación. Con las ideas enfrentadas, la intuición se convierte en la guía más segura.

INTERPRETACIÓN TRADICIONAL. Amistad, afecto, concordia, ternura. Unión. Conformidad y equilibrio. Tiempos peligrosos que exigen coraje y valor. Un duelo, pero no mortal. Tensión. Fuerzas en equilibrio. Pactos.

Dos de espadas invertido

El dos de espadas invertido se relaciona con la ruptura de la paz y la necesidad de actuar. Las lealtades pueden dividirse, lo que da lugar –de manera intencionada o no– a mentiras y duplicidad. Surge la sensación de estar desgarrado, como en un tira y afloja, sin alcanzar la paz interior. A veces implica resistirse a un equilibrio de poder, tratar de desestabilizar lo establecido o, dicho de otro modo, de obligar a alguien a que tome partido. Quizá aparezca el impulso de romper la complacencia y los acuerdos superficiales, de quitarse la venda de los ojos para mirar de frente asuntos incómodos que exigen acción. También puede llevar a cuestionar la honestidad o la sabiduría de provocar conflictos o quebrantar la ley.

La imagen invertida en el mazo RWS recuerda a un compás: dos brazos unidos en la parte superior, uno fijo en el centro y el otro gira a su alrededor. Su propósito es abarcar, encerrar o incluir. En lugar de la imagen de la carta en posición normal, donde los opuestos permanecen separados pero equilibrados, aquí los opuestos se integran en un

todo, dando lugar a la paz interior. Por otro lado, el compás también puede trazar límites estrictos y confinar dentro de ellos, y entonces los opuestos se vuelven traicioneros, como los falsos amigos. En la vida cotidiana, esto puede traducirse simplemente en acotar lo desagradable, como cuando se establecen zonas de fumadores y no fumadores.

Por lo general, el bloqueo que representa la carta al derecho no se da en este caso, aunque quizá tampoco se dé concordia. Es posible integrar los opuestos o considerarlos irreconciliables. Se escogen bandos, pero cabe elegir el equivocado. Se abren los ojos a la verdad, pero esta puede revelar que se ha estado viviendo en una mentira. Sea cual sea la situación, parece probable que pronto salgan a la luz verdades más profundas.

Desde la perspectiva chamánica, esta carta muestra lo absurdo de pensar que se pueden mantener los conflictos alejados. Como guerrero psíquico, la tarea consiste en salir a enfrentarse al enemigo, que no es otro que las propias falsedades o aquello que se disfraza de ellas.

INTERPRETACIÓN TRADICIONAL. Traición, duplicidad, mentiras, impostura. Falsedad, engaño. Falso amigo. Víctima de traición o estafa. Deshonor. Un duelo. Superficialidad. Divergencia. Ruptura.

Tres de espadas

Los intentos de compromiso en el dos han fracasado, y la angustia mental resulta insoportable. Un corazón atravesado por espadas aparece por primera vez en el tarot en el mazo Sola-Busca, a finales del siglo XV, lo que sugiere su larga tradición como carta de celos, desdicha y ruptura. Los treses se asocian con la creatividad y la integración; sin embargo, las espadas traen desarmonía y, en última instancia, dolor, mostrando lo difícil que es reconciliar las necesidades distintas de tres personas o ideas. Tal vez el corazón anhele algo que la mente afirma que no es posible tener. Surge la infelicidad y la autocompasión. A veces señala un triángulo amoroso, una relación fallida o una separación. Las alianzas se rompen. Las creencias en conflicto o los malentendidos propios del palo de espadas provocan discusiones, desatando una tormenta de lágrimas, reproches y palabras hirientes. En ocasiones, también interviene la mala intención. Puede tratarse de dolor físico, de una lesión o de una intervención quirúrgica. Incluso el significado tradicional de 'monja' aludía (en aquella época) a una persona separada de su familia y de la sociedad contra su voluntad, o entregada a la contemplación del dolor de Cristo. En un plano más cotidiano, quizá tu corazón ya no esté en el trabajo o en una relación, o alguien haya herido tus sentimientos. Pero al dolor también hay que reconocerle su lugar: la pena amorosa ha inspirado grandes obras de arte y música maravillosa. El sufrimiento compartido puede generar lazos profundos y comprensiones reveladoras. Y, además, pocas cosas alivian tanto como un buen llanto.

INTERPRETACIÓN TRADICIONAL. Separación, partida. Ruptura, división, distanciamiento. Aversión. Odio. Incompatibilidad. Disenso. Riña. Instintos desviados. Morbosidad. Pérdida. Lágrimas. Amor no correspondido. Una monja.

Tres de espadas invertido

Con el tres de espadas invertido llega una sensación de alivio tras un desastre que se ha evitado por poco. Las espadas caen del corazón y las nubes se disipan. Es posible dejar atrás la pena y comenzar el proceso de recuperación. Viejas heridas empiezan a sanar, el dolor disminuye. Puede que la cirugía ya no sea necesaria o que se limite a algo de poca importancia. Tal vez se trate de aclarar las cosas tras una disputa y aceptar la propia responsabilidad en lugar de acusar a otro. Esta carta también podría aludir a un compromiso de apoyo, ya sea entre amigos o con una causa u organización.

Sin embargo, a veces el dolor es invisible y se queda dentro. Quizá te niegues a reconocer la envidia o la pena, o no aceptes que una relación se ha estropeado. Esta carta describe, por ejemplo, a alguien incapaz de llorar.

Al proyectar esto en otro, se le ve como una persona dramática que está siempre quejándose y lamentándose. En casos extremos, se trata de una herida que nunca cicatriza; recrearse una y otra vez en ella conduce al aislamiento y, finalmente, al hundimiento. Se termina culpando a los demás de las propias desgracias, sin reconocer la responsabilidad personal.

Las interpretaciones más antiguas advierten de un desastre que se va agravando. La situación degenera en caos, desorden y desgobierno. Las disputas se vuelven violentas. Es como si la pena matara o como si el dolor llevara a la locura.

Desde una perspectiva chamánica, esta carta alude a la magia negra, maldiciones, vudú y hechizos lanzados con la intención de hacer daño. Aunque en nuestra cultura se menosprecien y ridiculicen estas creencias, los pueblos tribales saben que los malos deseos generan profundos desequilibrios y desarmonía en toda la comunidad. Crear un escudo personal de protección, tanto físico como en el plano de la imaginación, ayuda a desviar la intención dañina. También conviene contar con la ayuda de un sanador, chamán o consejero sabio y compasivo.

INTERPRETACIÓN TRADICIONAL. Aislamiento, reclusión, soledad. Locura, insania. Error, confusión, desgobierno, desorden. Enfermedad. Disputas. Guerra. «Durante una salida sucumbirás a tu acompañante y más tarde, cuando reaparezcas en público, ello te causará vergüenza».[4]

Cuatro de espadas

Si la tensión y las heridas del tres no se alivian, podrían afectar a tu salud en el cuatro de espadas. Para escapar de la tristeza o aclarar las ideas, surge la necesidad de retirarse a la soledad o entregarse al descanso. También puede implicar la búsqueda de una tregua, un respiro frente al estrés, o la práctica de la meditación y los sueños. En el mazo RWS, tres espadas cuelgan de la pared mientras la figura yace sobre una cuarta. Esto sugiere afrontar la sobrecarga mental organizando las ideas y priorizando las tareas. Otra lectura es que se dejan a un lado múltiples cuestiones mientras el subconsciente trabaja solo en una. Sin embargo, esas espadas suspendidas también transmiten la sensación de estar bajo presión. Se alude a un periodo de introspección, en el que escribes tus pensamientos y sueños, o de vigilancia por parte de otros. En la vidriera de la carta del RWS aparece una persona arrodillada ante otra con un halo que contiene la palabra *PAX*, lo que sugiere una conciencia en paz. Estos detalles evocan la oración, la búsqueda de consejo, la ayuda de una autoridad –como un médico, abogado, clérigo o gurú– o incluso una aparición espiritual. Además, esta carta puede referirse a la reclusión, la jubilación o el pacifismo.

En raras ocasiones, esta carta puede significar una muerte. En un caso, una intelectual rusa de edad avanzada había pensado en suicidarse si llegaba a estar demasiado enferma como para valerse por sí misma. La imagen en la vidriera representaba cuánto deseaba que sus hijos comprendieran y aceptaran en paz su decisión.

INTERPRETACIÓN TRADICIONAL. Soledad, aislamiento, refugio. Vigilancia. Silencio. Retiro, jubilación, vida de ermitaño. Exilio, destierro. Abandono. Una tumba. Enfermedad. Respiro.

Cuatro de espadas invertido

En la versión invertida de esta carta del mazo RWS, resulta evidente cómo las espadas cruzadas del tres se alinean y ordenan en el cuatro. La figura ahora parece mirar desde el techo, como en una experiencia extracorporal durante los sueños o la adivinación. Cabe la posibilidad de que estés despertando de un sueño literal o metafórico, probablemente con mayor claridad o con una perspectiva distinta a la de antes. Al concluir el período de paz y tranquilidad, se empiezan a resolver asuntos pendientes. Otra lectura es la recuperación tras una enfermedad. De no ser así, conviene preguntarse si te niegas a pedir consejo o a cuidar de ti mismo. Esta carta también alude a la imposibilidad de descansar, ya sea por insomnio o por sueños perturbadores. En ocasiones señala el final de un aislamiento y el regreso al

mundo. De hecho, funciona como una especie de «carta de salida de la cárcel»: aquello que la reclusión o el encierro hayan significado en cada caso. Podría indicar tanto volver al trabajo como, por el contrario, dejar un empleo sin futuro.

La figura parece caer sobre las espadas. Es la sensación de quedar atrapado sin salida en el «doble filo» de un dilema o atravesado por las circunstancias. Los significados tradicionales ponen el acento en la cautela. Con prudencia, buena gestión y austeridad es posible recuperarse de pérdidas económicas, dificultades personales o una enfermedad.

Si proyectas esta carta en los demás, puedes verlos como intachables o idealizados, congelados en un estado de perfección, como el fundador ya fallecido de un movimiento o el héroe dormido que aguarda su despertar en tiempos de necesidad. En el otro extremo, los percibes como ausentes, enfermos o incapaces –o sin disposición– de prestar ayuda. También es posible que sientas compasión por alguien.

En el plano chamánico, esta es una carta del tiempo de los sueños o del plano astral. Representa la conexión con los guías interiores o con figuras de poder, como la figura arrodillada de la vidriera. También puede aludir a la canalización o la mediumnidad.

INTERPRETACIÓN TRADICIONAL. Economía, control de gastos. Prudencia. Precauciones. Administración sensata. Previsión. Recuperación lenta de pérdidas. Armonía. Compasión. Codicia, avaricia.

Cinco de espadas

La tregua temporal del cuatro de espadas estalla ahora en las batallas del cinco. Las nubes desgarradas reflejan un estado de ánimo turbulento. La mente literal y abstracta, con su cúmulo de «información», se ha impuesto sobre los sentimientos más delicados. Es posible que surjan discusiones con otros y que te reconozcas en cualquiera de las tres figuras de la imagen del mazo RWS. La más lejana aparece vencida y abatida; más cerca, otra se aleja, quizá rehusando luchar. En primer plano, alguien parece imponerse a sus adversarios. Como un animal carroñero, saca provecho de la desgracia ajena. Aquí se muestran las posturas de combatientes o antagonistas. Tal vez quiera rescatar lo que se pueda o, simplemente, retirarse. La comunicación suele romperse en esta situación. Los principios en juego podrían ser justos y éticos, pero carentes de compasión y comprensión; o bien se recurre a tácticas desleales. El pensamiento se fragmenta. La sensación podría ser de dispersión o de ataque. En ocasiones conviene dividir una gran tarea en partes más manejables. En cambio, la división también puede generar confrontación, dispersión mental o pensamientos negativos.

Esto se ha descrito como una situación en la que no hay manera de salir ganando: vencer en una batalla, pero perder la guerra, o quedarte sin amigos ni apoyo. Todas las opciones –desde la autosuficiencia arrogante hasta la humillación– resultan estériles y nada se resuelve. Si otras cartas coinciden, puede señalar un escenario de abuso o maltrato.

INTERPRETACIÓN TRADICIONAL. Pérdida, destrucción, daños, devastación. Desgracia, ruina. Derrota, desbandada, pelea. Conquista. Vergüenza, infamia, humillación. Secuestro. Maldad. Rencor. Calumnia. Robo en el hogar. Violación, asesinato.

Cinco de espadas invertido

Esta es una de las pocas cartas que, tradicionalmente, se interpretan igual en posición derecha que invertida, con el matiz añadido del duelo tras la devastación o los entierros. La palabra *enterrar* también significa esconder o proteger, que no es lo mismo que rescatar. Por eso, a veces, la carta invertida señala la presencia de factores motivadores ocultos, como el dolor. Cuando alguien atraviesa un dolor insoportable, puede producirse una escisión interna: surge una parte endurecida de la personalidad, como el personaje que aparece en primer plano, mientras que las partes heridas y vulnerables se repliegan y quedan enterradas en lo más profundo de la psique.

Otro factor motivador es un idealismo abstracto que valora los principios humanistas por encima de los individuos. Muestras poca empatía con quienes no guardan relación con tu misión. Una creencia abstracta (como el patriotismo) permite concentrarse en una «verdad», un problema o una tarea, aun cuando cause sufrimiento a otros.

Esta carta también señala el momento de «enterrar el hacha» y poner fin a un conflicto o desacuerdo. En esta línea conviene recordar palabras que empiezan por re-, como *remordimiento*, *revocación* o *reparación*. A medida que las tensiones se disipan, observa qué es lo que todavía merece la pena salvar. En vez de acumular espadas, esta carta invita a reunir personas, a reconciliarse y reparar fracturas, o bien a asumir responsabilidades y deudas pendientes. Del mismo modo que las plantas crecen con más fuerza después de una poda, aquí se refleja el potencial de crecimiento espiritual que puede surgir tras la pérdida y el dolor.[5]

Los significados tradicionales también se centran en las palabras que comienzan con des-, como *desasosiego*, *desaliento* o *desdén*. Al proyectarlo en los demás, puedes sentir que intentan frustrar tus esfuerzos. Por otro lado, es posible que te niegues a sentirte derrotado. En general, tanto en posición normal como invertida, esta carta no favorece los nuevos comienzos. Invertida, sugiere que solucionas asuntos desagradables. Puede salir a la luz una traición o una falta cometida.

Desde la perspectiva chamánica, evoca tanto la separación de partes del alma como a un alma errante tras la muerte. En cualquiera de los casos, el ser puede requerir ayuda. La carta también alude a ritos funerarios y a la magia relacionada con el clima.*

INTERPRETACIÓN TRADICIONAL. Desgracia, pérdidas, problemas. Duelo, dolor, abatimiento, pesares. Funeral, entierro. Angustia, desaliento. Remordimiento. Venganza. Desfavorable para nuevos comienzos.

Seis de espadas

Tras las dificultades del cinco, surge la necesidad de tomar distancia para recuperar la calma. Al seis de espadas se lo denomina a menudo «el viaje por agua» y señala cualquier tipo de transición o pasaje. Tal vez se refiera a alejarse de los problemas e intentar restablecer la armonía y la tranquilidad mental. También alude a escapar del peligro y encontrar seguridad y refugio, aunque igualmente podría referirse a unas vacaciones, un viaje de placer o un traslado laboral. Al ser una carta de aire, vinculada a lo mental, podría indicar la planificación del viaje o la transmisión de ideas, información o materiales. En ocasiones sugiere actividades encubiertas que implican algún tipo de éxodo.

Aquí se habla de la mente científica y racional, que necesita tomar distancia de su objeto de estudio. El aspecto colaborativo de los seises en todos los palos resalta la importancia de discernir las relaciones y patrones entre las cosas. Al dejar atrás el desorden y la turbulencia para dirigirte a orillas más serenas, obtienes perspectiva y objetividad. La imagen del mazo RWS indica apoyo en tu empresa. Además, puedes estar mostrando un interés humanista en el bienestar de los demás. La figura de la carta con la que más te identifiques refleja tu actitud y tu estado interior. También tienes la oportunidad

* N. del T.: Es el caso de los ritos para atraer la lluvia, por ejemplo.

de elegir con qué pensamientos y opiniones quedarte. Comprender el punto de vista de otro requiere una comunicación clara y un compromiso con el esfuerzo.

INTERPRETACIÓN TRADICIONAL. Camino, senda, tránsito. Medio, ruta, recorrido. Paseo. Viaje, travesía, vacaciones. Enviado, mensajero, visitante. Huella, vestigio. Dependencia de otros. Intentar nuevos objetivos y enfoques. Esfuerzo por superar dificultades.

Seis de espadas invertido

Con el seis de espadas invertido, resulta difícil abandonar una situación complicada o aceptar nuevas perspectivas. Puede que te sientas estancado tanto en lo mental como en lo físico. Tal vez rechaces hacer un viaje o tomar cualquier iniciativa. En casos extremos, aparece la agorafobia: el miedo a los espacios abiertos. También pueden surgir retrasos, cambios de planes o problemas de transporte. Inundaciones, dificultades relacionadas con el agua, sensación de ahogo o incluso de nadar contra corriente. Actividades encubiertas pueden salir a la luz, como ser sorprendido en una frontera. Tal vez tengas la impresión de encontrarte en un callejón sin salida. En ocasiones, alude sencillamente al regreso de un viaje, quizá acompañado de choque cultural.

Al aferrarte a la orilla y permanecer en aguas poco profundas, es posible que temas comprometerte con una dirección clara. No comprendes el punto de vista del otro y te refugias en tus prejuicios para sentirte seguro, percibiendo todo de manera subjetiva y sin una verificación externa.

Cuando proyectas esta situación en los demás, sientes que te «abandonan a su suerte» o que te dejan atrás. Tal vez te parezcan rígidos en su manera de pensar, incapaces de ceder o llegar a un punto de acuerdo contigo. Existe el riesgo de aferrarse a prejuicios o creencias nunca cuestionadas. Los significados tradicionales hablan de descontento frente a una revelación pública, una confesión inesperada o una propuesta no deseada.

Esto puede forzar un cambio de planes o despertar la necesidad de escapar. Por otro lado, los viajes también ocurren hacia dentro, a través de la imaginación guiada o el «viajar con la mente».

Ante una perspectiva estéril, quizá intentes compensar adoptando una actitud distante o indiferente; o bien decidas enfrentar de lleno las dificultades. La falta de reacción, en cambio, lleva a quedar atrapado en el miedo y la indecisión.

A nivel chamánico, esta es una de las cartas de viaje al inframundo, que puede señalar la necesidad de recuperar o sanar el alma, o bien de acceder a visiones de vidas pasadas y futuras, prácticas que suelen utilizar la imagen de un viaje por el río del tiempo. Resulta muy significativo que en la carta aparezcan el yo, el niño interior y el guía.

INTERPRETACIÓN TRADICIONAL. Una propuesta no deseada. Declaración, revelación, confesión, sorpresa. Un diagnóstico desfavorable. Un descubrimiento que obliga a cambiar los planes. Publicidad o notoriedad a raíz de una declaración pública.

Siete de espadas

Después del seis de espadas, que habla de alejarse del peligro, el siete marca la ocasión de darle la vuelta a la situación y recuperar lo que parecía perdido, como otro siete célebre, el 007: James Bond. Esta carta habla de pruebas de ingenio y de afrontar los retos con estrategia. Puede presentarse una «oportunidad arriesgada» que requiera sigilo, en la que habrá que actuar con decisión o quedarse en la duda. Aparentemente los ideales justifican cualquier medio, incluso el engaño. El ingenio sirve para desarmar a otros y la destreza mental para atravesar sus defensas. Los significados modernos subrayan la futilidad, el engaño, la traición y la evasiva, mientras que las tradiciones más antiguas destacan la perseverancia pese a la inseguridad. Esta carta abarca un espectro que va desde la investigación, la estrategia y la preparación hasta el espionaje, el engaño y la huida. En el contexto de una estafa, puede señalar una fuga para evitar responsabilidades o un intento de esquivar aquello a lo que no se desea hacer frente.

Quizá estés reuniendo datos, investigando para un proyecto o manipulando un resultado en tu beneficio. Las espadas clavadas en el suelo simbolizarían la distribución de tareas o bienes, o bien ideas que se concretan. Algunas veces la carta indica ingenio y capacidad de adaptación; otras, evasivas. Con frecuencia sugiere infidelidad y amores secretos. La confianza puede romperse y la unidad quebrarse, como ocurre con los grupos de espadas divididos; en cambio, también podría señalar una fuga amorosa. En contraste con el viaje por mar de la carta anterior, aquí se alude a un viaje por tierra o quizás a viajar de incógnito o sin ser notado.

INTERPRETACIÓN TRADICIONAL. Esperanza, deseo, anhelo. Nuevos planes. Intención. Voto. Intento. Perseverancia. Fe en el propio esfuerzo. Fuerza a pesar de la inseguridad. Reivindicación. Robo. Traición. Tristeza austera. Sueños imposibles. Viaje por tierra.

Siete de espadas invertido

Con el siete de espadas invertido surge una actitud más cauta, fruto del temor a ser descubierto. Tal vez seas demasiado honesto para prosperar en acciones dudosas o demasiado descuidado como para atender buenos consejos. En general, tiendes a apartarte del peligro. Podrías negar conductas vergonzosas o deshacer planes y acuerdos previamente establecidos. También es posible que salgan a la luz engaños o mentiras. En el lado opuesto, la carta puede hablar de actuar con transparencia, mostrando abiertamente que no tienes nada que ocultar.

Bajo la superficie se produce un choque entre tus deseos y tu vulnerabilidad. Si te falta confianza, pero sientes envidia de otros, evitarás actuar de frente y recurrirás en cambio a la astucia o a maniobras ocultas. Aun así, tal vez haya llegado el momento de salir a la luz en lugar de vivir dominado por aquello que temes que termine por superarte.

Otra interpretación apunta a volver al lugar de un incidente, regresar para recuperar algo o prestar ayuda a alguien. Los bienes robados pueden ser restituidos. También evoca un examen de las acciones pasadas para determinar qué salió mal (similar a un programa de doce pasos,* en el que se pide perdón y se busca reparar el daño causado). Otra posibilidad es aconsejar o advertir a alguien, o recordarle algo que pasó por alto. Incluso puede tratarse de entrenar a otros en estrategias encubiertas o en investigación.

Si esto se proyecta en otra persona, sentirás que está dispuesta a robar, traicionar o manipular para conseguir lo que desea. Sin embargo, también es posible que seas tú quien permita que alguien se

* N. del T.: El programa de doce pasos es un método de rehabilitación desarrollado por Alcohólicos Anónimos y adoptado luego por otros grupos de autoayuda.

aproveche, participando en tu propia victimización y poniéndote en riesgo.

En el plano chamánico, esta es una carta de iniciación en la que intervienen el sigilo, el engaño o el robo como parte de un ritual sagrado o una prueba iniciática. El iniciador transmite al candidato los significados esotéricos y el uso de palabras y símbolos en el ámbito de lo sagrado.

INTERPRETACIÓN TRADICIONAL. Instrucción, consejo, advertencias, amonestaciones. Noticias, anuncios. Consejo sabio, buen asesoramiento (no siempre seguido). Prudencia, circunspección. Calumnias. Disputas. Obstáculos temporales.

Ocho de espadas

El ocho de espadas habla de sentirse atrapado; es la víctima indefensa o la doncella en apuros que espera ser rescatada. Lo sucedido en el siete ha reducido las opciones disponibles. Surge una crisis vinculada con la censura pública, la inmovilidad literal o la falta de percepción sensorial. Las manos parecen atadas; sin embargo, es la mente crítica y autosaboteadora la que paraliza. Los pensamientos se bloquean o se cortocircuitan. Hay interferencias que entorpecen los intentos de aclarar las ideas, ver los hechos o recurrir al instinto natural. La racionalidad misma, a veces, se convierte en obstáculo para otros tipos de comprensión.

Faltan recursos o conocimientos para moverse en cierto terreno. Las ataduras de la mujer en la carta del RWS, flojas y que dejan los pies libres, sugieren que no son las circunstancias externas, sino las creencias autoimpuestas, las que imponen límites. Bastaría con tomar la iniciativa para liberarse. Como Houdini,* el escapista, algunos

* N. del T.: Harry Houdini (1874-1926) fue un célebre ilusionista y escapista húngaro-estadounidense, famoso por sus espectaculares números de evasión.

encuentran incluso placer en superar pruebas imposibles. Otra lectura lo vincula a la iniciación masónica, donde quien busca la sabiduría espiritual atraviesa antes sacrificios y pruebas. La sensación es de abandono en la oscuridad y rodeado de peligros. Ya sea desde la desesperanza resignada o desde una contemplación serena y firme, la situación obliga a recurrir a la visión interior. Es una prueba de ingenio, confianza y fe. Si otras cartas lo confirman, alude a un juicio, un encarcelamiento u otras formas de cautiverio.

INTERPRETACIÓN TRADICIONAL. Crisis, calamidad. Situación crítica o conflictiva. Censura y restricciones. Comentario o epílogo. Juicios, demandas. Condena. Prisión. Hospitalización. Accidentes. Desaires e insultos de parte de todos.

Ocho de espadas invertido

Los ochos hablan de reevaluación y avance; en posición erguida, sin embargo, esto queda restringido por la mente crítica o por las circunstancias. Superar esos límites exige algo cercano a la magia: no la de los escenarios de Houdini, sino la auténtica, la que Florence Farr definía como «quitarle los límites a la experiencia común» y que Richard Cavendish describía como «el poder de trascender todas las limitaciones humanas».[6] Para Etteilla, esta carta invertida remite al destino, al hado y a los acontecimientos predestinados, que también pueden ser superados.[7]

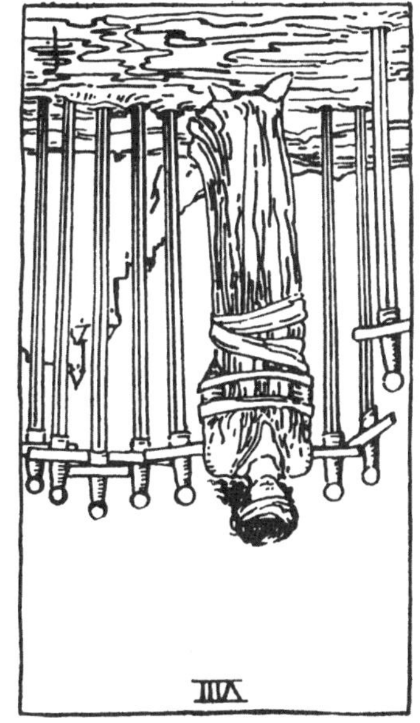

Por suerte, en posición invertida, aumentan notablemente la inventiva y la capacidad de improvisar para superar obstáculos. Esto suele traducirse en una liberación de ataduras, incluidas las que la sociedad impone. Algunas limitaciones serán solo temporales, aunque en el extremo opuesto pueden volverse intolerables, acompañadas de delirios persecutorios sustentados por razonamientos que parecen lógicos. También surgen conductas de autosabotaje motivadas por el miedo al éxito. A veces el talento se esconde deliberadamente, disfrazado de falsa humildad. En ocasiones, las dificultades actuales tienen su origen en haber sido engañado. Las espadas aluden a la vulnerabilidad frente a ideas, argumentos o hechos convincentes. Una consultante interpretó esta carta como su negativa a ver o escuchar a los médicos cuando le decían que su madre estaba muriendo; y, en efecto, sobrevivió. Si la proyección recae sobre otros, se los percibe como víctimas atrapadas en sus excusas, o bien como farsantes que te arrastraron a problemas.

En el plano chamánico, esta es una carta clave en las tradiciones iniciáticas, pues refleja pruebas en las que ninguna habilidad del aspirante sirve, salvo la fe y la confianza. Puede ser un reto de resistencia y vulnerabilidad en el que el contacto espiritual solo llega a través de sentidos no físicos. Crowley la describió como una «tendencia al misticismo». Asimismo, podría representar la ruptura de vínculos emocionales o «cordones psíquicos». En casos muy raros, incluso se ha interpretado como referencia a experiencias de abducción por ovnis.

INTERPRETACIÓN TRADICIONAL. Destino. Fatalidad, desgracia, accidentes, peligro. Sorpresas. Grandes dificultades y trabajos arduos. Depresión mental. Un pequeño logro en medio de la adversidad. Traición en el pasado.

Nueve de espadas

La crisis del ocho se transforma en desesperación; la censura, en vergüenza; la ceguera, en crueldad. Esta carta evoca depresión, angustia, culpa, temor y remordimiento: tormentos mentales que pueden llegar a aplastarte. En ocasiones señala insomnio y pesadillas, la llamada «noche oscura del alma» o incluso lesiones y enfermedades. Todo parece fracasar o perderse, especialmente si sientes que ha sido por tus propios errores o falta de previsión. Incapaz de salir del pozo, la desesperanza puede arrasar con tu tranquilidad mental. Con la sensación de que algo terrible está por suceder, esperas a que caiga la espada. Sin embargo, el edredón con rosas sugiere que todavía hay un rincón cálido en tu vida, y los signos del Zodíaco aluden a que el tiempo lo cura todo.

En un nivel más cotidiano, puede reflejar sofocos, sudores nocturnos o un episodio de depresión transitoria. Quizá te sientas pesimista, con tendencia a darles vueltas a las cosas, imaginar lo peor y no saber qué hacer. Por ejemplo, podrías haber conocido una verdad dolorosa, temer un embarazo no deseado o haberte expuesto a una enfermedad. En ocasiones expresa duelo por una pérdida o cambio, o el dolor de haber herido a alguien.

Como ocurre con los demás nueves, hay una sensación de soledad y aislamiento, que remite a interpretaciones del siglo XVIII relacionadas con el celibato y la vida monástica. Del mismo modo, los antiguos significados de piedad y devoción pueden vincularse con la conciencia moral y la penitencia.

INTERPRETACIÓN TRADICIONAL. Celibato. Sacerdote, monje, ermitaño. Convento. Culto. Piedad, devoción. Conciencia. Buena fe, integridad. Ceremonia, ritual. Penas. Aborto espontáneo. Finales. Decepciones. Peligro, duda, sufrimiento. Aflicción. Dolor moral. Aislamiento. Injusticia, odio, envidia.

Nueve de espadas invertido

La carta invertida señalaría que estás saliendo de una etapa de depresión. La pesadilla ha terminado y las cosas empiezan a mejorar. Al confesar o expresar lo que sientes, la culpa y el autorreproche pierden fuerza. Dejas atrás la autocompasión. Aun así, quizá te cueste recuperar la fe o la energía necesarias para continuar un proyecto sin abandonarlo a mitad de camino.

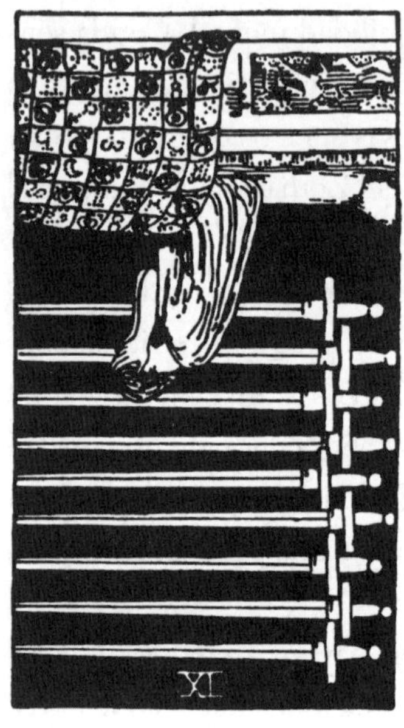

También es posible que niegues sentimientos de vergüenza, tristeza o soledad, tal vez a través de la rebeldía o de una insistencia excesiva en que todo está bien. Otra posibilidad es que estés teniendo una reacción tardía frente a una pérdida. Si otras cartas del tarot apuntan en la misma dirección, conviene estar atento a una depresión no reconocida que se ha vuelto crónica, grave e incluso peligrosa.

Por otro lado, esta carta puede reflejar un trabajo de exploración interior, una búsqueda espiritual profunda, que implique enfrentarte voluntariamente al miedo o al desprecio hacia ti mismo. Un consultante soñó, justo antes de una lectura, que bajaba una escalera que se parecía a la fila de espadas y que lo llevaba a un sótano lleno de terrores que necesitaba afrontar. De forma similar, podrías encontrarte ante una oportunidad para mirar de frente tus propios temores.

A veces, las preocupaciones están justificadas y las sospechas tienen fundamento. En ese caso, se trataría de un dolor o un sufrimiento «legítimos». Tal vez estés evitando situaciones de riesgo o manteniéndote al margen de personas poco fiables. Si eres blanco de rumores malintencionados y estos coinciden con tu propia autocrítica, podrías replegarte, evitar la mirada pública o el contacto con los demás. Por otro lado, también podrías sentir que han sido injustos contigo y eso te lleve a querer limpiar tu nombre.

Si estás proyectando esta carta en otras personas, tal vez las percibas como asustadas, abatidas o atrapadas en fantasías mórbidas. En su posición invertida, también cabe la posibilidad de que haga referencia a alguien agresivo o maltratador que se muestra arrepentido, pero con alta probabilidad de reincidir.

En el plano chamánico, se asocia con la «muerte del joven o la doncella», el miedo a la desintegración o la pérdida, un encuentro aterrador con lo desconocido o la transgresión de tabúes, elementos fundamentales en los rituales de iniciación.

INTERPRETACIÓN TRADICIONAL. Rumores maliciosos. Rebelión justificada. Miedo o sospecha con fundamento. Vergüenza, deshonra, infamia. Luchas espirituales. Excesiva rigidez.

Diez de espadas

El diez de espadas suele resultar menos difícil que el nueve. Crowley señala que este diez apunta a la locura colectiva más que a la angustia o el tormento individual. Se trata de haber llegado a un punto de exceso, una fuerza mayor o una situación de desastre que va más allá de lo personal. Tal vez depositaste tu confianza en alguien que la traicionó, pero ha llegado el momento de soltar.

Aun así, esta carta también aparece como símbolo de derrota personal, fracaso o cierre. Puede haber pérdida de salud, fortuna, estatus u honor. Es posible que hayas tocado fondo o llegado al límite, o que mentalmente te encuentres atrapado en un callejón sin salida. Tal vez te hayan apuñalado por la espalda. La carta, sin embargo, abre la puerta al cambio y a nuevas posibilidades. Por lo general, implica abandonar la lucha, aceptar lo inevitable y rendirse a lo divino, el destino o las circunstancias. Las creencias antiguas y los viejos patrones mentales ya no sirven: las formas de pensar caducas mueren. Aunque pueda parecer una catástrofe, también es una liberación, un alivio, un cierre. Es como la postura del cadáver al final de una sesión de yoga:* no queda más que soltar. Resistirse no tiene sentido.

Tal vez sufras de dolores de espalda o estés acudiendo a sesiones de acupuntura. El agotamiento, la enfermedad o una rutina que se ha vuelto asfixiante pueden estar afectándote. Es posible que tengas los hechos bien claros, pero son verdades estériles, carentes de vida. Un nuevo día está por amanecer, siempre que estés dispuesto a dejar atrás lo viejo y seguir adelante.

INTERPRETACIÓN TRADICIONAL. Aflicción, lágrimas. Desolación. Quejas, agravios, frustración. Tristeza, dolor, pesadumbre. Agotamiento. Finales. Fracaso. Cambio de estatus social o económico. Infortunio inesperado. Fe destruida. Pérdida de un amigo. Enemigos.

Diez de espadas invertido

El diez de espadas invertido anuncia recuperación y renacimiento. Las espadas parecen desprenderse de la espalda de la figura, mientras la oscuridad se disipa. Has superado el peor momento y las cosas empiezan a mejorar, aunque tal vez te sientas como quien ha sobrevivido a un desastre o una experiencia cercana a la muerte. Se avecinan liberación y avances significativos. Llega un alivio tras la tensión, como cuando el cielo se despeja después de una tormenta y dejas de intentar racionalizarlo todo. Lo peor ya ha pasado. Si estás convaleciendo de una enfermedad, aún es posible una recaída. También podrían repetirse problemas de salud, especialmente en la espalda, fatiga crónica, lupus o dificultades relacionadas con el sistema inmunitario.

Podrías seguir arrastrando dudas y una baja autoestima que hacen que los nuevos logros resulten frágiles. Es posible que te sientas «sobre alfileres» al pensar en el futuro. Una mujer describió la sensación como si estuviera tendida en un lecho de clavos, expiando una

* N. del T.: *Savasana* (del sánscrito *śava*, 'cadáver' y *āsana*, 'postura'). Es una posición de relajación profunda.

falta: «Tú lo has elegido, ahora aguántalo». Otra persona, en cambio, sintió que había llegado el momento de abandonar ese lecho de clavos, que en su caso simbolizaba la autocompasión. Aunque puedan darse cambios radicales, las huellas del dolor pasado aún pueden frenar un avance auténtico.

Tal vez estés concentrado en reparar los puntos débiles de tus proyectos o de tus defensas. En ocasiones, tiendes a restar importancia a un problema. También es posible que te resistas a soltar.

Cuando esto se proyecta en los demás, puedes verlos como ineficaces o como alguien que debe ser sacrificado. Incluso podrías llegar a pensar que «tuvieron lo que merecían», bajo la lógica de que solo sobreviven los más fuertes.

En el ámbito chamánico, esto alude a la separación del cuerpo astral respecto al físico, en sueños, viajes astrales o experiencias cercanas a la muerte. En las iniciaciones hace referencia a pruebas que implican la muerte ritual, el desmembramiento o la disolución de la forma material antes del renacimiento. La tarea consiste en entregarse a este nuevo estado, aunque sea un territorio completamente desconocido.

INTERPRETACIÓN TRADICIONAL. Ventaja momentánea, favores, beneficio. Gracia, amabilidad. Poder, autoridad, influencia. Ganancia temporal. Éxito pasajero. Lucro. Cierta mejora. Golpe de suerte o ascenso inesperado. Recuperación.

As de oros

Este as anuncia nuevas oportunidades de prosperar en el plano físico y material. Puede tratarse de un empleo, un proyecto, un aumento de sueldo o un ascenso. Aceptar esta oferta no solo trae recompensas, sino también nuevas responsabilidades. La carta contiene las semillas de la prosperidad, el confort, el placer y la seguridad, junto con la alegría y la satisfacción que acompañan a su desarrollo. El panorama es tan favorable que parecería insensato no aprovecharlo. Incluso se diría que mitiga los efectos negativos de las cartas cercanas. La imagen del mazo RWS sugiere que las ganancias materiales pueden usarse como excusa para quedarse en la seguridad del jardín, cerca de casa, en lugar de explorar lo desconocido. Sin embargo, la puerta se abre hacia una montaña que simboliza la aspiración espiritual, lo que recuerda que las comodidades materiales pueden alejarte del camino, más exigente y austero, de las recompensas espirituales. Ambas sendas ofrecen su propia forma de «oro». Los oros representan los frutos de tu trabajo, el resultado de los esfuerzos desplegados en los otros palos. Es tiempo de cosechar, ganar el premio y disfrutar de lo conseguido.

Esta carta está asociada al bienestar físico y la abundancia material. Invita a valorar y cuidar los recursos tangibles: tu salud, tus pertenencias y tus habilidades prácticas. A veces indica herencias, regalos, ofertas laborales u otros beneficios inesperados.

INTERPRETACIÓN TRADICIONAL. Contento perfecto, dicha, felicidad. Prosperidad. Riqueza repentina. Encantamiento, éxtasis, placer, satisfacción. Logros. Medicina solar; oro. Un «talismán de la fortuna».

As de oros invertido

Tradicionalmente, ni siquiera en posición invertida esta carta pierde su fortuna. De hecho, sus beneficios pueden verse exagerados: la riqueza se convierte en opulencia, las baratijas en tesoros invaluables, y todo se transforma en oro. Es como la maldición del toque de Midas.

Tal vez estés tan enfocado en obtener beneficios materiales que todo lo reduzcas a una posesión, valorándolo solo por su precio o rareza.

En ocasiones, el miedo a perder lo que tienes te lleva a negar favores, ser reacio a compartir o actuar con avaricia. Las opciones se reducen cuando gobierna el temor a la pérdida. Esta actitud de retención bloquea el flujo de recursos y debilita la economía personal. En el plano físico, podrías sentirte rígido o limitado, por lo que esta invertida invita a prestar mayor atención al cuerpo o a cuestiones prácticas del mundo material.

As de oros

Como la rueda que evoca, podrías quedar atrapado en una rutina. Tal vez rechaces una oportunidad por parecer «demasiado buena para ser verdad» o porque sospeches que podría traerte limitaciones que no deseas. Pueden surgir retrasos o complicaciones relacionadas con pagos, empleo o entregas materiales. También suele indicar ingresos no declarados o pagos «en negro». Por otro lado, esta invertida sugiere una actitud más relajada frente a lo material, al tener en cuenta que «al fin y al cabo, es solo dinero».

Desde una perspectiva chamánica y mágica, esta carta ofrece una imagen rica en significado. El axioma ocultista vinculado a los oros es «guardar silencio», lo cual implica conservar y concentrar la energía mágica. Así como el oro parece adherirse a la mano, esta imagen recuerda el tema central de ciertos cuentos populares, como el de *El muñeco de brea*,* donde el protagonista es víctima de su propia codicia

* N. del T.: *El muñeco de brea* proviene de un cuento popular del sur de Estados Unidos, en el que un personaje queda atrapado al golpear una figura hecha de brea, simbolizando cómo la ira o la avaricia pueden inmovilizarte.

o ira. Los centros energéticos de las palmas pueden utilizarse para atraer energía. En sanación, el chamán aplica esta atracción magnética en la llamada cirugía psíquica. Finalmente, aparece la imagen del oro alquímico: el espíritu oculto en la materia.

INTERPRETACIÓN TRADICIONAL. Hallazgo de un tesoro. Riqueza. Bolsa de oro. Ganancia. Opulencia. Prosperidad sin felicidad. Algo de valor incalculable. Totalidad. Capital. Derroche. Codicia, tacañería, avaricia. Materialismo. Riqueza que corrompe. Oro falso.

Dos de oros

En el dos de oros, tus recursos o talentos pueden duplicarse, lo que tal vez traiga más complicaciones que alegrías. Como dice el refrán, «el dinero llama al dinero», pero solo si se mantiene en movimiento, intercambiándose constantemente por bienes o servicios. Por eso, esta carta hace referencia al comercio, especialmente a las fluctuaciones del mercado. Los doses implican elecciones, y aquí parece que quieres «tenerlo todo sin renunciar a nada». Para lograrlo, tendrías que hacer malabares con destreza y moverte con rapidez para mantener varias cosas a la vez: dos trabajos, dos relaciones, dos negocios..., o encontrar un equilibrio entre trabajo y ocio. En la baraja Motherpeace se representa a una mujer amamantando a gemelos: una dicha y, a la vez, un reto. La adaptabilidad facilita el cambio, aunque suele mantenerte más centrado en el proceso que en el resultado. Las interpretaciones continentales destacan las dificultades de manejar múltiples asuntos o los altibajos de las ganancias y las pérdidas. En cambio, las interpretaciones modernas nos invitan a disfrutar del camino sin obsesionarnos con la meta, y por eso esta carta también sugiere juego, alegría, recreación, ejercicio... e incluso la conveniencia de tomarse unas vacaciones. Los barcos que aparecen en la imagen del tarot RWS dan forma literal al motivo del viaje, especialmente vinculado a los negocios, como si dijeran «navegar en aguas turbulentas». La ambigüedad, la confusión o ciertos contratiempos podrían generar una situación incómoda, quizá de tipo financiero. En el peor de los casos, te sentirías atrapado en un bucle agotador.

INTERPRETACIÓN TRADICIONAL. Dificultades para iniciar proyectos. Obstáculos, trabas, complicaciones, enredos. Confusión, agitación, preocupación. Contratos o intercambios comerciales. Popularidad social. Inconsistencia.

Dos de oros invertido

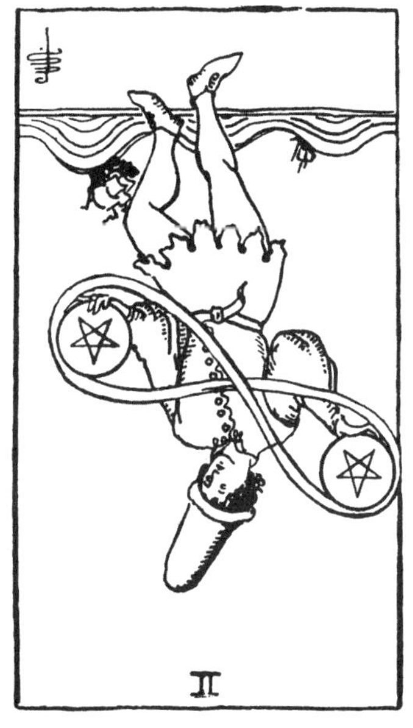

Esta carta podría hacer referencia a burocracia, papeleo y trámites interminables. Entre formularios, documentos y correos electrónicos, la información se acumula más rápido de lo que puedes asimilar. Quizá intentes evitar una sobrecarga de datos o estés lidiando con un fallo informático. También cabe la posibilidad de que aluda a la dificultad de evaluar información contradictoria, como indicadores bursátiles o encuestas políticas. Un soplo de información dudosa o las operaciones en bolsa pueden convertirse en una auténtica montaña rusa. Conviene ser prudente, porque quizá te dejes influir fácilmente. Tal vez tu punto de vista haya cambiado, aunque aún no se note desde fuera.

En los significados antiguos, esta carta se asociaba con la habilidad literaria, pero en un sentido más próximo al periodismo o al trabajo por encargo, donde se paga por la rapidez y la cantidad. Es posible que estés enviando un manuscrito o una propuesta a editoriales, o difundiendo una circular en la oficina. Algunas interpretaciones relacionadas con el alfabeto y la escritura se remontan a los primeros fabricantes de barajas, que imprimían su nombre y fecha de publicación en una cinta que rodeaba dos monedas. De ahí que también pueda referirse a tareas de promoción o publicidad.

En los casos extremos, los problemas financieros o de información pueden desbordarse. La actividad se vuelve frenética mientras intentas aparentar que todo va bien. Hay un eco de la célebre imagen de Nerón tocando la lira mientras Roma arde. Si proyectas esta carta en otras personas, quizá las percibas como frívolas, indecisas o dispersas, sin llegar a concretar nada. La energía sube y baja. Podrías sentirte atrapado en una rueda de hámster. La diversión se vuelve tediosa y los chistes dejan de hacer gracia.

Desde la perspectiva chamánica, esta carta puede aludir al bufón, al embaucador o a la persona de género ambiguo que imita a otros o ridiculiza asuntos comunitarios para llamar la atención sobre la falta de equilibrio. También hace referencia a un motivo habitual en el chamanismo: mantenerse en equilibrio sobre una sola pierna o tener una pierna inutilizada, así como llevar un sombrero alto cónico que simboliza poder.

INTERPRETACIÓN TRADICIONAL. Billete, documento, papeleo. Habilidad literaria, aprendizaje. Alfabeto, caligrafía. Carta, mensaje, ensayo. Comunicaciones comerciales. Grave angustia financiera y abuso. Ignorancia. Injusticia. Alegría forzada.

Tres de oros

Tras el esfuerzo realizado por salir adelante en el dos de oros, ahora cuentas con la ayuda de otros. En la carta del RWS vemos a un equipo trabajando en la construcción de una iglesia o templo: el abad que encargó la obra, el arquitecto con sus planos y el artesano especializado. Cada uno se dedica a su tarea asignada, pero los tres deben coordinarse y colaborar en armonía para que el trabajo salga adelante, lo que en sí mismo es una habilidad. También es esencial contar con un plan bien concebido y con la capacidad de seguir instrucciones. Esta carta puede aludir a muchas situaciones laborales: cooperación en el trabajo, desarrollo de habilidades, presentaciones, demostraciones, evaluaciones y críticas, trabajos por encargo o incluso trueque e intercambio. Como carta de maestría artística o aprendizaje, pone el acento en la superación personal y en el apoyo o patrocinio de individuos clave. Tal vez necesites demostrar tu pericia a través de pruebas o ejemplos de tu labor. En un sentido más profundo, sugiere la materialización de lo sagrado, la ayuda de fuentes espirituales o cierta elevación en dignidad y rango. Parece que estás dando forma a algo valioso, en lo que cuentan tanto la estética como el cuidado por los detalles. Quizá sea necesario introducir mejoras o renovaciones, para lo cual harán falta talento y habilidad, además de constancia y esfuerzo. En casos poco habituales, también puede aludir a recibir o entregar una citación legal.

INTERPRETACIÓN TRADICIONAL. Rango y poder. Lo importante, noble o célebre. Grandeza sublime. Distinción, renombre, fama. Un proyecto que empieza a dar beneficios. Numerosos gastos pequeños. Éxito en exámenes.

Tres de oros invertido

La imagen que evoca el tres de oros invertido es la de cavar un hoyo o hundirse en un sótano. Pueden aparecer dificultades en el ámbito laboral: desde estar sin empleo (y vivirlo como un problema o, en algunos casos, como un respiro) hasta entrevistas o presentaciones que no salen bien, o incluso el rechazo de una oferta. También se insinúan tensiones con compañeros o jefes, o la sensación de ser invisible en tu entorno. Los planos o proyectos podrían contener errores; algo puede estropearse o venirse abajo. La inexperiencia o la falta de madurez provocan descuidos, retrasos o te hacen incapaz de pedir ayuda. En ocasiones simplemente se refleja mediocridad o una marcada sensación de inferioridad. Tus esfuerzos pasan desapercibidos o carecen de reconocimiento, o bien el trabajo te resulta tedioso. Tal vez estés sobrecualificado... o, al contrario, no alcances el nivel esperado. Si se acercan evaluaciones, es momento de prepararse para recibir críticas.

A veces el respaldo desaparece o nunca llega a materializarse. En el otro extremo, un jefe puede pedirte algo deshonesto o arriesgado. Quizá te toque sostener tu posición en solitario o lidiar con complicaciones relacionadas con la gestión de recursos y residuos. En ciertos casos, esta carta señala la presencia de un grupo o de una conspiración que mina los cimientos de un proyecto, y llega incluso a sugerir un sabotaje deliberado.

Generar ideas nuevas y creativas se vuelve un reto. La vigilancia constante a la que te ves sometido termina generando tensión. Si esta carta se proyecta sobre alguien más, quizá lo percibas como poco dispuesto, ineficaz o incapaz. Conviene evitar la tendencia a minimizar los esfuerzos o a restar valor al trabajo propio o ajeno. Merece la pena reflexionar sobre los valores intangibles que sostienen tu modo de ganarte la vida y preguntarte si realmente haces lo que amas.

Esta carta tiene un peso especial en los planos mágico y chamánico. Su semejanza con una reunión de maestros masones remite a la «Gran Obra» de crear el cielo en la tierra. También puede aludir al trabajo interior en el inconsciente, en el mundo inferior o en el ámbito de la imaginación: la construcción de estructuras internas o el uso de diagramas ocultos como mapa para una visión o un viaje. Tal vez implique un encuentro con un guía o maestro interior.

INTERPRETACIÓN TRADICIONAL. Infantilismo, frivolidad. Disminución, pequeñez, mezquindad, oscuridad. Mediocridad, vulgaridad, baja calidad. Indiferencia, pereza, descuido. Falta de fondos. Peligro, incertidumbre. Derroche, extravagancia.

Cuatro de oros

El trabajo constructivo del tres de oros se consolida en el cuatro en forma de posesiones y poder. En las barajas modernas, esta carta trata sobre el control y la protección de recursos, la estabilización y el establecimiento de límites. Sin embargo, también puede implicar retener el afecto en las relaciones. Las interpretaciones tradicionales, por su parte, destacan la amabilidad y la generosidad, aunque desde una óptica actual eso podría tener un trasfondo interesado. La energía se enfoca en acumular bienes materiales, poder y riqueza, y en garantizar su conservación. Esto abarca planes de jubilación y ahorro, inversiones o la creación de un negocio o incluso un imperio político; la seguridad es prioritaria. Conocida como la «carta del avaro», recuerda al rey Midas, cuyo toque convirtió todo en oro, incluida su hija. La necesidad de acumular termina poseyéndote más de lo que tú posees tus cosas. Junto con la avaricia y el acaparamiento llegan el miedo a la pérdida, la rigidez y la falta de compasión. Cuesta relajarse y soltar. En la carta del RWS, la figura sostiene un escudo sobre el corazón para protegerse del ataque: funciona como un logotipo o una marca que afirma territorialidad.

Paradójicamente, también se agradecen la protección, la comodidad y cierto ensimismamiento que esta carta sugiere. Demuestra estabilidad, seguridad y fortaleza interior que brotan de un centro de poder corporal. Esa raíz profunda explica su asociación con las hortalizas subterráneas.

INTERPRETACIÓN TRADICIONAL. Amabilidad, generosidad, liberalidad. Regalo, gracia, presente. Ofrenda. Prima, bonificación. Medicina lunar. Plantas subterráneas. Placer, alegría. Creación exitosa de un negocio o empresa. Inversiones. Miedo a la pérdida.

Cuatro de oros invertido

El cuatro de oros invertido señala liberación, riesgo y cambio, algo que ni el palo de oros ni los cuatros suelen aceptar con facilidad. La reacción puede ir a cualquiera de los extremos: más miedo, codicia y actitud defensiva, o bien soltar el poder y las posesiones al estilo de Siddhartha y otros ascetas. Los significados tradicionales apuntan a una limitación que no es culpa tuya, pero que genera obstáculos, retrasos y contratiempos. Tal vez se trate incluso de atascos reales en desagües o tuberías. La sensación es de bloqueo constante o de estar rodeado de límites. En el trabajo, quizá te topes con un techo de cristal que frena tu progreso.

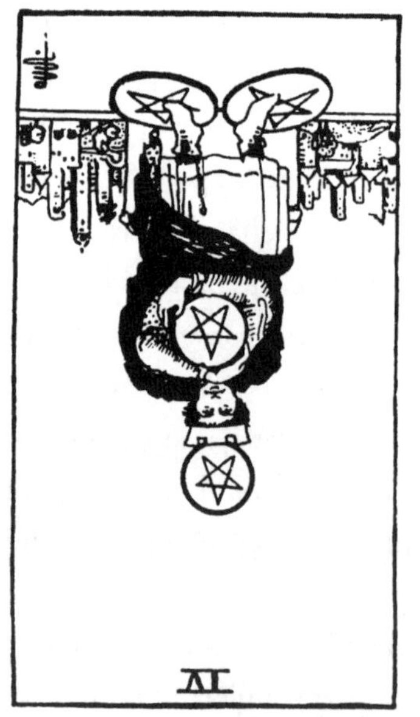

Por otro lado, existe la tendencia a gastar sin pensar, especular o incluso jugarse el dinero. Podría darse el caso de que algunos bienes pierdan valor o ciertos pagos queden retenidos. No es una buena señal para inversiones. La falta de sensatez o de arraigo en la realidad puede entorpecer las decisiones. Sea cual sea la causa, lo más probable es que haya insatisfacción en lo económico o en lo material. Si proyectas esto en los demás, quizá los percibas como personas que necesitan tener todo bajo control y se aferran con uñas y dientes a lo que consideran suyo.

Si otras cartas la acompañan, el cuatro de oros invertido señala relajación y alivio de la tensión. Quizá decidas desprenderte de acciones o de responsabilidades que absorbían tu atención, o empieces a derribar defensas y protecciones para expresar lo que sientes. Es posible que, sin ser un revolucionario, te opongas a una concentración de poder o rompas un monopolio. Es momento de replantear qué necesitas para sentirte seguro y dónde reside tu verdadero centro de poder.

Desde una mirada mágica o chamánica, esto alude al poder que se obtiene mediante el uso de herramientas y talismanes. También puede aludir, de manera literal, a la posesión por parte de una deidad o un espíritu que exige objetos de lujo, prestigio y poder a cambio de sanar. Así, alguien con pocos derechos y escaso control sobre su vida llega, a través de esa posesión espiritual, a encarnar símbolos de privilegio.

INTERPRETACIÓN TRADICIONAL. Encierro, cerco. Obstrucción, atasco. Monopolio. Aislamiento. Fijación, imposición. Hitos, límites. Impedimentos. Retrasos en pagos. Pérdida económica. Fracaso en exámenes.

Cinco de oros

Al derribar la estabilidad de los cuatros, el cinco de oros refleja crisis financiera, inestabilidad física y «perturbaciones en el terreno» que exigen adaptaciones en el plano material. En la carta del mazo RWS aparece una vidriera iluminada que contrasta con la penuria de quienes están «a la intemperie». Puede que te sientas atrapado en una mentalidad de escasez, temiendo ser un «desposeído» o quedar relegado como un paria social. Waite se refiere a las figuras como *mendigos*, término que significa 'los que tienen carencias', de modo que aquí surge la sensación de estar marcado, o ser rechazado o despreciado.

También puede interpretarse como una «simplicidad voluntaria», un estilo de vida poco convencional que renuncia a los lujos en favor de valores más elevados. En el mazo Thoth la carta recibe el nombre de «Preocupación», representada por engranajes que «se desgastan» al rozar unos con otros.* Puede reflejar angustia por tu bienestar físico; incluso la posibilidad de bancarrota, falta de hogar o abatimiento del espíritu, aunque la ayuda tal vez se encuentre más cerca de lo que crees. También cabe esperar retrasos en la información, falta de acceso a recursos o complicaciones con el transporte y la comunicación.[8]

Los significados más antiguos son radicalmente distintos: hablaban de amor conyugal, afecto y amistad. Como los votos matrimoniales exigen lealtad incluso en la pobreza y la enfermedad, esta carta puede interpretarse como «buena para el amor, pero no para el dinero», o como advertencia de pérdidas económicas por causa de las relaciones personales.[9] Además, también puede referirse al cuidado de los enfermos. El *Spiral Tarot* muestra a una persona mirando a través de una ventana una fiesta, y una consultante contó cómo, literalmente, se quedó fuera de un salón de baile observando a su antiguo novio con su nueva pareja.

INTERPRETACIÓN TRADICIONAL. Amada, amante, cónyuge, amigo. Afecto, afinidades. Amar, cuidar, adorar. Idoneidad. Corrección. Pasión peligrosa. Problemas materiales, pobreza. Indigencia. Obstáculos materiales en una relación amorosa. Pérdida.

---

* N. del T.: El nombre original en inglés es *Worry*. Además de 'preocupación', *worry* significa 'roer' o 'desgastar', un matiz que enriquece la interpretación simbólica de la carta.

Cinco de oros invertido

El cinco de oros invertido señala la capacidad de resistir en medio de las vicisitudes, volver al trabajo tras un período de desempleo o salir de la bancarrota. Puede marcar un punto de inflexión frente a problemas materiales o espirituales. En la carta del RWS, la nieve queda arriba, la oscuridad se disipa y la ventana se convierte en una puerta que conduce a refugio. Podría incluso estar aconsejándote que busques un santuario. Alguien lo interpretó como una posibilidad oculta que de pronto se hacía accesible. También suele anunciar el final de una mala racha y un renovado interés por los asuntos materiales. Poinsot afirma que en el camino encontrarás una ganancia inesperada.[10]

Por otra parte, también puede aludir a pérdidas ocasionadas por la falta de orden, la mala gestión o el derroche de recursos. Si proyectas esto en los demás, quizá los percibas como derrochadores y atribuyas sus desgracias a su falta de medida o de principios, e incluso culpes al ciudadano común de los males sociales por su despilfarro. En cambio, también podrías mirarlos con compasión, como simples víctimas del sistema. Las situaciones con amigos o seres queridos considerados «inadecuados» o enfermos pueden transformarse, ya sea a través de una separación o de una mayor entrega de tu parte. Muchas de las cuestiones ligadas al sida encuentran reflejo en esta carta (derecha o invertida). Por otro lado, si hubo distanciamiento, puedes superar la discordia y reconciliarte. Sugiere un periodo de amnistía en el que los marginados vuelven a la comunidad o hallan aceptación. Una consultante vio en esta carta la religión organizada como fuente de rechazo y traición.[11]

En el plano chamánico, esta es la representación literal de cómo la enfermedad o la aflicción suelen ser, para un chamán en potencia, el punto de partida de su vocación. En la magia ceremonial advierte de los peligros de trabajar con entidades inferiores. En términos junguianos, alienta un profundo «trabajo con la sombra».

INTERPRETACIÓN TRADICIONAL. Conducta indebida. Desorden, confusión, caos, ruina. Consunción, decadencia. Disipación, libertinaje. Amor deshonroso. Imprudencia, desenfreno, derroche. Desarmonía, desastre. Problemas en el amor. Final de una mala racha.

Seis de oros

Los dos mendigos del cinco de oros han encontrado en el seis una fuente de caridad. La Aurora Dorada consideraba que cada seis representaba el punto álgido de su palo y elemento. Se trata de un número asociado a la armonía, la reciprocidad y las cuestiones sociales: al igual que un mecenas necesita a alguien a quien patrocinar, un benefactor requiere de un receptor. Aquí se refleja el acto de dar o recibir dinero, regalos o ayuda. Tal vez lleguen ayudas económicas, regalías o un sueldo; también puede tratarse de la concesión de un préstamo. En el otro extremo, implica hacer donaciones, compartir beneficios o repartir bienes en un acuerdo de divorcio. En el peor de los casos, describe relaciones de dominio y sumisión, desigualdades entre quienes tienen y quienes carecen, reformas simbólicas o vínculos de dependencia mutua. La interpretación cambia según con quién se identifique el observador. En su versión más favorable, representa abundancia material que se traduce en recursos compartidos, un flujo de dinero que alcanza todos los niveles de la sociedad y una verdadera caridad, justa y generosa. Otros significados son devolver un préstamo, ganar un pleito o recibir una herencia. Las balanzas están equilibradas y los problemas se resuelven.

INTERPRETACIÓN TRADICIONAL. Regalos, donaciones. Herencia. Devolución de un préstamo. Justicia. Beneficencia. Apoyo económico. Acuerdo ventajoso.

Seis de oros invertido

Uno de los aspectos de esta carta invertida recuerda a Robin Hood: redistribuir la riqueza de los ricos para entregarla a los pobres. La desigualdad de poder tiende a aumentar, junto con el deseo de inclinar la balanza. Puede aparecer la sensación de haber recibido menos de lo justo o de haber sido rechazado.

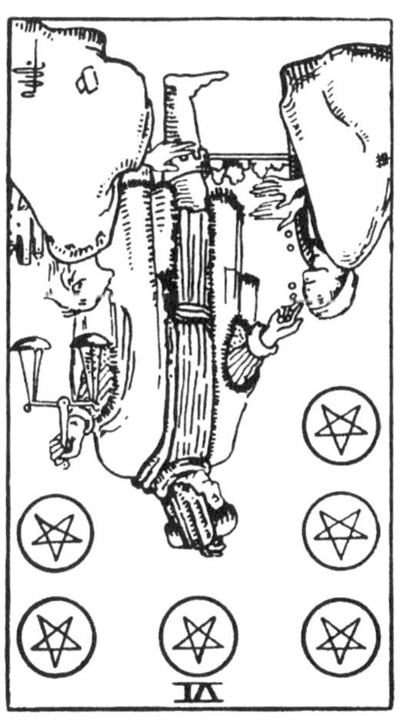

En un extremo, la codicia eclipsa la equidad presente en la posición normal; en el otro, hay deudas incobrables, planes para «hacerse rico rápido» o expectativas económicas que no llegan a cumplirse. A veces es necesario suplicar, negociar o hacer favores, con condiciones poco agradables. El dinero se desvía o se emplea mal; los préstamos no se devuelven y las herencias se esfuman. La ganancia puede resultar ilusoria o surgir la ingratitud. Como al intentar llenar un pozo sin fondo, siempre parece existir una distancia insalvable entre el deseo y la satisfacción.

En ocasiones, se rechaza la caridad, negando las propias necesidades o las ajenas. Si esta carta se proyecta sobre otra persona, se la percibe como carente de generosidad o eternamente insatisfecha.

Cuando se ha recibido un trato injusto o se ha sido ignorado en el pasado, puede nacer un hambre de atención. Conviene hacerse un regalo a uno mismo. Si alguien pide un préstamo y hay dudas sobre su devolución, quizá lo mejor sea considerarlo como donación. Esta carta también alude a saltarse las jerarquías sociales y equilibrar posiciones. Invita a replantearse en qué se invierte el tiempo y el dinero, y cómo mejorar las condiciones para que cumplan con lo requerido. Aun así, a veces aconseja no conceder préstamos o reservar recursos. En cuestiones de salud, sugiere prestar atención a la posible propagación de enfermedades contagiosas y controlar la dosis correcta de los medicamentos.

En el plano chamánico o mágico, esta carta alude a la capacidad de discernir qué está preparado para aprender cada estudiante y hasta dónde puede llegar. A menudo, clientes y alumnos esperan soluciones rápidas, pero el verdadero guía sabe que no conviene ofrecérselas. También puede señalar al charlatán que muestra apenas un destello como gancho, para luego exigir sumas más elevadas de dinero.

INTERPRETACIÓN TRADICIONAL. Deseo, anhelo, pasión, ardor. Entusiasmo, aspiración. Codicia, envidia, celos, avaricia. Egoísmo. Ambición, objetivo. Ilusión. Deudas incobrables. Herencia disputada. Falta de equilibrio. Injusticia.

Siete de oros

El siete de oros es una carta de esfuerzo, paciencia y evaluación. Invita a valorar la cosecha para determinar si el trabajo ha merecido la pena. Como carta de pruebas y desafíos, exige habilidad, valor y determinación para demostrar el propio éxito. Por lo general, augura buenos resultados fruto del esfuerzo sostenido. En la imagen del RWS, un agricultor observa su cultivo, quizá esperando el momento óptimo de maduración antes de recogerlo. Del mismo modo, refleja el seguimiento de una inversión o un inventario. Los proyectos han empezado a dar frutos, pero requieren paciencia y confianza, ya que los ciclos naturales de finalización no pueden acelerarse. La Aurora Dorada ofrecía una visión más pesimista, asociándola con beneficios reducidos o promesas incumplidas: no siempre se obtiene lo que se siembra. En el plano psicológico, alude al «miedo al éxito», cuando uno mismo sabotea su potencial por no creer que merezca la recompensa. Los significados más antiguos destacan la depuración y el descarte: deshacerse de mercancías defectuosas, vaciar armarios o seleccionar productos para asegurar la calidad. Cuidar con atención aquello que se cultiva es esencial. En ocasiones, esta carta indica simplemente tomarse un descanso o esperar para ver qué ocurre. También puede asociarse al perfeccionismo y la postergación. Su interpretación depende en gran medida de las cartas que la acompañen.

INTERPRETACIÓN TRADICIONAL. Dinero, riqueza, finanzas, divisas, beneficio. Purga, purificación. Avance lento. Ganancia mediante trabajo arduo. Fracaso en agricultura. Obstáculos para el emprendimiento. Ingenio.

Siete de oros invertido

Cuando aparece invertida, esta carta suele interpretarse como un aumento tanto de la ansiedad como del riesgo de pérdida. Surge una inquietud difusa, acompañada de preocupación y melancolía. La impaciencia se acentúa o la procrastinación se convierte en un hábito. Aparece la sensación de que otros intentan apropiarse de tus ideas, cosechas o bienes, lo que te mantiene siempre alerta. Si otras cartas lo respaldan, esa desconfianza puede estar justificada. Surgen complicaciones y la sensación de que siempre queda algo por hacer, hasta el punto de llegar al agotamiento. Sea cual sea la causa, cuesta encontrar un momento de descanso.

Con frecuencia se trata de problemas laborales. Las ganancias o la remuneración no compensan el tiempo y el esfuerzo invertidos. Una consultante lo expresó así: «Esas no son mis cosechas. Pese a mi trabajo, al final, no recibo el dinero, el reconocimiento ni los beneficios».

En algunos casos, los recursos se desarrollan en exceso, generando un excedente que no se utiliza. Las malas hierbas o los residuos proliferan sin control. También puede suceder todo lo contrario: nada crece. Las inversiones y los procesos no salen como se esperaba. Del mismo modo, la magnitud del trabajo pendiente o de los gastos sin retorno puede resultar abrumadora.

Si se proyecta en los demás, se los ve como personas vagas, que malgastan sus recursos o que viven obsesionadas con la posibilidad de perder algo. En el terreno de la salud, refleja una atención excesiva a la enfermedad. En un plano más interior, habla de volcar la misma dedicación y energía en cualquier tarea, como enseña el proverbio: «Antes de la iluminación, corta leña y acarrea agua; después de la iluminación, corta leña y acarrea agua».

En el mundo chamánico y mágico, se refiere a la construcción de altares, que actúan como puntos de enfoque para modificar la conciencia. Una vez que se ha impregnado un altar (o hechizo) con la intención adecuada, invocado y alimentado a los espíritus, es necesario dejar que el proceso siga su curso, confiando en que cumplirá su función.

INTERPRETACIÓN TRADICIONAL. Ansiedad, inquietud, preocupación, melancolía. Tormento del espíritu. Impaciencia. Aflicción, complicaciones, contratiempos. Desconfianza, sospecha. Cuidado, atención, diligencia. Inversiones poco acertadas.

Ocho de oros

Tras la cosecha del siete de oros, llega el momento de concentrarse en cumplir pedidos y garantizar la calidad. Se alcanzan metas, se cubren cuotas y se perfeccionan técnicas, siempre con la prudencia como eje. También puede tratarse de prepararse para periodos de inactividad o para la jubilación. A veces se vincula a reformas en el hogar. Como el tres de oros, esta carta habla de trabajo y maestría, pero pone el acento en la precisión, la puntualidad y el cuidado del detalle. Puede aludir al estudio o a la investigación. Hay quien ve en los oros de la baraja RWS sus diplomas expuestos. En su lectura tradicional, la figura de una joven casta y modesta simboliza al «trabajador ideal»: alguien que sigue instrucciones, se esfuerza y no cuestiona. También se relaciona con la preparación de pedidos, la acumulación de existencias o la protección del trabajo y la inversión. En otro plano, puede representar el entrenamiento físico, la práctica artística o la preparación para una actuación. En general, cualquier actividad que implique registro de progresos, repetición de tareas o constancia encaja en su significado, junto con la perseverancia, la disciplina y el desarrollo paso a paso. Incluso el aprendizaje de nuevas habilidades puede acabar volviéndose monótono o tedioso. Lograr más eficiencia y agilizar el trabajo es posible, pero al final todo vuelve a la rutina del mantenimiento diario.

Para la Aurora Dorada, esta carta advertía contra la actitud de «ahorrar céntimos y despilfarrar fortunas». También remite al cuidado de la salud: comer de forma equilibrada, controlar las calorías, hacer ejercicio y, como muestra la carta del Thoth, protegerse del sol.

INTERPRETACIÓN TRADICIONAL. Joven morena. Castidad, inocencia, modestia. Sinceridad, franqueza, sentido práctico. Igualdad. Reparto justo de bienes o herencias. Matrimonio tardío. Buena posición. Determinación. Aprendizaje, beca, estudio.

Ocho de oros invertido

En esta posición, el ocho de oros refleja cansancio laboral, exceso de trabajo o estancamiento en un empleo sin futuro. Tal vez surja el deseo de cambiar de ocupación o de adoptar nuevos hábitos laborales. También puede señalar la falta de preparación para el puesto que se aspira a desempeñar. Mientras que la carta al derecho invita a la prudencia, invertida alude a la imprudencia y la temeridad. Los significados tradicionales apuntan a que la vanidad, el afán de riqueza y la falta de ambición conducen a trabajos sin sentido. Los ingresos resultan efímeros, y las tareas tediosas y repetitivas acaban por agotar, derivando en productos de mala calidad, atajos peligrosos y accidentes. La concentración se resiente y, en algunos casos, conviene tomarse un descanso. En otros, indica inactividad o desempleo, con posibles huelgas o escasez de trabajo.

También sugiere el empleo de la adulación, la hipocresía o el engaño para ascender, así como la implicación en esquemas piramidales en los que se convence a otros para invertir.

Si se ha encargado un trabajo, existe el riesgo de que no se complete o de que surjan problemas. Sugiere acumulación de facturas y uso descontrolado de tarjetas de crédito.

Proyectada sobre alguien, esta carta puede mostrar al otro como la hormiga frente a la cigarra, o viceversa: demasiado trabajador o excesivamente despreocupado. En el terreno del trabajo interior, se relaciona con la terapia para revisar y superar viejos patrones, o con escribir un diario. También puede referirse a llevar un registro constante de elogios, agravios o logros.

Desde una perspectiva mágica o chamánica, se vincula con la creación y consagración de herramientas sagradas, así como con la preparación de pociones y remedios. Es un trabajo minucioso que exige los mejores materiales, la alineación planetaria adecuada y la intención e invocaciones correctas. Tal vez seas como el aprendiz de brujo demasiado entusiasta o, como diría el espíritu embaucador Coyote, te tomes demasiado en serio a ti mismo.

INTERPRETACIÓN TRADICIONAL. Vacío, futilidad. Avaricia, usura. Adulación, hipocresía. Vanidad, engreimiento. Falta de fiabilidad, ociosidad. Falta de sinceridad. Temeridad. Falta de formación. Ausencia de ambición. Intriga, deshonestidad. Pequeños riesgos. Problemas laborales.

Nueve de oros

El nueve de oros representa la culminación de las cartas anteriores, con una imagen que anuncia prosperidad y abundancia. Es un momento de seguridad, en el que se han obtenido recompensas materiales y se disfruta de tiempo libre. Puede aludir a la jubilación, unas vacaciones o una tarde tranquila en el jardín. En la carta del RWS, la figura viste con elegancia, las uvas están maduras y el halcón listo: símbolos de lujos, placeres y aficiones. Favorece la salud y todas las formas de bienestar y satisfacción física. Como los nueves se asocian con el Ermitaño, también invita a cultivar placeres solitarios o a buscar la realización personal. La tierra y las propiedades tienen un papel importante, por lo que quizá se esté adquiriendo o cuidando una.

La imagen del RWS encierra varias paradojas. El vestido lleva símbolos de Venus, pero la figura está sola. Las aves suelen representar el espíritu y la libertad, aunque aquí se trata de un depredador con capucha. Los signos de encierro están por todas partes: el amplio vestido, el jardín amurallado, el guante y la capucha, que actúan a la vez como protección y como límite. En primer plano, un caracol avanza lentamente con su concha a cuestas: prudente y protegido, pero también una criatura humilde que destroza los jardines. El confort y la sofisticación contrastan con un instinto voraz, mantenido a raya, y con el deseo de libertad. La carta remite a un sentido innato del orden y la disciplina.

INTERPRETACIÓN TRADICIONAL. Efecto, consecuencia, resultado. Realización. Logro, éxito. Discreción, circunspección, prudencia. Discernimiento. Espíritu viajero. Propiedad. Satisfacción. Expansión de negocios. Madurez. Abuela.

Nueve de oros invertido

El nueve de oros invertido intensifica la sensación de encierro y el anhelo de libertad. Quizá estés resistiendo las tentaciones de la riqueza y el encanto de una vida de lujo pero enclaustrada. La prosperidad sigue presente, aunque los valores parecen falsos o encubren cierta inquietud. No todo marcha bien en tu entorno. Surge el aburrimiento o la curiosidad por otros modos de vida, junto con el deseo de explorar. También existe la posibilidad de que alguien se aproveche de ti. Otros podrían verte como una presa fácil. La satisfacción y la seguridad se ven amenazadas, desde dentro o desde fuera. No se descarta que se produzcan daños materiales, ya sea por fenómenos naturales o por prácticas deshonestas. Pueden darse problemas medioambientales que afecten a tu salud física.

Es factible que seas víctima de engaños o que hayas obtenido algo mediante artimañas. El fraude y el robo son riesgos latentes. Si vas a comprar una propiedad, conviene revisar la situación con detenimiento.

A veces uno mismo se niega el derecho a disfrutar de lo que tiene o resta valor a su buena fortuna. En otras ocasiones, la sensación es que la prosperidad siempre se escapa de las manos. Te cuesta relajarte, aunque te lo hayas ganado: quizá no encuentres tiempo para unas vacaciones o para dedicarte a tus aficiones. En el extremo opuesto, aparece la tentación de entregarte por completo a los placeres, convencido de que te lo mereces todo. Y, en lo que respecta a la salud, tal vez estés dejando de lado el ejercicio que tu cuerpo necesita.

Cuando esta energía se proyecta hacia los demás, podrías verlos como personas que lo tienen todo: tal vez por haber nacido en la abundancia o por haber recurrido a métodos turbios o explotadores para alcanzarla. También puede surgir la sospecha de que envidien lo que posees. En el plano interior, esta carta trae consigo un mensaje de paz y serenidad.

Desde una visión chamánica o mágica, encarna a la reina de las hadas o a la reina del inframundo, cuyos maravillosos dones siempre exigen un alto precio. Vista de otro modo, puede aludir al trabajo con animales aliados o familiares.

INTERPRETACIÓN TRADICIONAL. Estafa, robo. Engaño, mala fe. Artificios. Culpa. Desilusión. Promesas incumplidas. Proyectos abortados. Amenaza a la seguridad. Tormentas. Pérdidas. Complacencia excesiva. Ganancias superficiales más que reales.

Diez de oros

La prosperidad alcanzada en el nueve se convierte en «dinero antiguo» y «valores familiares» en el diez de oros. Aunque puede leerse como fortuna y patrimonio, esta carta habla más bien de herencias y legados en el sentido más amplio. Señala aquello que perdura y permanece. Tal vez se refiera a herencias financieras, genéticas o culturales, así como a la sabiduría y el conocimiento transmitidos de generación en generación. Esto se extiende a temas relacionados con la familia, los amigos, la comunidad y las tradiciones. Pueden estar en juego los asuntos domésticos, las relaciones y los bienes. Viejos tesoros pueden aumentar de valor. Es posible que estés investigando tu árbol genealógico o revisando archivos. Quizá asistas a un reencuentro familiar. Las responsabilidades con la familia podrían llevarte a pensar en legados, seguros u otras formas de beneficiar a las generaciones futuras. También pueden influir situaciones relacionadas con instituciones, corporaciones o un negocio familiar. En ocasiones hay lealtades en juego. Tu sentido de pertenencia (o el deseo de encajar) podría marcar tus decisiones. Un hombre, por ejemplo, quería que su padre, fallecido hacía tiempo, aprobara todo lo que había logrado; esa necesidad se refleja en la carta, donde aparecen la pareja, su hijo pequeño, dos perros y la antigua posada que ahora era su hogar.

Quizás seas el albacea o el beneficiario de un testamento, o tengas que cuidar de un padre anciano. Esta carta pone el acento en el hogar. Habla de ofrecer un entorno estable a tus seres queridos. En ocasiones señala el regreso tras un viaje, la mudanza a una casa mejor o la ampliación del hogar. Los referentes asociados suelen describirse con palabras como *grande*, *amplio*, *completo* o *abarcador*.

INTERPRETACIÓN TRADICIONAL. Casa, domicilio, vivienda, hogar. Familia, linaje, ascendencia, posteridad. Archivos, registros. Riqueza, economía, ahorros. Un legado. Testamentos, escrituras, pensiones, seguros. Sabiduría. Seguridad, honor. Viajes.

Diez de oros invertido

El diez de oros invertido puede señalar un distanciamiento de situaciones familiares o el rechazo de las tradiciones. Tal vez no seas bienvenido o te sientas alejado de las creencias y la herencia de tu clan. Con frecuencia indica problemas con la familia, con la comunidad o con alguna organización o institución. Esto se traduciría en disputas, enfrentamientos o dificultades matrimoniales. Las lealtades pueden entrar en conflicto y hacerte sentir como un extraño. También puede aludir a la falta de ayuda o de bienes materiales. La sabiduría y los consejos son desoídos.

Desde otra mirada, podrías estar reteniendo tus talentos y habilidades o, en el otro extremo, aferrándote al mundo material como si fuera tu única fuente. Por ejemplo, en la carta del RWS invertida, el Árbol de la Vida coloca a Malkuth, el mundo material, en la cima. Esto puede significar que estás atrapado en lo material, o bien que apenas comienzas el viaje de regreso hacia el Espíritu, dejando atrás las preocupaciones terrenales.

Si proyectas este arcano sobre otra persona, la verás como una carga de la que debes ocuparte –quizás un anciano– o como alguien atrapado por la herencia y las obligaciones familiares. En un nivel más profundo, todo lo que pertenece al mundo material refleja aspectos de ti mismo y encuentra sus correspondencias en el cosmos.

Si otras cartas lo confirman, las pérdidas pueden ser considerables y estar relacionadas con el hogar, la familia o los ahorros. Una herencia o un tesoro podrían no tener ningún valor. Tal vez lo despilfarres todo en loterías o apuestas. Puedes tener la sensación de que el destino está en tu contra o de que los dioses juegan contigo... cuando quizá, en realidad, no sea más que deshacerse de trastos viejos. En cuestiones de salud, conviene prestar atención a los factores genéticos y revisar el equipaje emocional que has heredado.

En el plano chamánico o mágico, las verdaderas riquezas de esta carta son sus bendiciones espirituales. Habla de los ancestros y de su preocupación por la tribu. Es una puerta hacia tu mundo interior, donde puedes encontrarte con tu psique o comunicarte con quienes te precedieron.

INTERPRETACIÓN TRADICIONAL. Suerte, azar, fortuna, destino, fatalidad. Juegos, apuestas. Disipación. Robo, pérdida. Impuestos. Herencia disputada o sin valor. Regalo, dote, pensión. Incertidumbre, inseguridad.

NOTAS

1. Sugerencia de Julie Cuccia-Watts, artista y creadora de la baraja *Ancestral Path Tarot* [Tarot del Sendero Ancestral].
2. Agradecimientos a Ruth Ann Brauser, de *The Tarot School*, en la ciudad de Nueva York.
3. Estas consideraciones sobre la salud fueron aportadas por Ruth Ann Brauser, de *The Tarot School*.
4. Procedente de la baraja *Grand Etteilla Tarot* [Gran Tarot de Etteilla] publicada por Grimaud.
5. Agradecimientos a Elizabeth Hazel, de TarotL.
6. Florence Farr fue, en su momento, directora del Templo de Londres de la *Hermetic Order of the Golden Dawn*. Richard Cavendish es autor de *The Tarot* [El Tarot] y *The Black Arts* [Las artes oscuras].
7. Ver el comentario sobre Etteilla en la sección histórica del capítulo uno.
8. Agradecimientos a Elizabeth Hazel, quien mencionó esto en TarotL.
9. Este aporte se lo debo a Christine Payne-Towler, cuyo entendimiento del valor de los significados tradicionales me llevó a reconsiderar su utilidad.
10. M. C. Poinsot es editor de *The Encyclopedia of the Occult Sciences* [La enciclopedia de las ciencias ocultas]. Sus interpretaciones resumen las de autores franceses del siglo XIX, en especial Elie Alta y Eudes Picard.
11. Agradecimientos a James Ricklef (también conocido como KnightHawk) por señalar este punto.

Interpretaciones de los Arcanos Menores

Las Cartas de la Corte

Sota (paje o princesa) de bastos

La sota de bastos representa al espíritu libre: ardiente, apasionado y lleno de entusiasmo, con ese aire juvenil e inmaduro tan propio de los signos de fuego (Aries, Leo, Sagitario). Todas las sotas hablan de noticias, pero esta en especial resalta la figura del mensajero, el emisario que trae novedades. Quizá tú o alguien cercano estéis con la mirada puesta en una meta concreta o sintiendo curiosidad por algo nuevo. Tal vez una idea reciente te haya prendido como una chispa y te lances a vivirla con ímpetu, dispuesto a probar cualquier cosa con tal de sentir un poco de emoción o aventura. Con ese impulso de conocerte mejor, buscas caminos que te permitan crecer y superarte. Es posible que admires a alguien y lo tomes como referente. Puede que estés empezando desde abajo, pero con la ambición clara de abrirte paso hasta lo más alto. Sueles ser franco y directo, sin disfraces ni artificios. Te atreves a explorar lo que tienes cerca con una gracia audaz, y si te encuentras en territorios desconocidos, los recibes con fascinación. Esta carta anuncia el despertar de la pasión, la admiración juvenil hacia alguien o la intensidad con la que un fan sigue a su ídolo. También habla del fervor de un aprendiz o del embrujo que ejerce una afición. Como mensajera, la sota de bastos trae noticias inesperadas, sorpresas y posibilidades nuevas que piden una respuesta inmediata. A menudo, esas novedades (o la persona que las trae) se convierten en el detonante de un cambio positivo. En la infancia describe a un niño lleno de energía, extrovertido y siempre buscando atención.

INTERPRETACIÓN TRADICIONAL. Forastero. Desconocido, anónimo. Extraordinario, inusual, sin precedentes. Sorprendente, maravilloso, prodigioso. Prodigio. Episodio, digresión, historia, relato. Enviado, emisario, cartero. Noticias extrañas. Fiel, constante. Placer, satisfacción. Desastre. De segunda categoría.

Sota (paje o princesa) de bastos invertida

La sota de bastos invertida puede reaccionar con una rabieta cuando no consigue lo que quiere o si alguien le arrebata aquello que considera suyo. En el extremo opuesto, puede apagarse por completo, mostrarse apática y sin ganas de participar. Tú o alguien cercano quizá os resistáis a lo nuevo, temáis la decepción o prefiráis rechazar una oportunidad antes que arriesgaros..., aunque al hacerlo os sintáis igualmente como quien ha sido rechazado. A veces falta curiosidad o capacidad de concentración, y las tareas rutinarias se vuelven insoportables. También puede haber un exceso de orgullo que impide empezar de cero, o la sensación de que no merece la pena intentarlo. Para evitar parecer ingenuo o infantil, puedes refugiarte en una actitud estudiada de indiferencia o de desprecio. O bien ocurre lo contrario: te lanzas a probar de todo, pero de manera precipitada, impaciente y sin discernimiento. Con la urgencia de ver resultados inmediatos, dejas de lado decisiones sensatas. La emoción del riesgo y el subidón de adrenalina resultan irresistibles, pero esa misma imprudencia hace que pases por alto lo que realmente importa. Es el retrato de alguien que ha vivido mucho, pero ha saboreado poco: un aficionado superficial que corre tras cada moda para abandonarla enseguida. La falta de constancia lleva a entrar y salir de relaciones sin tener claro qué se busca. En el mejor de los casos, esta carta apunta a que algo en tu vida empieza por fin a tomar forma.

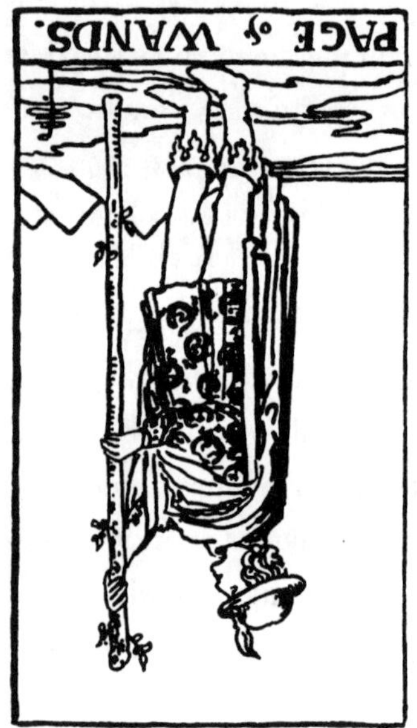

Sota de bastos

Los niños suelen mostrar rebeldía o comportamientos problemáticos. Durante la infancia, tal vez tus aficiones o intereses no fueran bien recibidos y te quemaras o recibieras un manotazo en los dedos al estirar la mano para tomar algo. O, por el contrario, quizá siempre te salieras con la tuya y acabaras mimado y sobreprotegido.

Como mensajera, suele anunciar malas noticias, por ejemplo, una notificación de que una solicitud ha sido denegada. En ocasiones, la información que trae es solo un primer avance o una versión parcial de lo que sucede. También puede aludir a una persona jactanciosa, que habla sin pensar en las consecuencias.

En el terreno de la salud, advierte sobre el riesgo de quemaduras, pequeños accidentes o deshidratación. Se asocia con hiperactividad o déficit de atención, o bien con falta de energía. En el plano chamánico o mágico, representa al aprendiz de hechicero que asume más de lo que puede manejar. También evoca la figura del bardo en formación, que cuenta historias de tierras lejanas, criaturas fabulosas y hazañas extrañas.

INTERPRETACIÓN TRADICIONAL. Malas noticias, como la pérdida de un juicio. Indecisión, inestabilidad, falta de coherencia. Impotencia. Desagrado. Anuncio, notificación. Instrucción, consejo, advertencia. Anécdotas, crónica, historia, relatos, fábulas. Reseñas, enseñanzas, preceptos. Infidelidad. Charlatanería. Preocupación.

Caballero (o príncipe) de bastos

El caballero de bastos es un aventurero audaz: espontáneo, creativo y temperamental, que encarna la energía dinámica de los signos de fuego (Aries, Leo, Sagitario). También es un amante apasionado, impulsivo y vibrante. Levanta pasiones, pero rehúye el compromiso. Puede que tú, o alguien que conoces, estéis viviendo o a punto de vivir un encuentro apasionado. En otro plano, este caballero se lanza a los proyectos con grandes expectativas y un despliegue de entusiasmo, aunque rara vez los lleva todos a término. Busca libertad de acción y la oportunidad de explorar nuevos territorios. Nada suele interponerse entre él y aquello que desea. Ante un reto, improvisa o inventa la manera de afrontarlo, aunque, como cruzado impetuoso, tiene dificultades con los detalles, las rutinas y el seguimiento. Se rebela contra lo anticuado o lo rígido y puede llegar a revolucionar un sistema o procedimiento. Inspira a otros a ser más espontáneos y a experimentar. Su comportamiento es en ocasiones ostentoso, apresurado, arrogante, impredecible o impaciente. Tiende a hacer el payaso, entretener o divertir. Siente atracción por las campañas comerciales, los deportes competitivos o el teatro. Seguramente prefiera vender ideas antes que objetos y ande en busca de nuevos enfoques y desafíos. Esta carta señala una mentalidad abierta al futuro, con iniciativa y visión, y la capacidad de inspirar a otros para sumarse a causas rebeldes o emprender búsquedas poco convencionales. También se asocia con viajes, cambios de residencia o la puesta en marcha de ideas. Puede describir un período de desplazamientos, de conocer gente interesante y de afrontar retos que exigen improvisación sobre la marcha. Evoca climas cálidos y secos, o viajes por tierra en vehículos con motor de combustión.

INTERPRETACIÓN TRADICIONAL. Partida, huida, traslado, separación, distancia. Viaje, desplazamiento, cambio de domicilio. Abandono, deserción, emigración. Remoto, ausente, extranjero. Adentrarse en lo desconocido. Trasponer, traducir, trasplantar. Alteración. Evasión. Cambio de posición.

Caballero (o príncipe) de bastos invertido

El caballero de bastos invertido puede ser un improvisador caótico o un pícaro encantador, un defensor de causas ajenas o un rebelde sin rumbo; alguien que busca emociones solo para su propio beneficio y presume de ello, o un pendenciero que provoca y busca pelea.

Quizá no tengas un rumbo claro ni la energía para ponerte en marcha. O, por imprudencia, te lances con demasiada rapidez. Como un fuego que se propaga sin control, arrasas indiscriminadamente con todo lo que tocas. La impaciencia, la temeridad o la falta de reflexión pueden llevar el caos y la división a una situación, dejando rupturas y conflictos a tu paso. Incluso podría haber relación con pandillas o grupos violentos. Esta carta refleja un estado de agitación en el que el deseo hierve bajo la superficie sin dirección ni salida o estalla de manera aleatoria e impredecible. En ocasiones te ves envuelto en relaciones de «usar y tirar», donde el sexo es un mero pasatiempo o incluso una competición. Las pasiones resultan fingidas o se apagan tan rápido como explotan. Los nervios a flor de piel, estallando en rabia si las cosas se demoran y aparece la frustración. Los desacuerdos derivan en discusiones, peleas y celos. Todo ello provoca una sensación de inestabilidad, como si te hubieran movido el suelo bajo los pies.

Por el contrario, el fuego a veces no llega a encenderse. En lugar de lanzarte a lo nuevo, cortas de raíz cualquier intento de cambio o emoción, como si pisaras el freno justo antes de arrancar. Basta con que asome la pasión para que des media vuelta. Un viaje se retrasa, se interrumpe o queda en suspenso. Los impulsos y deseos se contienen. Ese ritmo más lento, lejos de ser un obstáculo, te brinda la ocasión de saborear lo que está delante de ti en lugar de vivir siempre pendiente del futuro. La posición invertida de esta carta marca una cadencia distinta que, bien entendida, permite mayor eficacia y experiencias más hondas. El riesgo, claro, es quedarse atrapado en la postergación. De ahí que cobre sentido la vieja paradoja del *festina*

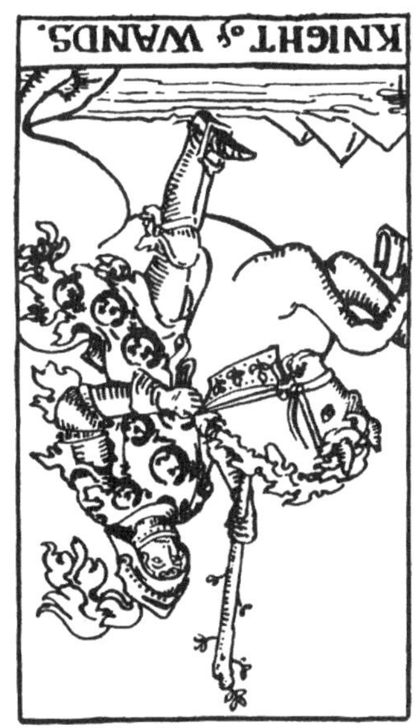

Caballero de bastos

lente, 'apresúrate despacio'.* Con las salamandras ocupando ahora el centro de la escena, la figura ya no encarna a una persona apasionada, sino que se convierte en símbolo y vehículo mismo de la pasión.

En el terreno de la salud, se dan desequilibrios en el cuerpo que irrumpen de forma repentina como forúnculos, llagas, erupciones o inflamaciones.

En el plano chamánico o mágico, se asemeja al rito de caminar sobre el fuego, en el que se entrega el miedo a las llamas para atravesarlas ileso. Representa a un explorador pionero de los planos interiores que descubre hasta dónde pueden llevarlo sus sellos, talismanes y palabras de poder.

INTERPRETACIÓN TRADICIONAL. Desunión, disputa, discordia. Malentendido, distanciamiento. Riña, pelea, ruptura. Disensión, división, separación. Conflicto, enfrentamiento. Competencia. Facción o bando. Interrupción o cese. Ruptura de relaciones. Préstamo impagado. Cambio inesperado.

Reina de bastos

La reina de bastos disfruta interpretando el papel de protagonista romántica con un toque teatral y quiere que la vida esté llena de pasión y emoción. Representa la feminidad ardiente, con las cualidades de los signos de fuego (Aries, Leo, Sagitario). Más que ninguna otra reina, posee capacidad de liderazgo y una férrea determinación para tomar sus propias decisiones o salirse con la suya, manteniendo al mismo tiempo un carácter amistoso y optimista. Cuando tú o alguien cercano actuáis como esta reina, hay una clara intención de seguir los propios deseos, expresar la pasión con audacia o comunicar con

* N. del T.: El equivalente más fiel a esta expresión en castellano sería el dicho «vísteme despacio que tengo prisa».

seguridad visiones creativas e ideas originales. Cabe la posibilidad de que presidas un comité o dirijas una gran producción. El cetro con girasol que aparece en la carta del RWS alude a cualidades radiantes y extrovertidas, presencia magnética y gusto por el dramatismo. Hay optimismo, abundancia de ideas, energía alta y autoestima sólida. El espíritu emprendedor se manifiesta apoyando o promocionando un producto o servicio. Si el foco está en el desarrollo personal, la atracción se dirige hacia actividades espirituales y filosofías inspiradoras. Aunque persigue con fuerza sus propios intereses, también ejerce una notable influencia sobre los demás. El gato negro simboliza independencia, autocontrol y rechazo a las ataduras. Además, es capaz de volverse feroz si la atacan o para defender a otros. En el amor es intensa. Como madre y pareja, suele mostrarse cálida, valiente y afectuosa, aunque también puede llegar a ser altiva y autoritaria, y a controlar en exceso la vida y el futuro de sus hijos.

INTERPRETACIÓN TRADICIONAL. Mujer de campo. Compañera, consorte. Honorable, virtuosa, respetable. Encanto y gracia femeninos. Comprensiva, empática. Amistosa, afectuosa. Cortesía, buenos modales. Dulzura, carácter afable, bondadoso. Casta. Amor por el dinero. Éxito en los negocios. Ahorrativa, frugal, económica.

Reina de bastos invertida

La reina de bastos invertida puede ser una intrigante tan encantadora como peligrosa, al estilo de Ana Bolena, mientras que su hija, Isabel I, representa la carta en posición derecha. La energía dinámica y el éxito que la caracterizan en posición normal se transforman, al invertirse, en etiquetas como «bruja», «arpía» o «mujer implacable». Y, como Hera, la esposa de Zeus, puede volverse celosa y vengativa cuando siente que ha sido vulnerada, deshonrada o despojada de su papel de creadora. Su fuego se convierte entonces en incendio o en hielo.

Tu esfuerzo por crecer y desarrollarte personalmente se vuelve arduo y se te hace cuesta arriba. Las ambiciones se ven frustradas o bloqueadas, o falta la oportunidad de ponerte a prueba y superarte. Hay planes que otros, por celos o por querer «mantenerte en tu sitio», sabotean de forma deliberada. La rivalidad y la competencia generan resentimiento. Como consecuencia, puedes sentirte sin rumbo y sin fuerza de voluntad, o bien volverte egocéntrico, autoritario, iracundo o incluso desbordado emocionalmente.

Tú, o alguien cercano, actuáis con aires de superioridad y de forma dominante, o con malicia y ánimo de hacer daño. La posición invertida aporta un punto de imprevisibilidad, de modo que alternas entre el entusiasmo y la frialdad según cambia tu energía. También existe el riesgo de que, al concentrarte demasiado en las posibilidades futuras, descuides la situación presente y tus necesidades inmediatas. Otra posibilidad es que pospongas decisiones, rehúyas compromisos o retrases cambios.

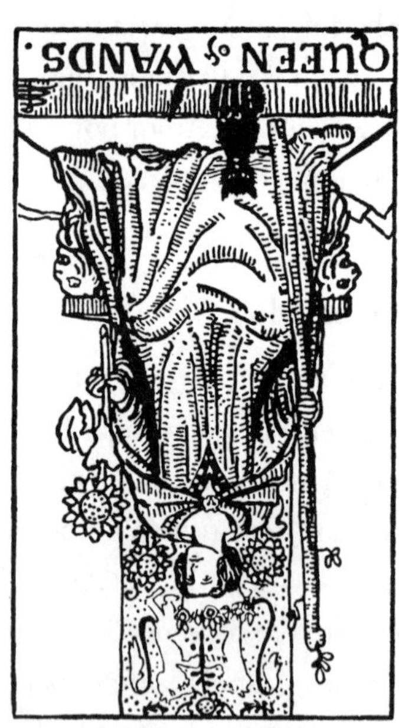

Reina de bastos

Un arrebato de pasión lleva a la promiscuidad, las infidelidades o el engaño. Surge la tendencia a volverse inestable o a sobreactuar ante determinadas situaciones. Las interacciones suben de tono hasta el enfrentamiento o, en el extremo opuesto, conducen al aislamiento. El egoísmo se intensifica o, por el contrario, se renuncia a la autodeterminación y se pierde fuerza y eficacia. La dispersión mental provoca pérdida de enfoque o una voluntad férrea desemboca en agotamiento. En otros casos, las propias necesidades quedan en segundo plano para atender las de otros. Como madre o pareja, esta figura se muestra excesivamente dominante, irritable y colérica, moralista y centrada en sí misma o ausente.

En el plano de la salud, se asocia con fiebres, sofocos, virus, infecciones, tumores y conductas maníaco-depresivas, aunque también con curaciones espontáneas.

En el ámbito chamánico o mágico, representa al chamán o a la hechicera con sus conjuros, amuletos, encantamientos, cantos e invocaciones. También encarna las fuerzas ardientes, destructivas y depredadoras de la naturaleza, necesarias para frenar o eliminar un crecimiento excesivo.

INTERPRETACIÓN TRADICIONAL. Mujer de bien. Amable, benévola. Servicial, dispuesta. Beneficio, favor. Cortesía, compromiso. Posible engaño, infidelidad, envidia, inestabilidad, volubilidad. Obstáculo, resistencia, impedimento. Caridad mal dirigida. Derroche (a veces asociado a la carta en posición normal).

Rey de bastos

El rey de bastos encarna la madurez consolidada de los signos de fuego (Aries, Leo, Sagitario) y evoca la generosidad, el valor y la magnanimidad del legendario Ricardo Corazón de León. Es regio, imponente y majestuoso, una especie de dictador o autócrata benévolo, un líder nato capaz de atravesar el fuego por aquello en lo que cree. Conserva y ejerce su poder con firmeza.

Un espíritu emprendedor alcanza la cima arriesgando y dejando que la creatividad marque el rumbo. Sabe imponerse con energía y seguridad en cualquier situación, aunque al principio pueda parecer exigente o agresivo, hasta que queda claro su terreno y su experiencia. Siempre atento a nuevas oportunidades, se lanza a proyectos, actividades o métodos innovadores. Actúa con confianza, asume el liderazgo y ejerce influencia gracias a su fuerza de voluntad o a su dominio en el área que controla. A menudo le toca tomar decisiones de peso y fijar metas, aunque tiende a asumir más de lo que le corresponde. También ofrece consejo y respaldo a grupos o individuos. Maneja lo que tiene entre manos con orgullo, dignidad y respeto por sí mismo, y no es raro que reciba reconocimiento público por sus logros. Lo impulsa un fuerte deseo de expresarse, de dar forma a sus ideas y de crear algo que lo distinga de todos los demás.

Como padre o pareja, esta carta encarna la actitud de «papá sabe lo que hay que hacer»: firme y controlador, pero también inspirador, indulgente y afectuoso. En el plano del desarrollo personal, refleja un modelo ya establecido, una idea que se ha impuesto, aunque quizá sea momento de cuestionar los supuestos en los que se apoya.

INTERPRETACIÓN TRADICIONAL. Caballero del campo. Hombre bueno, correcto y honrado. Serio y severo. Íntegro y con buenas intenciones. Conciencia, integridad. Agricultor, trabajador del campo. Hombre casado y/o padre. Talento, genio. Conocimiento, educación.

Rey de bastos invertido

El rey de bastos invertido exagera sus aires regios hasta rozar la arrogancia, el autoritarismo y la dictadura. No admite intromisiones y defiende su autoridad con una autoafirmación que roza la soberbia. El orgullo propio de los signos de fuego se vuelve asfixiante. En el fondo, es el «rey que va desnudo»*: su poder, su ego y su vanidad dependen de las apariencias, la fanfarronería y la adulación.

Tú, o alguien cercano, tal vez hagáis un uso torpe del poder o toméis decisiones poco sensatas. A veces se actúa en contra de otros solo por el afán de imponerse. La agresividad y los abusos pueden asomar en forma de abusador o de un mando despótico sin humanidad. Basta que te presionen para que pierdas los estribos. Los límites suelen ser un tema delicado: o se imponen con dureza excesiva y se

* N del T.: Ver nota en pág. 85.

vigilan al milímetro, o bien resultan débiles, difusos, incluso inexistentes. También cuesta adaptarse a la jubilación o a la pérdida de un empleo. Como el rey Lear, que perdió su identidad al renunciar al trono, corres el riesgo de quedar desvalido y sin rumbo. Cuando la vida deja de ajustarse a lo esperado, la eficacia se resquebraja. Puedes pasar por alto cosas aparentemente insignificantes o, por el contrario, exagerarlas; los errores de juicio salen a la luz debilitando la posición. Toda la energía se centra en dominar un espacio mínimo, un pequeño territorio de influencia, ignorando el resto del mundo y entrando en declive. En el peor de los casos, basta un tropiezo para que un imperio entero se derrumbe.

Por otro lado, también es posible que te retires de cargos de autoridad y dejes que otros asuman el mando, prefiriendo obedecer en lugar de liderar. Tal vez reconozcas tu falta de experiencia o conocimientos y decidas ceder el control. Si un rango o una posición te han sido impuestos y no te sientes cómodo, cabe la posibilidad de que rehúyas el poder. También es posible que busques derrocar a un líder o cuestionar una idea.

Rey de bastos

Como jefe o como padre, tienes tendencia a ejercer una autoridad absoluta y exigir obediencia sin réplica. O, por el contrario, como sucede con otros reyes invertidos, representas la figura de un padre ausente o la carencia de un modelo masculino positivo. En el extremo opuesto, podrías ser excesivamente indulgente y fácil de manejar.

En el terreno de la salud, esta carta alude a problemas cardíacos o accidentes cerebrovasculares. En el plano chamánico o mágico, remite al dominio del fuego (como tragar llamas) y recuerda que la sabiduría regia suele integrar también la del bufón, o al menos reconocer su propia necedad.

INTERPRETACIÓN TRADICIONAL. Hombre bueno y serio. Tolerante, indulgente, correcto, complaciente. Malas inversiones. Ideas excesivas o desmesuradas. Consejo, asesoramiento. Dogmatismo. Severo, austero. Vicioso.

Sota (paje o princesa) de copas

La sota de copas es una soñadora romántica, o bien un niño o joven con las cualidades propias de los signos de agua (Cáncer, Escorpio, Piscis): sensible, servicial, encantador y lleno de empatía. Esta carta alude a atender las voces que llegan de los sueños, la intuición o el inconsciente. También puede señalar a quien sabe escuchar de verdad a un amigo. Se actúa desde el cariño, ofreciendo apoyo y cuidado genuinos, con la disposición de implicarse en los procesos de los demás. A veces hace referencia a guardar confidencias. Quizá estés abierto a una relación amorosa: esa ilusión de un flechazo, una primera cita o el volver a empezar tras una relación larga. La vulnerabilidad emocional o cierta ingenuidad forman parte del retrato. Existe la tendencia a idealizar los vínculos o a añorar un romance. Con tu alegría, tu espíritu lúdico, tu amistad y tu deseo de ayudar, iluminas la vida de los demás. Sueles huir de los conflictos o de lo desagradable, buscando que reine la armonía y el buen clima. También puede reflejar el recibir consejos o andar en busca de halagos. En ocasiones, se asocia a arreglarse, embellecerse o cuidar la propia apariencia.

Como estudiante, aprendes mejor en un ambiente de afecto y de intercambio, cuando las emociones entran en juego. Como mensaje, esta carta anuncia una invitación social, una carta de amor o noticias de un compromiso, matrimonio, embarazo o nacimiento. Con cartas de apoyo, también puede ser un signo de fertilidad. Alude igualmente al cotilleo o a la afición por leer novelas románticas. En otro plano, señala la presencia en tu vida de un niño sensible, imaginativo y cariñoso.

INTERPRETACIÓN TRADICIONAL. Joven rubio. Estudioso. Leal. Entregado. Aprendizaje. Aplicación. Trabajo, ocupación. Reflexión, observación, consideración, meditación, contemplación. Rectitud. Discreción, integridad. Dispuesto a ofrecer sus servicios.

Sota (paje o princesa) de copas invertida

La sota de copas invertida puede temer al amor y resistirse a él, o negar su propia vulnerabilidad emocional. En ocasiones indica una pérdida de inocencia y de confianza. En el otro extremo, puede reflejar experiencia sexual, una atracción obsesiva por chicos o chicas, o la necesidad constante de sentirse amado. También puede mostrar la tortura de una atracción imposible o el empleo de la seducción y la adulación para ganarse a alguien. Quizá exageres ciertos modales afectadamente elegantes, vistas de forma ostentosa cuando todos llevan vaqueros o te enamores de alguien de «el otro lado de las vías». Esta carta también puede aludir a una sensibilidad tan extrema y refinada que dificulta el funcionamiento normal. O bien describe una actitud poco romántica, fría y carente de empatía ante las declaraciones de amor y afecto. En algunos casos, refleja la decisión de no volver a exponerte emocionalmente.

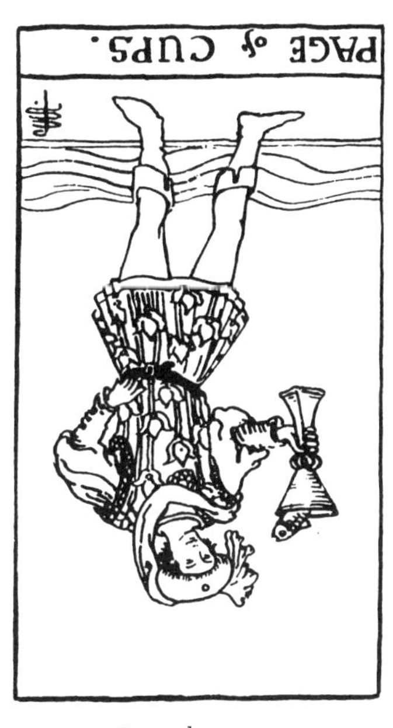

Sota de copas

Podrías estar huyendo de una persona o situación. Tal vez te niegues a escuchar un consejo, una historia o una noticia. Es posible que tu intuición intente transmitirte algo que no puedes (o no quieres) oír. También cabe la posibilidad de que estés fascinado u obsesionado con guías, espíritus, tablas güija y artes adivinatorias. Quizá te refugies en fantasías o romances, o en un reino privado poblado de amigos imaginarios.

Podría tratarse de un niño que en el pasado se acercó con cariño y fue rechazado o ridiculizado. Es alguien que se deja influir y herir con facilidad. Aprende mejor cuando algo despierta su interés y su imaginación participa. En el plano interior, esta carta habla de escuchar tus sueños, incluso cuando las imágenes resultan inquietantes o aterradoras, y de aprender a oír, amar y consolar a tu propio niño interior.

En el plano de la salud, refleja el desgaste físico y emocional por amor, y la posibilidad de enfermar a causa de ello, con síntomas como náuseas, desmayos o malestar estomacal. Posibles mensajes: una carta de ruptura o la anulación de invitaciones y compromisos sociales. Las noticias que llegan apelan más a tus sentimientos que a tu razón. Los mensajes psíquicos, en este caso, pueden resultar falsos.

En el ámbito chamánico y mágico, se asocia a rituales de pubertad y menarquia. En una tradición concreta, representa la «muñeca de maíz»* utilizada en ceremonias de iniciación, símbolo de la renovación anual de la fertilidad dentro de la tribu.

INTERPRETACIÓN TRADICIONAL. Joven débil, fácilmente influenciable. Inclinación, propensión, tendencia. Atracción, gusto, estilo. Simpatía, afecto, apego. Amor. Pena de amor, envidia, celos. Encanto, seducción. Invitación, consentimiento. Halago, adulación servil.

* N. del T.: Figura ritual asociada a la energía femenina y la llegada a la madurez sexual.

Caballero (o príncipe) de copas

En su mejor faceta, el caballero de copas es el caballero puro y perfecto del Grial, en plena búsqueda espiritual, o el trovador que vive para el amor. Idealista y soñador, se mueve por valores profundos y emociones intensas, recorriendo territorios donde reinan el romance y el placer.

Tú, o alguien cercano, podéis mostraros atentos y dispuestos a cuidar, con una naturaleza serena, amable, poética y artística, propia de los signos de agua (Cáncer, Escorpio, Piscis). Afable y galante, quizá tomes la iniciativa en lo social, hagas una propuesta o lances una invitación, en contextos que van desde la música, la danza y las prácticas espirituales o devocionales, hasta la asesoría, el *catering* o el entretenimiento de fantasía, como el cine.

Puede que estés cortejando con regalos y detalles, ofreciendo tu afecto más sincero, tu creatividad y la calidez capaz de colmar necesidades emocionales y espirituales. También es posible que percibas con facilidad el estado anímico de los demás y uses tu tacto para favorecer la armonía y evitar conflictos; aunque, en otro sentido, el amor podría ser para ti un pasatiempo, y la adulación una herramienta de conquista. Incluso en posición normal, esta carta puede aludir a las relaciones de «usar y tirar» cuyo fin es el triunfo personal.

También evoca la búsqueda de un entorno afín o inspirador, o el traslado de algo valioso a otro lugar, guiado por una visión espiritual o una percepción intuitiva, en busca de soluciones sanadoras para problemas concretos. A veces anuncia viajes por agua o en días de lluvia.

INTERPRETACIÓN TRADICIONAL. Amante seductor y encantador. Invitación, propuesta. Llegada, acercamiento. Atracción. Conquista. Desembarco. Encuentro. Recepción, bienvenida, saludo. Acceso. Reunir o acercar. Acuerdo, conformidad, afinidad. Adhesión, unión. Prosperidad. Comparación, semejanza.

Caballero (o príncipe) de copas invertido

El caballero de copas invertido puede ser un intrigante engañoso o un esteta hipersensible y soñador. A veces expone abiertamente sus sentimientos; otras, los oculta o utiliza el amor únicamente como medio para lograr sus propios fines. Existe incluso una lectura tradicional de esta carta como «el amor que no osa decir su nombre», eufemismo decimonónico para referirse a la homosexualidad, que subraya tanto el matiz tierno como el secreto de esta posición. Si con la lectura invertida decides mostrarte más directo, también puede señalar una «salida del armario» en cualquier aspecto de tu vida que hayas mantenido oculto.

Caballero de copas

Por otro lado, una invitación podría retirarse, o tal vez mires una propuesta con la cautela y la prudencia necesarias. También alude al amor no correspondido, a la infidelidad o al engaño. Las apariencias engañan, y la situación quizá no sea lo que parece. Tú, o alguien cercano, podríais mostraros reacios a comprometeros. Quizá haya una deshonestidad emocional, con halagos interesados, sumisión fingida o actitudes calculadas y falsas. Esto puede nacer de una tendencia a adaptarte de forma tan flexible y cambiante que eres difícil de definir o comprender.

Estar «enamorado del amor» o de ti mismo hace que te resulte imposible entregarte de verdad a nadie. A veces, la melancolía, las lágrimas, la nostalgia o la inseguridad emocional toman el mando. Quizá te dejes arrastrar por ensoñaciones y fantasías, y vagues sin rumbo o, sencillamente, te apartes de cualquier compromiso afectivo.

En el terreno de la salud, y con el respaldo de otras cartas, esta figura señala el abuso del sexo, las drogas o el alcohol como vía de escape o fuente de placer. Los desequilibrios se traducen en anemia, retención de líquidos, resfriados recurrentes, secreciones, náuseas, resacas y confusión. Como manifestación interior (sugerida por la túnica cubierta de peces y el predominio del agua), no describe tanto a una persona como a un canal de fertilidad o del inconsciente. Es la sensación de verse envuelto en ensoñaciones poéticas, sumergido en un mundo submarino de significados ocultos y vínculos líquidos.

En la esfera chamánica y mágica, remite a viajes de recuperación del alma o al trabajo con sueños, desentrañando los símbolos para descubrir sus mensajes más hondos. También encarna al poeta místico que expresa la unión espiritual a través del lenguaje del amor físico.

INTERPRETACIÓN TRADICIONAL. Astucia, seducción, engaño, fraude, sagacidad. Infidelidad, vileza, villanía. Ardid, artificio. Habilidad, maña, engaños. Sensibilidad, ingenio. Flexibilidad, docilidad. Destreza. Maldad, atrocidad, traición, difamación.

Reina de copas

La reina de copas es como la dama de la torre de marfil: sensible, romántica, soñadora y contemplativa, con una gran profundidad emocional. Amorosa y amable, desprende gracia y cuidado por los demás, con una sensibilidad estética refinada y una especial afinidad por la poesía, la belleza y las artes. En su lado menos práctico, resulta indulgente consigo misma, dispersa y poco adaptada al mundo material.

Tú, o alguien cercano, evaluáis las cosas según vuestras reacciones emocionales y valores personales. Captas matices y corrientes subterráneas y te dejas influir por los estados de ánimo (propios y ajenos). Otros pueden buscar en ti una visión intuitiva; quizá utilices tus habilidades psíquicas y empáticas para comprenderlos. Abierto y con deseo de agradar, a veces asumes las proyecciones de los demás, devolviéndoles su imagen inconsciente de lo femenino. Esta permeabilidad, para algunos, roza la falsedad. Para proteger esa sensibilidad, también cabe la posibilidad de que adoptes una actitud reservada y autosuficiente.

Más que al reloj, sigues tu propio ritmo interior. Esta carta sugiere una personalidad tímida, sentimental, imaginativa y algo ingenua. Prefieres un entorno de paz y armonía, aunque también te mueves con soltura en el terreno de la fantasía y la imaginación. A veces surge una atracción por lo místico. Hay quien te percibe como una figura seductora, fascinante y encantadora. En el amor, buscas ser valorado, cuidado y adorado. Como madre o pareja, no ves defecto alguno en tus seres queridos, para quienes creas un ambiente lleno de belleza y arte.

INTERPRETACIÓN TRADICIONAL. Mujer de cabello claro. Amable, honorable, virtuosa, afectuosa, respetable, modesta, decente, casta, honesta, adecuada, recatada, entregada y bella. Un dechado de virtud.

Reina de copas invertida

La reina de copas invertida puede ser tan etérea y angelical que parece no pertenecer a este mundo. Paradójicamente, también encarna a la mujer caída o a la seductora. En la literatura victoriana es la joven seducida por amor que, al ser traicionada, se ahoga y regresa convertida en un espectro acuático o en una sirena que arrastra a los hombres a su perdición. Por un lado, es una *femme fatale*; por otro, se niega a conceder sus favores.

Cuando esta reina aparece invertida, suele reflejar una negación de las propias emociones o un estado de apatía y falta de determinación. También puede aludir a la negativa a dejarse arrastrar por engaños y a rechazar creencias que no son propias. En un extremo, lleva a refugiarse en fantasías irreales y en la autocompasión, recurriendo incluso al alcohol o las drogas. La tendencia a fundirse psíquicamente con el objeto de deseo puede dejar a la persona vacía y vulnerable, expuesta a influencias dañinas o adicciones. En el otro extremo, emerge una personalidad lúcida y hábil, que no se deja manipular, disipa engaños y se mantiene firme ante la presión emocional.

En ocasiones, aparecen rasgos como la falta de sentido práctico, la hipersensibilidad a la crítica o la incapacidad de adaptarse a horarios y normas. Puede manifestarse ligereza e inconstancia, o la tendencia a alimentarse de la energía emocional de los demás. La resistencia pasiva, los desplantes o el uso de la seducción como herramienta se convierten en estrategias para conseguir lo que se quiere. La inseguridad afectiva abre la puerta a los celos, la envidia o la rivalidad amarga, que a veces desembocan en actitudes posesivas o vengativas. En otros casos, se opta por el aislamiento, endureciendo el corazón hasta volverse frío y distante. También es posible que se oculte el amor.

Reina de copas

En el plano físico, pueden darse problemas digestivos, cambios bruscos de humor, retención de líquidos o anemia. Como madre o pareja, esta reina puede mostrarse distante, resentida, egocéntrica y proclive a culpar a los demás de su infelicidad. Su necesidad emocional o dependencia afectiva asfixia a sus seres queridos. En su interior, sin embargo, puede existir una profunda devoción mística hacia Dios o lo espiritual, que lleve incluso a renunciar a los sentidos.

En el ámbito chamánico y mágico, se asocia con la mediumnidad, el trance y la sanación psíquica mediante la asunción del dolor o la enfermedad ajena. En ciertas formas de posesión chamánica, se une a un espíritu benévolo como esposo simbólico o cae bajo el influjo de un amante demoníaco. También remite a las infusiones y tinturas.

INTERPRETACIÓN TRADICIONAL. Mujer de rango distinguido. Mujer virtuosa. También: vicio, deshonor, engaño, depravación, impudor. Disoluta, inmoral. Corrupción, escándalo, libertinaje, intemperancia, intriga. Inconsistente e inconstante. Mujer casada de alta posición que ofrece su amor.

Rey de copas

El rey de copas recuerda a Dioniso –dios del vino, la poesía y el éxtasis–, que solo se embriagó una vez y, a diferencia de otros dioses griegos, permaneció fiel a su esposa. O, como Poseidón, encarna profundidades ocultas y corrientes poderosas, ejerciendo la autoridad madura propia de los signos de agua (Cáncer, Escorpio, Piscis). Representa el esfuerzo por mantenerse firme en medio de oleajes emocionales que amenazan con arrastrarlo. En posiciones de liderazgo, la cultura actual rara vez aplaude que se sea artístico, afectuoso, intuitivo o protector; cualidades que, al mostrarse, podrían interpretarse como debilidad. Para no dejarse desbordar por los sentimientos, recurre a un férreo autocontrol, tan frío en apariencia como el pez que cuelga de su cuello. Sin embargo, también es capaz de actuar con fiabilidad, sensibilidad, amor y compasión, o de ejercer de anfitrión afable, buen amigo y confidente. Esta carta encarna al poeta o artista, al príncipe mercader, al sacerdote o ministro, al médico de familia o al consejero.

Tú, o alguien cercano, tal vez os anticipéis a las necesidades de los demás y las satisfagáis o actuéis como fuente de consuelo. También es posible que organices actividades culturales, ofrezcas consejos llenos de bondad y sabiduría, o toques las fibras emocionales de los demás para ganarte su simpatía y apoyo. A veces refleja cierta inclinación hacia la nostalgia y los valores tradicionales. Como padre, el rey de copas puede ser afectuoso y protector o, debido a su educación, mostrarse reservado y reacio a expresar cuánto ama.

INTERPRETACIÓN TRADICIONAL. Hombre honorable, de cabello claro. Honestidad e integridad. Igualdad, justicia. Artista. Científico. Abogado. Religioso. Trato justo, bondad, responsabilidad, consideración. Apoyo, afecto.

Rey de copas invertido

El rey de copas en posición invertida puede encerrarse en sí mismo hasta parecer frío e insensible, o sumergirse en las profundidades de su propio mundo interior, descuidando las relaciones. A veces aflora un tinte sentimental o melodramático. En otros casos, adopta una fachada de dureza para evitar que lo vean como débil o ineficaz. Sacudido por oleadas de emociones, teme perder el control. Puede sentirse decepcionado consigo mismo y caer en un ánimo melancólico o depresivo, como si ya no pusiera el corazón en lo que hace.

Rey de copas

Tal vez busques el amor donde no vas a encontrarlo o lo expreses de forma excesivamente complaciente, como la entrega absoluta de John Lennon hacia Yoko Ono. En el extremo opuesto, podrías pensar que el amor debe llegar sin que muevas un solo dedo para conseguirlo. Si ves el mundo como un lugar frío y egoísta, es fácil que termines actuando del mismo modo, lo que enlaza con interpretaciones tradicionales de engaño o estafa. A veces te escondes tras una fachada afectuosa o finges simpatía en público. Si llevas tiempo interpretando un papel para satisfacer las expectativas de otros, puedes acabar perdiendo de vista quién eres en realidad. Tal vez sientas que tu entrega hacia la familia no recibe el reconocimiento que merece y, en el fondo, solo busques compasión. Es la historia de Walter Mitty,* el marido sometido que huye a un mundo de fantasías.

Como ocurre con otras cartas de copas, existe la tentación de refugiarse en dependencia a las drogas, el alcohol o el trabajo compulsivo. Surge entonces la actitud de «pobre de mí», que deriva en una autocompasión pasiva y resistente al cambio. Tomar la iniciativa resulta especialmente difícil, lo que lleva a actuar de forma encubierta o a dejarse llevar sin rumbo por la vida.

En el papel de padre o pareja, esta invertida puede traducirse en un exceso de protección que ahoga o en una ausencia emocional –a veces ligada al alcoholismo–, además de cambios de humor. También puede implicar la negativa a mantener relaciones sexuales o, por el contrario, una sexualidad marcada por la extravagancia y el desenfreno. En sentido opuesto, apunta a la posibilidad de romper con los estereotipos sobre el rol masculino en el cuidado y la amistad entre hombres.

En el plano de la salud, puede aludir a un interés por terapias poco convencionales. La posición invertida invita a buscar las causas profundas del malestar o la falta de armonía. En un sentido literal, puede señalar mareos en el mar o problemas de fertilidad.

En el ámbito chamánico y mágico, representa el papel sacerdotal de la devoción activa. Alude al Rey Pescador** de la leyenda del Grial,

---

* N. del T.: Walter Mitty es un personaje creado por el escritor James Thurber en 1939. Representa al hombre común que, insatisfecho con su vida, se refugia en un mundo de ensoñaciones heroicas para escapar de la rutina o las frustraciones cotidianas.

** N. del T.: El Rey Pescador es un personaje de la leyenda artúrica del Grial, guardián de la copa sagrada. Su herida simboliza la pérdida de armonía interior y la necesidad de sanación espiritual.

que solo puede sanar cuando alguien formula la pregunta: «¿A quién sirve el Grial?».

INTERPRETACIÓN TRADICIONAL. Hombre de negocios o funcionario. Hombre deshonesto. Doble juego. Extorsión. Malversación. Soborno. Injusticia. Bandolero, ladrón. Pícaro, estafador. Vicio, corrupción, escándalo. Ruina.

Sota (paje o princesa) de espadas

La sota de espadas recuerda a un bateador de béisbol con la vista fija en la pelota, preparado para lo que venga. Evoca el sentimiento de curiosidad por lo que está a punto de ocurrir o la adopción de una postura defensiva y alerta a la espera de un enfrentamiento. También puede tratarse de un momento para actuar con audacia y atrevimiento.

En el trato personal destaca tu agilidad mental, la rapidez de reflejos y tu atención constante; pero si surge una amenaza, aflora un tono mordaz o incluso hiriente. Podrías estar poniendo a prueba ideas o tecnologías nuevas que exigen adaptación inmediata, o participando en juegos que combinan destreza física y agudeza mental y que requieren astucia y precisión. Tal vez la tarea consista en resolver problemas urgentes, gestionar crisis o reunir información y datos antes de comprometerte con un trabajo o proyecto.

Este arcano también se asocia al aprendizaje o uso de la lógica, los idiomas, la escritura y la oratoria, la investigación, el diseño, la indagación, la informática y la tecnología. Incluso puede aludir al espionaje o la vigilancia. En su mejor expresión, aporta discernimiento, ingenio y capacidad de réplica, junto con la habilidad de improvisar sobre la marcha. Es el momento de aprovechar cada oportunidad con agudeza mental y una estrategia tan precisa como un golpe de espada.

Esta carta puede referirse de forma literal al uso de una espada, un cuchillo u otro instrumento cortante. A veces señala la necesidad de mantenerse vigilante y atento. En un niño, la sota de espadas describe a alguien desconfiado o a la defensiva, quizá como consecuencia de traiciones o heridas tempranas. También puede aludir a menores precoces e inquisitivos, o a manifestaciones inmaduras de los signos de aire (Géminis, Libra, Acuario). En otro sentido, anuncia noticias relacionadas con dificultades, negociaciones, contratos o asuntos legales, así como chismes y rumores. Suele acompañarse de una apertura mental y un apetito por descubrir ideas nuevas.

INTERPRETACIÓN TRADICIONAL. Espionaje, secreto, curiosidad. Vigilancia. Observador, investigador, atención constante. Intendente, tesorero. Examen, toma de notas. Especulación, evaluación, cálculo, cómputo. Persona instruida, erudito, científico, actor.

Sota (paje o princesa) de espadas invertida

Sota de espadas

La sota de espadas invertida puede mostrar un tono ácido, iracundo y mordaz, o bien una fragilidad que deja sin palabras. A veces baja la guardia y suelta la espada, incapaz de defender sus propios intereses; otras, recurre a maniobras dilatorias para ganar tiempo y reflexionar.

Su actitud defensiva suele señalar heridas de la infancia y la dificultad de manejar viejos agravios. En este estado, hay quien reacciona de forma imprevisible, encontrando incluso placer en herir o humillar a otros. El chismorreo y las habladurías pueden tener tintes maliciosos o difamatorios. También aparece el gusto por la discusión sin propósito o un afán de venganza. En otros casos, ni siquiera se es consciente del impacto que causan las propias palabras y acciones.

Podrías rehuir compromisos sociales o encuentros personales, vacilar a la hora de hablar ante un grupo o de compartir ideas o quedarte sin palabras. Tal vez adoptes una actitud reservada y ocultes información sobre ti. En el extremo contrario, puedes hablar sin rumbo o de manera incoherente. Esa aparente seguridad podría percibirse como una simple fachada.

Señala malentendidos, tanto de forma verbal como escrita, y también cierta tendencia a rechazar esfuerzos en el trabajo. Quizá falte la seguridad para expresar tus ideas. Si proyectas esta energía hacia fuera, podrías ver en otro a alguien astuto, cruel, mentiroso o capaz de traicionar. O bien percibir conspiraciones en todas partes. Es posible sentirse poco preparado, con carencias en alguna capacidad mental o técnica, lo que lleva a adoptar una actitud excesivamente defensiva.

Esta carta también puede aludir a un joven con problemas legales o afectado negativamente por un divorcio o una separación. Tal vez haya sido humillado, ridiculizado o avergonzado, y se niegue a comunicarse..., o bien esté en proceso de superar ese pasado.

En el plano de la salud, hace referencia a dificultades en el habla, autismo, tartamudez, así como malos tratos físicos o psicológicos. También se asocia a un sistema inmunitario debilitado y, si otras cartas lo confirman, a la presencia de pensamientos suicidas. Las noticias pueden llegar de forma repentina e inesperada, «como caídas del cielo», causando inquietud o desasosiego. Un proyecto o proceso puede no llegar a despegar por falta de lógica o planificación, o porque surgen desacuerdos.

En el ámbito chamánico y mágico, esta carta alude a los ritos de iniciación a la edad adulta, como la extracción de la espada de la piedra en la leyenda de Arturo o las búsquedas de visión. También representa la capacidad de pensar en realidades imaginarias.

INTERPRETACIÓN TRADICIONAL. Persona débil o frágil. Impostor. Falta de defensas. Enfermedad. Complot, ataque. Súbito, de improviso. Inesperado, inadvertido. Sorprendente, extraordinario. Hablar o actuar sin preparación.

Caballero (o príncipe) de espadas

El caballero de espadas irrumpe a toda velocidad en medio del conflicto, como un héroe dispuesto a enfrentarse a un dragón o un mensajero que trae advertencias urgentes. Representa las energías revolucionarias de los signos de aire (Géminis, Libra, Acuario), centradas en la acción mental y verbal. Puede aludir a ti mismo o a alguien cercano que piensa, analiza, compara y mide todo con ojo crítico.

La actitud es firme y decidida, aunque a veces obstinada e impaciente. Tal vez intentes reparar una injusticia o abrirte paso entre obstáculos. Quizá estés empeñado en dejar clara tu postura o transmitir tus ideas y tu filosofía, pero la prisa y el ímpetu, junto con cierta tendencia a creer que lo sabes todo, te impiden escuchar otros puntos de vista o prestar atención al rumbo que tomas. También puede reflejar la necesidad de poner orden en tus principios, de clasificar las cosas o de moverte en situaciones que despiertan tu cinismo y tu agudeza irónica.

En ocasiones este caballero defiende con vehemencia su versión de la verdad o disfruta rescatando una idea en apuros. Se lanza al debate por puro afán de discutir, usando la lógica, la crítica y el análisis como armas contra lo irracional y lo confuso. Esta carta apunta hacia el interés por la investigación, los estudios analíticos, los organismos de planificación, la justicia o las comunicaciones. Simboliza también a quien lidera una cruzada o defiende una causa, con la eficiencia como meta: ahorrar tiempo, eliminar lo que no funciona. Como carta de viaje, evoca los aviones, las motocicletas o cualquier desplazamiento rápido. En cuanto al clima, sugiere vientos fuertes o tormentas.

INTERPRETACIÓN TRADICIONAL. Espadachín, soldado, secuaz, matón, asesino. Combatiente. Enemigo. Disputa, guerra, batalla, duelo. Acción heroica. Fanatismo. Ataque. Defensa. Oposición, destrucción, ruina. Arremetida impetuosa. Derrocamiento. Grosería. Odio, mala voluntad, rencor. Ira, cólera, furia. Habilidad. Coraje, valor, valentía.

Caballero (o príncipe) de espadas invertido

El caballero de espadas invertido puede volverse fanático, perder el control o acabar agotado tras tanto ímpetu. Es como el jugador de fútbol que corre hacia la portería equivocada o un Quijote delirante, luchando contra molinos de viento. Con el tiempo termina viéndose como alguien imprudente, ridículo o torpe. Tú, o alguien cercano, podríais estar gastando energías en batallas absurdas: peleando contra nubes, golpeando caballos de paja o discutiendo teorías vacías y sin relevancia. Tal vez te indignes por una injusticia o un abuso, pero sin haber comprobado bien los hechos ni la fuente. Tus palabras pueden sonar confusas, tus argumentos perder coherencia.

Caballero de espadas

También cabe que estés cansado de tanto enfrentamiento, herido por críticas o palabras afiladas, y solo quieras retirarte de la primera línea para dejar a un lado la espada. Otra lectura apunta a que trates de dominar tu impulsividad o de frenar ese «caballo desbocado» que representan tus ideas o instintos. La clave está en aprender a volverte más reflexivo y cuidadoso y menos precipitado.

Sin embargo, existe el riesgo de dejarse llevar por un arranque de ira y lanzarse impulsivamente a causar dolor, daño o perjuicio. Podrías volverte implacable o vengativo y culpar a otros de los errores o emplear una lógica cruel para destruir. Si las prisas te dominan, acabarás perdiendo tiempo y cometiendo equivocaciones. Al presumir, incluso podrías poner en peligro a otras personas de manera temeraria.

En la baraja RWS, el caballo parece aún más enfadado cuando esta carta aparece invertida, lo que sugiere que avanzas sin escuchar los consejos ajenos. Tal vez intentes «salirte con la tuya» (incluso mediante un engaño o estafa) confiando en ser más rápido e inteligente que cualquiera. O, por el contrario, podrías ser víctima de alguien así. También es posible que actúes movido por la ira en un intento de vengarte de una injusticia. En otro sentido, la carta puede señalar un retroceso en lugar de un avance, una retirada apresurada ante una situación amenazante. La posición invertida tampoco augura nada bueno para los desplazamientos: puede implicar retrasos, cancelaciones o desvíos forzados.

En el plano de la salud, existe una tendencia hacia la violencia, los accidentes y las lesiones, en especial en los brazos o las piernas, sobre todo cuando interviene la velocidad. También puede aludir a derrames cerebrales (a veces llamados «tormentas mentales»).

En el ámbito chamánico y mágico, esta carta representa al guerrero espiritual que libra batallas en los mundos superiores, así como la práctica de la autodefensa psíquica.

INTERPRETACIÓN TRADICIONAL. Carterista, estafador, tramposo en el juego. Hacer el ridículo. Imprudencia. Incapacidad, ineptitud, ignorancia. Debilidad. Errores impulsivos. Insensato, ingenuo, necio. Disparate, burla. Engreído, vanidoso. Derrochador. Vivir del ingenio. Noticias de un desastre.

Reina de espadas

La reina de espadas representa tradicionalmente a la mujer divorciada, viuda o soltera. Inteligente y perspicaz, mantiene cierta reserva y distancia: es una auténtica «reina de hielo». Su autosuficiencia, sin adornos ni concesiones, resulta intimidante, aunque siempre podrás contar con ella para hablar con franqueza y apartar lo accesorio hasta llegar al núcleo de cualquier asunto. Lleva con la misma naturalidad un impecable traje de poder que las ropas del luto.

Ha ganado su sabiduría enfrentándose con valentía al dolor y aprendiendo de las pérdidas y tragedias, como sugieren las nubes que aparecen suspendidas en el fondo de la carta. Su mente, compleja y analítica, le permite desenvolverse en situaciones igualmente complejas. Defiende una profesionalidad estricta y sostiene la verdad y los principios por encima de las susceptibilidades ajenas. Su aguda inteligencia y su disciplina personal la vuelven apta para la crítica honesta y meticulosa, la investigación, la escritura o los negocios.

Puedes exigir sinceridad a los demás, retándolos a ser competentes, eficaces, capaces y emprendedores. Tal vez ofrezcas consejos sabios, aunque no siempre sea fácil cumplir con tus estándares perfeccionistas. Sabes abordar los problemas con imparcialidad y encajar las decepciones con entereza. La libertad personal y la independencia de opinión son cualidades que valoras especialmente. También es posible que actúes con firmeza, juicio severo y determinación, rompiendo vínculos si es necesario, incluso a costa de lamentar la pérdida. Sin embargo, existe el riesgo de aislarte de tus propias emociones.

En las relaciones, la comunicación abierta es indispensable, aunque una tendencia a analizar cada aspecto hasta el mínimo detalle podría asfixiar el vínculo. Como madre, eres exigente, crítica e inflexible en tus expectativas.

INTERPRETACIÓN TRADICIONAL. Viudez, tristeza, dolor, privación, carencia, ausencia, separación, escasez, infertilidad, indigencia, miseria, infortunio. Vacío, ocioso, inactivo, libre.

Reina de espadas invertida

En su lectura más tradicional, la reina de espadas invertida recuerda a la *Lady* Macbeth de Shakespeare o a la madrastra de Blancanieves: recurre al engaño y las artimañas para alcanzar fines obsesivos. Sin embargo, verla únicamente como un personaje malvado reduce su historia a un melodrama, cuando en realidad encierra la mayor tragedia de un ser humano marcado por un defecto fatal. Su crueldad y su visión estrecha no suelen nacer de una maldad genuina, sino de profundas decepciones y de una autoimagen distorsionada. El mal carácter y las actitudes destructivas suelen tener su origen en ambiciones frustradas, ideales corrompidos y talentos sacrificados o desperdiciados. En otro sentido, esta reina invertida se vuelve más afectuosa y emotiva, menos aislada y más dispuesta a depender de los demás, bajando por fin la guardia.

Reina de espadas

Por un lado, oculta su inteligencia y su competencia tras una máscara de artificio; por otro, adopta una vida casi ascética, negándose el consuelo y la compañía. Contiene el dolor y resiste la tristeza. La soledad, las limitaciones y cierta intolerancia nacen de desengaños y pérdidas. En ocasiones proyecta actitudes hipercríticas sobre los demás o es implacable consigo misma.

Esta carta también alude a la resistencia a cerrar ciclos o a retrasar decisiones. El miedo a la soledad o al rechazo la lleva a aislarse, aunque en otras ocasiones se rebela contra la sobreintelectualización, se niega a entrar en juegos mentales o se esfuerza por superar la herida de haber tenido un padre, madre o superior distante y frío. Si otras cartas lo confirman, habla de dificultades en torno a una muerte, un divorcio o una separación, procesos que no resultan «limpios».

En las relaciones personales surge ira reprimida y crueldad, o una falta de firmeza y criterio. Como madre, carga con una tristeza profunda que a veces se transforma en compasión, y otras, en frialdad y distancia. Se muestra intolerante y rígida, o bien indecisa y apática.

En el plano de la salud, esta invertida se asocia con síntomas asmáticos, alergias –sobre todo a los mohos– y riesgos ambientales.

En el ámbito chamánico y mágico, representa la capacidad de establecer protecciones, delimitar un trabajo o discernir qué acciones conviene evitar. También alude al conocimiento de venenos y toxinas, ya sea para dañar o para sanar, e incluye la preparación y los ritos funerarios, tradicionalmente a cargo de mujeres mayores.

INTERPRETACIÓN TRADICIONAL. Mujer malvada, de carácter ruin y vengativo. Maligna, rencorosa. Engaño, estafa, artimañas, tretas, fingimiento. Fanatismo, intolerancia, hipocresía, mojigatería, mente estrecha. Soledad.

Rey de espadas

El rey de espadas está «de servicio». Es un juez implacable, un soldado inflexible, un editor o cirujano preciso, un magistrado o un filósofo. Decir que «rige con la espada» significa que mide todas las cosas con una vara de hierro, firme e inquebrantable. Al igual que los demás reyes, encarna la figura del árbitro imparcial de la verdad y la justicia: aquí la responsabilidad no se delega. Representa la maestría externa de los signos de aire (Géminis, Libra, Acuario) y, como tal, toma decisiones que se apoyan en la lógica, la ética, los principios y los hechos.

En su mejor expresión, el rey de espadas persigue la honestidad, la equidad, las definiciones claras y precisas, y reglas absolutas que no dejan margen a la ambigüedad. Esta carta anuncia la gestión de asuntos legales, juicios y negociaciones, así como temas policiales o militares. Puede aludir a alguien que defiende estándares o plazos estrictos, o que revisa un trabajo con ojo crítico para detectar cualquier fallo, error o debilidad. Opera bajo requisitos rigurosos, marca límites y, llegado el caso, renuncia a algo deseado para mantenerse fiel a un principio o a una decisión. Afronta cada asunto con objetividad y sin concesiones, buscando siempre la máxima eficiencia, precisión y orden. La disciplina es esencial. Evalúa con cuidado las consecuencias de cada acción prevista y, si es necesario, corta de raíz lo superfluo, aun cuando implique un sacrificio personal.

Como padre, el rey de espadas mantiene estándares elevados y enseña que toda acción conlleva una consecuencia. Como pareja, se muestra inteligente, honesto y de principios, aunque también crítico y exigente.

INTERPRETACIÓN TRADICIONAL. Hombre de Iglesia o abogado. Juez, consejero, senador, empresario, médico, jurista, litigante. Jurisprudencia. Poder, mando, inteligencia. Fuerza.

Rey de espadas invertido

El rey de espadas invertido lleva el orden y la disciplina hasta el extremo, ya sea desde la ira o desde una frialdad que roza lo inhumano: implacable, insensible y sin el menor atisbo de compasión. La autoridad se ejerce con dureza y crueldad, sin margen para la indulgencia. También podría suceder todo lo contrario: que se muestre incapaz de defender nada, falto de voluntad, laxo e incapaz de tomar decisiones. En ocasiones encarna al profesor despistado: brillante en ciertos terrenos y completamente apagado en otros; o bien refleja una carencia real de capacidad intelectual.

Pueden cruzarse en el camino personas arteras o poco escrupulosas, sobre todo en asuntos legales. También se da el caso de actuar al margen de la ley o cometer actos delictivos. Hay razonamientos sin base o una aceptación acrítica de prejuicios como si fueran verdades. En ocasiones, basta con aflojar la rigidez y dejar espacio para la risa.

El mundo se percibe como un lugar injusto y corrompido. Aparece el desencanto con la justicia, la política o los negocios. Uno se siente con principios, pero en soledad. Tal vez el trato recibido haya sido injusto; las decisiones y las resoluciones no juegan a favor porque pesan los sesgos y los favoritismos. En ocasiones surge la tentación de «burlar al sistema» o de esquivar las consecuencias de los propios actos. Falta firmeza para sostener las propias creencias o alcanzar objetivos sin recurrir al engaño. También puede aflorar una actitud dañina o perversa, ya sea de manera intencionada o sin darse cuenta. En este estado, predominan la crítica implacable, la ironía mordaz, la rigidez y la incapacidad de perdonar.

Rey de espadas

Esto puede aludir a un intento de frenar una norma inhumana o injusta. También a revertir un caso judicial, revocar una decisión del jefe o incluso destituir a un cargo electo. Aparecen aquí acciones de disidencia política o movimientos de corte militante, fruto del rechazo a posturas autoritarias.

En el terreno de la salud, se asocia con deterioro mental o senilidad. El dolor puede convertirse en un problema, ya sea por rigidez, antiguas lesiones o dolencias de espalda.

Como figura paterna, este arquetipo adopta un carácter rudo y severo, capaz de desheredar a sus hijos o cortar todo vínculo con ellos, o de imponer castigos desmesurados. En el otro extremo, se muestra incapaz de plantar cara a nadie ni de defender convicciones. Oscila entre el exceso de disciplina y la absoluta falta de firmeza.

En el plano chamánico y mágico, representa la superación de pruebas y el juramento de pactos de sangre. También alude a los guerreros espirituales que sostienen la ley cósmica.

INTERPRETACIÓN TRADICIONAL. Intenciones maliciosas. Persona peligrosa. Enemigo. Maldad, rencor. Comportamiento dañino. Carácter áspero. Perversión, traición. Delitos. Crueldad, inhumanidad, atrocidades. Sadismo. Preocupación, aflicción. Conflicto, disturbios. Juicio perdido.

Sota (paje o princesa) de oros

La sota de oros es un aprendiz o estudiante que encarna los rasgos más jóvenes de los signos de tierra (Tauro, Virgo, Capricornio). Prudente y realista, leal y constante, solo cree en lo que puede ver y tocar. Tal vez observes algo con una mezcla de asombro y sentido común. Puede tratarse de una búsqueda de datos, de reunir información o de seguir con atención un proceso o experimento. Quizá estés formándote, explorando opciones profesionales o adquiriendo nuevas destrezas, incluso a través de la práctica directa en un empleo, o bien solicitando un puesto. Hay fascinación por las tecnologías emergentes o por otros descubrimientos que parecen prodigios. Si te planteas comprar algo, lo examinas con atención para comprobar su calidad y acabado. También es posible que colecciones objetos, como conchas en la orilla del mar. El riesgo solo se asume si responde a un propósito concreto y a objetivos bien definidos. En ocasiones, aflora un deseo que no llega a materializarse.

Como mensajera, esta carta invita a centrar la atención en lo tangible: el propio cuerpo, la salud, las posesiones y los asuntos prácticos más terrenales. Conviene leer con sumo cuidado cualquier comunicación de carácter empresarial o financiero, así como contratos, instrucciones o diagramas. También alude a la recopilación y transmisión de datos e información.

Describe a niños observadores, estudiosos y con los pies en la tierra, dotados de una curiosidad especial por la naturaleza. Suelen jugar solos y saben entretenerse por sí mismos; a menudo disfrutan desmontando y volviendo a montar objetos para descubrir cómo funcionan.

INTERPRETACIÓN TRADICIONAL. Joven moreno que entra a trabajar para ti. Estudio, instrucción, dedicación, meditación, reflexión, concentración. Trabajo, ocupación, aprendizaje. Escuela, discípulo, estudiante, beca, aprendiz, aficionado. Especulador, comerciante, negociador. Las malas compañías pueden llevarte a apostar.

Sota (paje o princesa) de oros invertida

La sota de oros invertida describe la pérdida de enfoque: abandonar los estudios, faltar a clase o, en general, desconectarse de lo práctico y lo concreto. Proyectos y oportunidades que se quedan en nada; expectativas que se esfuman, como una oferta de trabajo que no llega a concretarse o que se rechaza voluntariamente. A veces cuesta aprender algo nuevo o asimilar datos esenciales. También es posible que un interés valioso se enfríe y se deje a medias, o que lo que antes resultaba deseable pierda de pronto su atractivo. En ocasiones, esta posición refleja una tendencia a criticarlo todo en exceso.

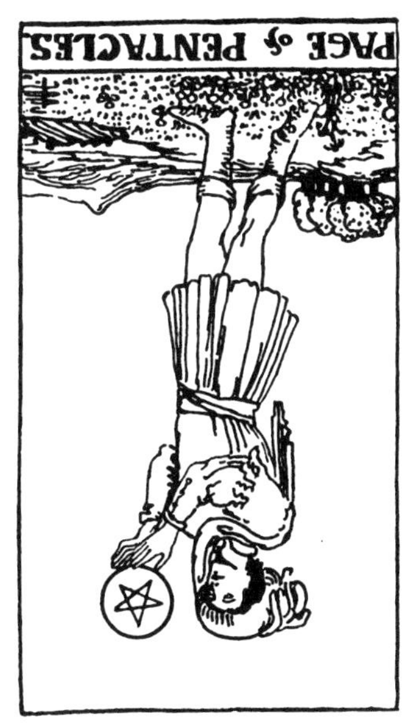

Sota de oros

Surge la codicia por el dinero o las posesiones hasta el punto de quedar atrapado por ellas. Pueden formarse vínculos inmaduros o dependientes con ciertas personas. Se acumulan objetos y asuntos hasta no saber cómo gestionarlos.

En otro sentido, se produce un alejamiento de lo material para volcarse en lo espiritual y lo intangible. La visión interior cobra más relevancia que la física, y crece la fascinación por prácticas como la adivinación, la cristalomancia o el uso de la tabla Ouija. Estos intereses suelen mantenerse en secreto.

Tal vez se descuida la salud o la higiene personal. Por extensión, también puede implicar una falta de respeto hacia la Madre Tierra: ensuciar, dañar o degradar el entorno. La visión (física o simbólica) puede verse limitada. A veces, la atención queda atrapada en minucias cotidianas y provoca una sensación de estancamiento; por otro lado, liberarse de esas fijaciones abre la puerta a un nuevo modo de percibir el mundo.

En el plano de la salud, esta carta alude a la depresión y al agotamiento por exceso de trabajo, así como a dolencias comunes de la infancia. Como mensajera, trae con frecuencia noticias poco agradables, como la cancelación de planes. Si esta energía se proyecta en otra persona, podría percibirse como alguien excesivamente materialista o desconectado de la realidad.

En el plano chamánico o mágico, representa al aprendiz o, en los cuentos, al hermano menor que encuentra un objeto sin conocer su verdadero valor, pero que persevera gracias a su apertura y su capacidad de asombro.

INTERPRETACIÓN TRADICIONAL. Profesión. Abundancia, generosidad, lujo. Superfluo. Liberalidad, beneficencia. Multitud, muchedumbre. Degradación, menoscabo, expolio. Disipación. Rebeldía. Portador de malas noticias. Entrometerse en asuntos ajenos.

Caballero (o príncipe) de oros

El caballero de oros es útil y cumplidor: siempre está donde dice que estará y permanece hasta terminar lo que se ha propuesto. Sabe cómo reparar algo o, si no, encuentra la manera de hacerlo; a veces es un artesano diestro con un gran sentido estético. Es el motor constante de los signos de tierra (Tauro, Virgo, Capricornio): no se mueve con frecuencia, pero cuando lo hace, es muy persistente.

Las hojas de roble de su casco evocan la fuerza y la sabiduría de la tierra, así como su respeto por la naturaleza y sus frutos. Es consciente y fiable, pero también muy sensual, con un gusto sano por los placeres físicos. Siente orgullo por un campo bien arado y se detiene a observar cada detalle. En las relaciones ofrece valor, seguridad, orden y estabilidad: cualidades que algunos aprecian y otros consideran monótonas y aburridas.

Esta figura alude a la persona que aborda un proyecto de manera práctica y metódica, o que brinda lealtad y servicio a alguien. Puede reflejar interés por conservar recursos, invertir o mantener una propiedad. Prima un enfoque sensato: examinar con atención los hechos y detalles, y centrarse en lo realmente alcanzable. La salud física, a través del ejercicio y la buena alimentación, cobra relevancia. Sin embargo, la falta de iniciativa o la terquedad pueden ralentizar el avance.

Como carta de viaje, sugiere desplazamientos por tierra, en autobús o tren, aunque su medio preferido sería un todoterreno o un Mercedes negro de lujo.

INTERPRETACIÓN TRADICIONAL. Hombre activo. Útil, servicial, benefactor. Utilidad. Interés propio, preocupación. Interesante. Rentable, de precio atractivo. Ventajoso, ganancia, provecho. Importante. Necesario. Atento, amable, dispuesto a ayudar. Éxito gracias a la fuerza, perseverancia y voluntad.

Caballero (o príncipe) de oros invertido

El caballero de oros invertido puede estar tan absorto en el materialismo y en el mundo físico que no deja espacio para las personas, los sueños o el ocio. Toda su energía se concentra en el fruto de su trabajo o en su próxima adquisición. En lo social, puede resultar un convidado de piedra, alguien inmóvil y poco receptivo, o un adicto al sofá cuyo universo se reduce a la televisión, la cerveza y las patatas fritas. A veces ocurre lo contrario: se vuelca únicamente en el ejercicio y el desarrollo muscular.

Esta carta alude a una persona (quizá tú o alguien cercano) obstinada e intolerante, o simplemente de mal humor y poco sociable. También refleja cansancio, apatía y desinterés. Ese agotamiento y ese tedio surgen a menudo cuando el trabajo y la vida parecen carecer de propósito. Falta la constancia, decae el interés y, con ello, se abandonan personas, proyectos o esfuerzos, perdiendo oportunidades valiosas. Pueden darse situaciones como el desempleo, un trabajo rutinario que asfixia, la falta de rumbo o cualquier limitación de movilidad. Surge el temor de no avanzar. Quizá no llegue la ayuda que esperamos. Puedes acabar malgastando tiempo, esfuerzo y recursos, y dejar pasar una oportunidad por descuido o negligencia. Falta la iniciativa necesaria para actuar sin depender de que otros te empujen.

Caballero de oros

Por otro lado, también señala el abandono de obsesiones materialistas para centrarse en el valor interior, en la seguridad del espíritu y en aquello que otorga verdadera dignidad. La meditación y la búsqueda de la paz y el sosiego interiores cobran protagonismo. En este sentido, la posición invertida anuncia que el trabajo ya está hecho y ha llegado el momento de jugar, distraerse y disfrutar del ocio. Sin embargo, cuando falta un propósito, ese juego se convierte en un pasatiempo vacío, un entretenimiento sin sentido que solo sirve para evitar mirar de frente la carencia de autoestima o de metas. También puede aludir al hallazgo de «tesoros» olvidados o a descubrimientos que otros han pasado por alto.

En el plano de la salud, refleja problemas de sobrepeso, sedentarismo o todo lo contrario: exceso de ejercicio y una musculatura rígida y contracturada. El organismo puede volverse lento y pesado, con arterias obstruidas, o puede aparecer un cansancio crónico.

En el ámbito chamánico o mágico, el caballero de oros está vinculado a los espíritus de los árboles y al Rey Roble,* así como a la capacidad de captar e interpretar señales y presagios sutiles mediante la observación atenta de la naturaleza.

INTERPRETACIÓN TRADICIONAL. Paz, tranquilidad, reposo. Somnolencia. Apatía, inercia, estancamiento, inactividad. Ocio, recreo, diversión. Negligencia. Indolencia, pereza. Placidez. Entumecimiento, debilitamiento. Desaliento.

Reina de oros

La reina de oros, al estilo de la siempre hospitalaria Martha Stewart,** encarna la hospitalidad, el arte de vivir con elegancia y el bienestar material. Combina un sentido práctico para conservar recursos con su interés por los negocios, la naturaleza, los animales, el hogar y el

* N. del T.: Deidad de la mitología celta que reinaba en la mitad luminosa del año, es decir, desde el solsticio invernal hasta el solsticio de verano.

** N. del T.: Martha Stewart es una empresaria y presentadora estadounidense, conocida como referente del estilo de vida, la cocina y la decoración del hogar.

diseño, ya sea de interiores o paisajes. Esta carta suele asociarse con la prosperidad.

Refleja un aspecto propio –o de alguien cercano– que se ocupa de la seguridad económica y de fomentar el crecimiento y el bienestar físicos. Tal vez estés cuidando tu cuerpo, tus alimentos, tu tierra o tus pertenencias. También puede aludir al disfrute de la comodidad y el prestigio social. La generosidad y la capacidad de apoyo forman parte de su esencia. Para otros simboliza un buen banquete, un entorno acogedor, atención sanitaria o cuidados, incluso tareas administrativas o el pago de facturas. Además, suele mostrar destreza y pragmatismo en los negocios o en la gestión empresarial. Podría señalar el goce de la riqueza, el lujo o la abundancia. Asimismo, evoca el trabajo artesanal, la creación de una canción o la elaboración de productos o servicios tangibles.

Tu sensualidad, expresada con naturalidad y sin reservas, puede ir acompañada de un matiz maternal. Con un sentido común práctico y realista, contribuyes a que todo prospere. Tal vez trabajes para conservar algo de gran valor para ti o para tu comunidad.

Velas serenamente para que todo luzca impecable y funcione sin contratiempos. Guiada por principios sólidos, mantienes ciertos estándares y ofreces comodidades refinadas. Anteponiendo el deber, recurres a tu ingenio para aportar estabilidad y proteger o elevar tu calidad de vida. Como madre, esta reina desea que sus hijos cuenten con todas las ventajas materiales y que se sientan absolutamente seguros de sí mismos.

INTERPRETACIÓN TRADICIONAL. Mujer morena, rica heredera, cortesana o nueva rica. Severa pero generosa, de espíritu amplio. Libertad económica, seguridad, protección. Opulencia, riqueza, lujo. Seguridad en sí misma. Valiente, atrevida. Franca, sincera. Próspera. De alto estatus.

Reina de oros invertida

La reina de oros invertida no es casera ni amante del campo. No cocina, no cultiva un jardín, y deja que cada cual se las arregle como pueda. Una persona (tú o alguien cercano) quizá esté descuidando tanto su propio bienestar como el de su entorno. El aspecto físico se vuelve desaliñado, y la casa, un caos. Tal vez se niegue a cuidar de otros o a ejercer un papel maternal o de persona responsable. Podrían aparecer problemas financieros, con una gestión deficiente de los recursos, o incluso una tendencia a acumular objetos inútiles. También surge la sensación de que lo hecho nunca es suficiente, así como el temor de que falte comida o provisiones, o de que alguien no reciba lo que necesita. En ocasiones hay indecisión y desconcierto ante las exigencias más básicas de la vida diaria. En el polo opuesto, puede aparecer un exceso de celo en las tareas domésticas, la comida o el ejercicio, acompañado de celos y posesividad hacia los seres queridos.

Reina de oros

Cuando se intensifica el afán de seguridad y estatus, la amenaza de perderlos puede despertar deseos de venganza o la determinación de recuperarlos a toda costa. O, por el contrario, la reacción es de sumisión y humillación. En el fondo subyace un temor profundo a la privación. Tal vez se anhele una seguridad o un amor propio que nunca se llegó a sentir. Puede que la persona se sienta indefensa y necesite cuidados, o que no se conceda tiempo para sí misma. El cuerpo podría volverse vulnerable a lesiones o enfermedades. La sexualidad corre el riesgo de degradarse o reducirse a una moneda de cambio. Sin principios firmes, tomar decisiones resulta difícil. Por el contrario, también es posible renunciar a la seguridad o a los valores familiares en favor de una vida más libre y aventurera.

En el plano de la salud, esta carta alude a problemas digestivos o nutricionales, así como al cuidado y mantenimiento general del cuerpo. También puede señalar una mayor sensibilidad a toxinas presentes en el entorno. Como figura materna, su hogar podría ser caótico y desordenado, con hijos que andan desatendidos y haciendo lo que les da la gana, aunque esto no signifique que no haya afecto. En el extremo opuesto, esta reina llega a controlar en exceso la vida de sus hijos, convencida de que la conformidad, las posesiones y la apariencia importan más de lo que en realidad valen.

En el plano chamánico o mágico, guía a otros en ritos de paso, lidera un aquelarre y domina el arte de la magia doméstica.

INTERPRETACIÓN TRADICIONAL. Mala salud. Mujer malintencionada o desconfiada. Duda, suspicacia, deslealtad. Traición. Depravación, inconstancia, imprevisibilidad. Discordia. Venganza. Maldad. Miedo, terror, aprensión. Timidez. Vacilación, titubeo, indecisión. Perplejidad. Falta de atención al deber. Aventurera.

Rey de oros

El rey de oros tiene un benévolo toque de Midas: todo lo que pasa por sus manos prospera y crece... siempre que pertenezca al ámbito material. Su carácter es jovial, conservador, práctico y estable. Esta carta alude a la competencia en la gestión del dinero. De hecho, el término *alcista* encaja bien aquí, pues describe no solo al signo de tierra Tauro, sino también el optimismo y la confianza en la subida de los precios bursátiles. Aunque es un proveedor y patriarca, este rey puede llegar a considerar a las personas como posesiones o bienes negociables.

Esta carta hace referencia a finanzas, mercados, bienes raíces o especulación. La energía se dirige hacia lo práctico, así como al bienestar físico y material. Hay apetito por las cosas buenas de la vida, con atención puesta en la utilidad y el valor. Se disfruta de la buena comida, del buen vino y de una vida confortable, encontrando placer a través de los sentidos. Otros rasgos asociados a este temperamento de signo de tierra son: pragmático, firme, constante, resistente, robusto, leal, duradero y vigoroso. A la hora de invertir dinero o esfuerzos, la prioridad es la calidad y la fiabilidad. A menudo existe un profundo amor por la tierra y el deseo de cuidar sus frutos. También puede haber un interés por el cuerpo y la salud, el deporte y el ejercicio. Esta persona se siente querida cuando le transmiten lo cómodo, valioso y seguro que se siente. El rey de oros puede aportar una estructura sólida para un proyecto o relación duradera. Asimismo, la carta refleja conservadurismo y apego a los valores tradicionales. Como padre, busca proveer y proteger a su familia con seguridad y prosperidad.

INTERPRETACIÓN TRADICIONAL. Hombre moreno. Comerciante, negociante, banquero, agente de bolsa, contable, especulador, usurero. Habilidad en el ámbito del cuerpo físico, las matemáticas y la ciencia. Instructor o profesor. Leal.

Rey de oros invertido

El rey de oros invertido puede manifestarse con tacañería y afán de explotación, o bien con ostentación y despliegue excesivo. Representa al jefe o líder empresarial corrupto que manipula la política mediante el poder y el dinero. Todo se convierte en objeto de compra y venta, incluido el estatus. Surge la posesividad o los celos hacia personas o cosas, sobre todo cuando uno se siente poco valorado. También es posible que, por inseguridad, te refugies tras una actitud de superioridad que mantenga a los demás a distancia, lo que puede traducirse simplemente en aferrarse obstinadamente a una postura y negarse a ceder.

Esta invertida podría hacer referencia a la violación, explotación y abuso de la tierra, los recursos y las personas..., o bien a la oposición activa contra tales abusos. Tal vez quieras derribar valores materialistas rechazando los signos externos de riqueza. Ha llegado el momento de replantearte lo que realmente valoras. Aunque desde fuera tu vida parezca austera, podría tratarse de un período de seguridad interior, satisfacción y bienestar. Lo que algunos tacharían de tosco, otros lo verían como auténtico y natural. En el extremo opuesto, encontramos la ostentación deliberada de una conducta vulgar, grosera y carente de sensibilidad. Puede que te sientas apático, rutinario, melancólico o desanimado, sin imaginación y atrapado en actividades monótonas y tediosas. También cabe la posibilidad de mostrarse demasiado brusco o insensible ante los sentimientos más delicados de otra persona.

Rey de oros

Las finanzas avanzan con lentitud o se ven afectadas por un juicio empresarial poco acertado. Surgen preocupaciones económicas, como si el dinero se escurriera entre los dedos. También se asocia a la frustración por no cuadrar las cuentas o por la dificultad para entender asuntos financieros y fiscales. Puede aparecer una sensación de agobio o inseguridad al gestionar la casa, bienes raíces, seguros u otros objetos de valor.

En el plano de la salud, la afición por la buena mesa suele derivar en excesos alimentarios y problemas digestivos. Pueden manifestarse signos propios de la edad, como pérdida de vigor y resistencia, artritis, inflamación articular o problemas de próstata. En su faceta paterna, esta figura puede resultar débil, fría e insensible: o bien no cumple con su papel de proveedor y protector, o bien gobierna con mano de hierro y autoridad aplastante. En el plano chamánico o mágico, encarna al abundante Hombre Verde,* así como al rey de los gnomos o de la montaña. Es capaz de otorgar los tesoros de la tierra, aunque siempre pedirá algo a cambio.

INTERPRETACIÓN TRADICIONAL. Vicio, avaricia. Carencia, incumplimiento, deficiencia, imperfección. Debilidad, fragilidad. Corrupción. Forma defectuosa, naturaleza mal conformada. Irregularidad, desorden, fealdad, deformidad, perversidad. Hediondez, mal olor. Hombre viejo y de malas costumbres. Infidelidad.

* N. del T.: Mitología celta.

Capítulo tres

Tiradas

Puedes utilizar las cartas invertidas en cualquier tirada. Aquí incluyo algunas que funcionan especialmente bien y una en particular, la tirada del Colgado, pensada para ofrecer una visión más profunda de los significados y motivaciones que revelan las invertidas. Encontrarás la tirada de la Cruz Celta en el ejemplo de lectura del próximo capítulo, donde se explica con claridad la función de cada posición.

Formular preguntas

Sigue tu método habitual para plantear las preguntas. Además, conviene tener en cuenta lo siguiente. Yo empleo una pregunta general que sirve para la mayoría de mis lecturas: «¿En qué aspecto de mi vida necesito fijarme especialmente en este momento?». Esta pregunta se adapta con facilidad a cualquier asunto concreto, por ejemplo: «¿En qué necesito fijarme con respecto a mi carrera profesional?» o «En qué necesito fijarme en lo que concierne a mi relación con...?». A esto lo llamo una pregunta «orientada a un tema», y la prefiero a las demasiado específicas, que limitan el campo de observación y, a veces, no llegan a tocar lo que más podría ayudarte.

Si lo que buscas es un consejo concreto, formula la pregunta con la mayor precisión posible y, como los oráculos suelen responder de manera bastante literal, anótala para conservar exactamente su redacción. La mayoría de las lecturas son fiables durante un periodo de seis meses a un año, ya que cada decisión abre un nuevo abanico de posibilidades. Aun así, conviene indicar un plazo. Por ejemplo: «¿Qué puedo hacer para mejorar mis opciones de ascenso en el trabajo durante las próximas dos semanas?».

En general, es preferible usar preguntas abiertas antes que aquellas que solo admiten un «sí» o un «no», salvo que utilices deliberadamente una tirada de sí o no (ver página 296).

Una tirada completamente invertida

Del mismo modo que puedes hacer lecturas en las que mantienes todas las cartas en posición normal, también es posible realizar tiradas en las que todas aparezcan invertidas. En el capítulo uno encontrarás un ejemplo sencillo de esta técnica con la tirada de una sola carta.

Las tiradas completamente invertidas resultan especialmente adecuadas para explorar:

- algo que te resulte inquietante, doloroso, difícil o que esté sufriendo retrasos
- las metáforas que rodean a una enfermedad o *mal-estar*
- lo que niegas en ti mismo y proyectas en los demás
- aquello que puedes romper o transformar
- causas, motivaciones y necesidades subyacentes
- el ámbito chamánico, mágico o del tiempo de los sueños
- un toque de humor «negro»

Tirada básica de tres cartas

Muchas personas confían en las tiradas de tres cartas para obtener respuestas rápidas. Pueden mostrar un desarrollo lineal, opciones, o la carta central puede mediar entre las otras dos. Aquí hay algunas posibilidades. Utiliza una baraja completamente invertida y combina los propósitos sugeridos anteriormente con las posiciones que se indican a continuación.

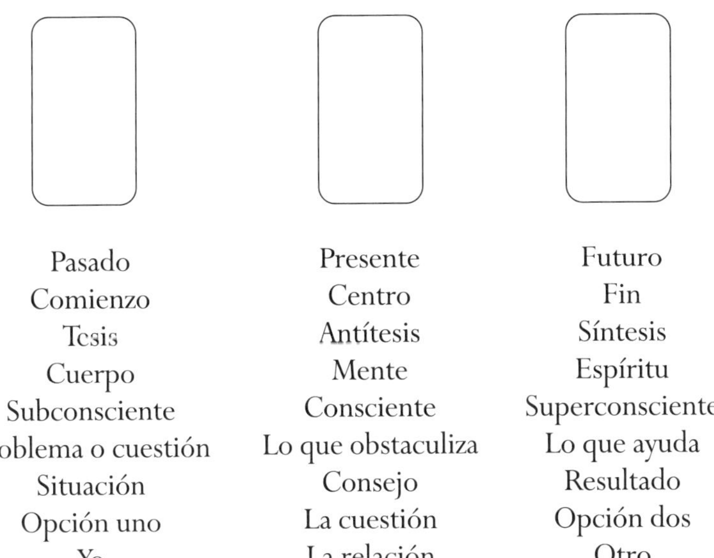

Tirada de sí o no

Dado que esta tirada se basa en los significados en posición normal o invertida para obtener una respuesta –y que dicha respuesta suele poder verificarse más adelante–, resulta útil para poner a prueba la eficacia de las interpretaciones que das a las cartas.

Elige cualquier número impar de cartas, según la cantidad de información que desees: lo habitual son tres, cinco o siete. Baraja, corta y reparte desde la parte superior, colocando las cartas en línea de izquierda a derecha.

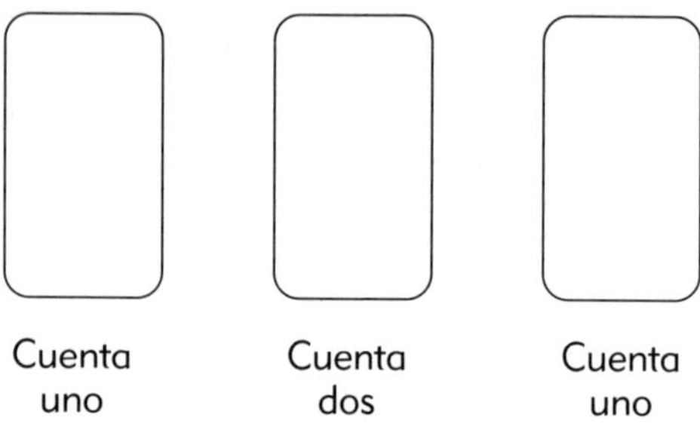

Las cartas en posición normal indican un «sí» y las invertidas, un «no». La carta central cuenta el doble, lo que significa que puede haber empate. Si se produce un empate:

a) el resultado aún no está decidido,
b) no te conviene conocer la respuesta por el momento, o
c) la pregunta no está formulada con claridad.

CONSEJO: Presta especial atención a tu reacción ante la respuesta. A veces basta con observar tu propio alivio o decepción para aclarar las ideas.

Una vez obtenido el «sí» o el «no», interpreta cada carta siguiendo una línea temporal básica: la carta central representa el presente, la(s) carta(s) de la izquierda reflejan el pasado y la(s) de la derecha, el futuro. Antes de la tirada, también puedes asignar significados concretos a cada posición; por ejemplo, que cada carta represente una opción, una persona o un aspecto de la situación.

Tirada de inventario vital[1]

Las siguientes siete áreas de la vida pueden ser, en un momento dado, fuentes de fortaleza y bienestar o focos de tensión. La aparición de una carta invertida en una posición indica que quizá haya resistencia, falta de energía, un intento de suplir una carencia de otro modo, o bien que se esté produciendo un cambio en ese ámbito. Esta tirada te ayuda a conectar con tus sentimientos sobre la situación, valorar si es necesario realizar ajustes y reflexionar sobre cómo un problema puede transformarse en una oportunidad.

Si hay algo que quieras modificar, puedes continuar con la tirada de resolución de problemas que se presenta a continuación o recurrir a las «Maneras de "rectificar" una carta invertida», del capítulo dos.

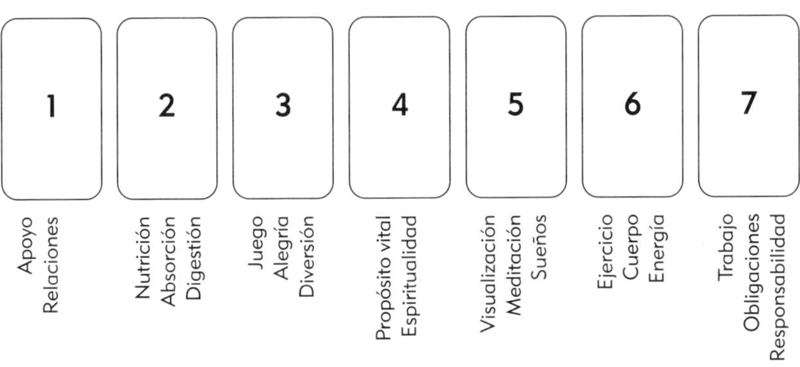

Posición 1: Apoyo social y familiar; relaciones.
Posición 2: Nutrición; lo que estás absorbiendo y digiriendo.
Posición 3: Juego; lo que te brinda alegría; diversión.
Posición 4: Propósito vital; espiritualidad.
Posición 5: Visualización; meditación; relajación; intuición; sueños.

Posición 6: Ejercicio; cómo utilizas tu cuerpo físico; energía que gastas.

Posición 7: Trabajo; obligaciones; responsabilidades.

Tirada para resolver problemas[2]

Puedes utilizar esta tirada por sí sola o junto con la tirada de inventario vital de la página anterior. En este segundo caso, coloca en la posición 1 o 2 la carta más problemática obtenida en aquella tirada; si tienes dudas, elige la posición 1.

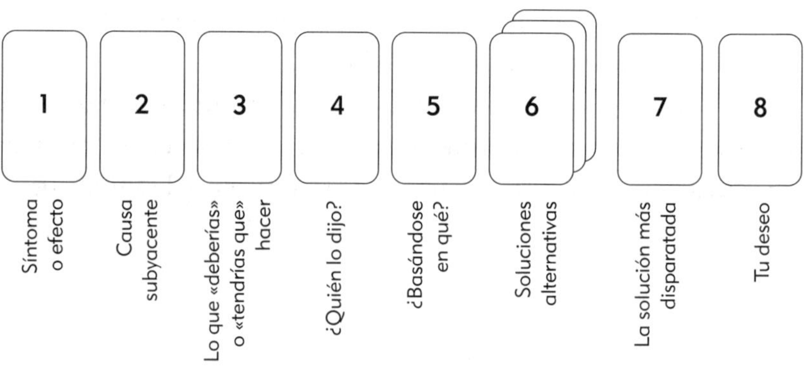

Es importante anotar todas las ideas que sugieran las cartas que saques. De hecho, una sola carta, si la exploras a fondo, puede inspirar varias soluciones posibles.

En esta tirada, cuando aparezca una carta invertida, prueba a insertar la palabra *no* delante del significado de la carta en posición normal y luego pregúntate: «si no estás haciendo tal cosa, ¿qué estás haciendo en su lugar? Por ejemplo, si con el nueve de espadas invertido el significado fuera «no estás en la cama sintiéndote deprimido», entonces, ¿qué estás sintiendo y haciendo?

Primer paso: definir el problema

Posición 1: El síntoma o efecto visible.

Posición 2: La necesidad, motivación o causa subyacente de ese efecto.

Segundo paso: definir el problema

Posición 3: ¿Qué parece que «deberías» o «tendrías que» hacer?

Posición 4: ¿Quién lo dijo? ¿De dónde proviene esa respuesta?

Posición 5: ¿Basándose en qué? ¿Qué idea o creencia respalda ese «deberías»?

Tercer paso: encontrar soluciones alternativas

Posición 6: Saca de dos a cuatro cartas que representen soluciones alternativas.

Posición 7: ¿Cuál es la solución más disparatada para este problema?

NOTA: ¿Qué aconsejan las cartas de las posiciones 6 y 7? Tras enumerar todas las soluciones posibles, ordénalas según cuáles quieras probar primero. Con la carta en la posición 7, dale rienda suelta a la imaginación y atrévete a ser todo lo absurdo que quieras.

Cuarto paso: tu deseo

Posición 8: ¿Qué resultado esperas conseguir con tus soluciones? ¿Qué será lo que te infunda energía y te impulse a actuar?

NOTA: Puedes extraer esta carta al azar o, si lo prefieres, mirar el mazo bocarriba y elegir aquella que más te inspire a ponerte en marcha. ¿Con qué soluciones conecta más esta carta?

Quinto paso: hacer

Aquí no se necesita carta. Simplemente, escribe algo que vayas a hacer, por insignificante que sea, y ponlo en práctica lo antes posible (preferiblemente en las siguientes cuarenta y ocho horas). Esta acción puede ser práctica, simbólica o ritualizada. ¡Y luego hazlo!

Tirada del Colgado

Esta es una tirada poco habitual, ya que cada carta se interpreta dos veces: primero como un problema y después como una respuesta interior al Espíritu. Está basada en una idea mencionada en el capítulo uno: toda adversidad es una oportunidad para adquirir sabiduría y comprensión.

Cuando el crecimiento interior se convierte en enemigo de la personalidad consciente, esta debe rendirse al proceso de transformación interna... o perecer. Si un conflicto psicológico interno se agudiza demasiado, la vida se paraliza: no puede seguir adelante. «Quieres avanzar con la pierna derecha y la izquierda se niega, y viceversa», lo que provoca una interrupción en el fluir de la vida y un sufrimiento insoportable.[3] El Colgado exige que te entregues al proceso de crecimiento y cambio interior.

Esta tirada ayuda a mirar más allá de las apariencias superficiales. Puede dar lugar a un cambio radical en tu manera de pensar y en tu visión de ti mismo, sobre todo en lo que respecta al origen del dolor y a las razones por las que lo sientes. Contemplar cada carta desde dos perspectivas te permite desprenderte de la personalidad consciente –la que está atrapada en el sufrimiento– para renacer en una dimensión sagrada y espiritual. También la llamo la tirada del éxtasis, porque al reconocer el regalo o la bendición que encierra la herida, el alma florece..., y eso es una experiencia verdaderamente extática.

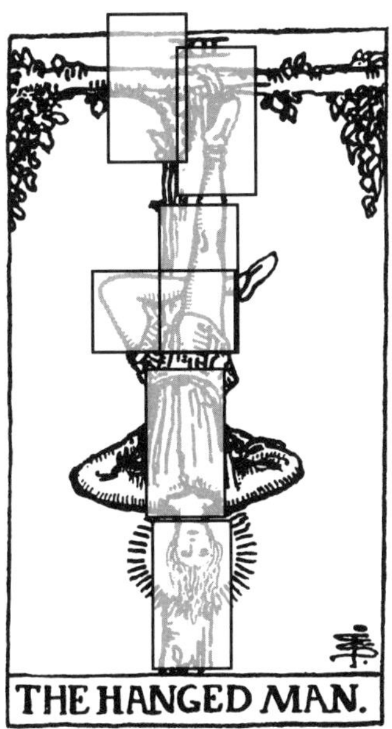

El Colgado

Posición 1: el árbol del que cuelga

¿De qué dependo en el mundo exterior (posición normal)? ¿De qué dependo en el mundo interior (posición invertida)?

NOTA: *Depender* significa 'confiar, como para recibir apoyo o ayuda'; 'depositar confianza'; 'contar con'.

Posición 2: la cuerda que lo sujeta

Externo: ¿Qué me está reteniendo, confundiendo o impidiendo avanzar? ¿Cuál es la adversidad?

Interno: ¿Qué oportunidad hay aquí de adquirir sabiduría y comprensión?

Las posiciones 3 y 4 marcan rumbos opuestos, como lo ilustra la cita de Marie-Louise von Franz: «Quieres mover la pierna derecha y la izquierda se niega, y viceversa».

Posición 3: la pierna derecha / lo consciente

Externo: ¿Qué he asumido conscientemente? ¿Cuáles son mis creencias al respecto?

Interno: ¿Qué puerta estoy cruzando hacia el ámbito de lo sagrado?

Posición 4: la pierna izquierda / el inconsciente

Externo: ¿Qué creencias inconscientes entran en conflicto con mi voluntad consciente?

Interno: ¿De qué manera este conflicto se convierte en un proceso de crecimiento interior?

Posición 5: las manos ocultas

Externo: ¿Qué estoy sacrificando, abandonando o dejando ir? ¿En qué me siento sin poder?

Interno: ¿Cuál es el trabajo interior que necesito realizar?

Posición 6: la cabeza iluminada

Externo: ¿De qué forma me veo obligado a cultivar la paciencia y la humildad?

Interno: ¿Cuál es la idea nueva y contraria que ilumina la oscuridad y permite realizar la Gran Obra?

Tirada de influencias ocultas

Elige una carta que actúe como tu significante.* Sirve cualquiera con la que te sientas identificado en este momento. Si tienes dudas, utiliza el Mago si eres hombre, o la Sacerdotisa si eres mujer. Mantén el significante dentro del mazo.

* N. del T.: En el tarot, el significante es una carta que representa al autor de la pregunta o al elemento central que se está explorando en una lectura.

Baraja el mazo. Córtalo en tres montones lo más iguales posible. (CONSEJO: Sujeta el mazo de lado y calcula aproximadamente las divisiones en un tercio y dos tercios).

Examina los tres montones para localizar aquel que contiene tu significante. Mantén el orden de las cartas y descarta los otros dos montones. Con las cartas bocabajo, disponlas todas sobre una mesa amplia siguiendo el patrón y el orden que se muestra en la página siguiente. Al colocarlas, ponlas bocarriba y gíralas de derecha a izquierda. Ten en cuenta que el patrón variará según el número de cartas que haya en tu montón. Lo más habitual es que tengas entre veinte y treinta y dos cartas (veintiséis equivale exactamente a un tercio).

Busca tu significante. ¡Esa carta eres tú! Más concretamente, representa tu punto clave de conciencia. Las cartas que rodean a tu significante (entre un mínimo de tres y un máximo de ocho) son tus principales preocupaciones. Son las que influyen de forma más directa en tu situación. También actúas como nexo o mediador entre dos cartas opuestas, como las que están encima y debajo de ti, o las que quedan a tu izquierda y derecha.

Filas horizontales:

1.ª fila (superior): Deseo creativo, inspiración, intención. Fuego.

2.ª fila: Emociones, sentimientos, fantasías. Agua.

3.ª fila: Mente, pensamientos, actitudes. Aire.

4.ª fila: Manifestación física, resultados, forma. Tierra.

5.ª fila: Motivaciones inconscientes, necesidades, causas subyacentes.

6.ª fila: Igual que la quinta, pero con causas todavía más profundas.

La fila que contiene tu significante adquiere una relevancia especial, al igual que el elemento asociado. Por ejemplo, un significante en la cuarta fila pone el acento en el elemento tierra y refuerza las cartas del palo de oros/tierra.

Pasado ←——→ **Futuro**

Fila 1 Intención, inspiración	1	4	9	16	25
Fila 2 Sentimientos, fantasías	2	3	8	15	24
Fila 3 Actitudes mentales	5	6	7	14	23
Fila 4 Resultados físicos	10	11	12	13	22
Fila 5 Motivaciones subyacentes	17	18	19	20	21
Fila 6 Causas profundas	26	27	28		

Columnas verticales:
El significante siempre representa el presente. Si se encuentra completamente a la izquierda, cada columna situada a su derecha señala un momento más avanzado en el futuro. Si el significante está totalmente a la derecha, la lectura se limita al pasado y al presente. Si ocupa la columna central, la disposición queda así:

- Más a la izquierda: pasado lejano
- Izquierda próxima: pasado reciente
- Centro: presente del significante
- Derecha próxima: futuro inmediato
- Más a la derecha: futuro más lejano

Líneas diagonales:
- Las cartas en diagonal desde la esquina inferior izquierda hasta la superior derecha muestran un flujo de energía que va de causas subyacentes en el pasado hacia inspiración futura, o a la inversa.
- Las cartas en diagonal desde la esquina superior izquierda hasta la inferior derecha reflejan un movimiento de energía que parte de antiguas intenciones hacia manifestaciones futuras (fila cinco) o, quizá, hacia necesidades futuras (fila seis), o viceversa.

Cartas indicadoras:
Ciertas cartas señalan tipos concretos de acontecimientos. Por ejemplo, los Enamorados y el dos de copas muestran dónde se encuentran las cuestiones que tienen que ver con las relaciones personales. El Carro o el seis de espadas pueden indicar dónde, cuándo y por qué es probable un viaje o un avance. Las cartas de oros revelan dónde están los recursos económicos. Las cartas de equilibrio y decisión, como la Justicia, la Templanza o el dos de oros, señalan las opciones; para interpretarlas, fíjate en las cartas situadas a cada lado. Las figuras de la

corte pueden reflejar tu estilo o tu forma de afrontar las situaciones que las rodean, o bien representar a otras personas.

Si tienes exactamente veintiséis cartas, la única carta situada en la sexta fila adquiere especial relevancia como factor motivador y señala directamente un desenlace en la posición veinticuatro, que a su vez impulsa una nueva dirección marcada por la carta en la posición veinticinco.

Sugerencias adicionales

1. Las cartas más cercanas al significante suelen ser las que ejercen una influencia más fuerte e inmediata sobre ti, aunque también son las que puedes trabajar y modificar con mayor facilidad. Si tu significante está en la tercera fila (mental), estás utilizando la lógica y la razón para resolver las cosas, pero tendrás que pasar por las emociones (segunda fila) para influir en tus intenciones (fila superior).
2. Si tu significante está invertido, tu atención se centrará más en la historia que cuentan las cartas invertidas. Son aspectos que puedes ver y comprender, y que reflejan cómo estás viviendo la situación. En este caso, las cartas en posición normal tienden a representar lo que te ocurre. Un significante invertido también puede indicar que toda la lectura gira en torno a la vida interior o espiritual. Prueba a interpretarlo como un viaje chamánico o mítico.
3. Si tu significante está en posición normal, tu papel es más activo, y las cartas en posición normal suelen representar las decisiones que tomas. En este caso, las cartas invertidas tienden a ser retos u obstáculos.
4. Examina solo las cartas invertidas, colocando bocabajo todas las que estén en posición normal para que no veas sus ilustraciones. Intenta crear una historia únicamente con las cartas invertidas. Las cartas adyacentes se influyen entre sí, por lo que sus significados pueden combinarse.

5. Examina únicamente las cartas en posición normal, colocando bocabajo todas las cartas invertidas. Crea una historia como en el paso 4. Estas cartas suelen estar más relacionadas con eventos, que ocurren de manera abierta y directa. Observa los grupos y combina sus significados.
6. Coloca todas las cartas bocarriba y fíjate en cómo interactúan ambos conjuntos. Interpreta las cartas en tríadas, con la carta central como mediadora, vínculo, elemento de equilibrio o conexión entre las otras dos. Las cartas de los extremos refuerzan y matizan el sentido de la carta central. Algunas tríadas actúan en el mismo periodo de tiempo (columnas) pero a distintos niveles funcionales (filas), mientras que otras muestran cómo esos diferentes niveles funcionales se desarrollan a lo largo del tiempo.
7. Si trabajas con dignidades elementales, aplica estos principios a las tríadas más relevantes, especialmente a aquellas cuyo centro sea el significante o una carta que represente algo que el consultante desea.

NOTAS

1. Esta tirada está inspirada en la lista de seis categorías del doctor Carl Simonton para diseñar un plan personal de salud, tal como la describe Dean Shrock en *Doctor's Orders: Go Fishing* [Por prescripción médica: vete a pescar]. Este libro es un magnífico compendio de investigaciones y técnicas sobre las influencias mente-cuerpo que pueden afectar la calidad de vida y la salud. Shrock fue director de Medicina Mente-Cuerpo en un grupo de cuarenta centros oncológicos y realizó investigaciones originales sobre grupos antiestrés para el apoyo en la supervivencia del cáncer.

2. Esta tirada procede de los «cuatro pasos para resolver problemas» de Ken McCaulley, también descritos por Dean Shrock en *Doctor's Orders: Go Fishing*.
3. Este concepto se analiza en *Shadow and Evil in Fairytales* [La sombra y el mal en los cuentos de hadas], de Marie-Louise von Franz, p. 46.

Capítulo cuatro

Lectura para Sarah

Sarah es una abuela de cincuenta y dos años que aparenta cuarenta. De carácter optimista, lleva una vida creativa y plena. Viaja con frecuencia y trabaja por cuenta propia en una combinación de actividades alternativas en las que cree profundamente. Ninguna de ellas le proporciona un sustento completo, pero juntas le ofrecen la variedad y la libertad que anhela.

P: ¿Qué necesito saber sobre «abrirme a la magia»?

Utilizamos la baraja RWS y la tirada de la Cruz Celta, en la versión que he ido adaptando con los años. Seis de las diez cartas salieron invertidas, lo que está solo un poco por encima del número «promedio» que cabría esperar en una lectura. Aunque Sarah ya había recibido lecturas antes, no practica el tarot por su cuenta; por ejemplo, preguntó si la Emperatriz era una de las cartas de los arcanos mayores. La lectura duró algo más de hora y media, así que el texto que sigue es solo un breve resumen de lo que hablamos.

Antes de dar mi interpretación, he incluido los significados que aparecen en un típico «librito blanco» que suele acompañar a una

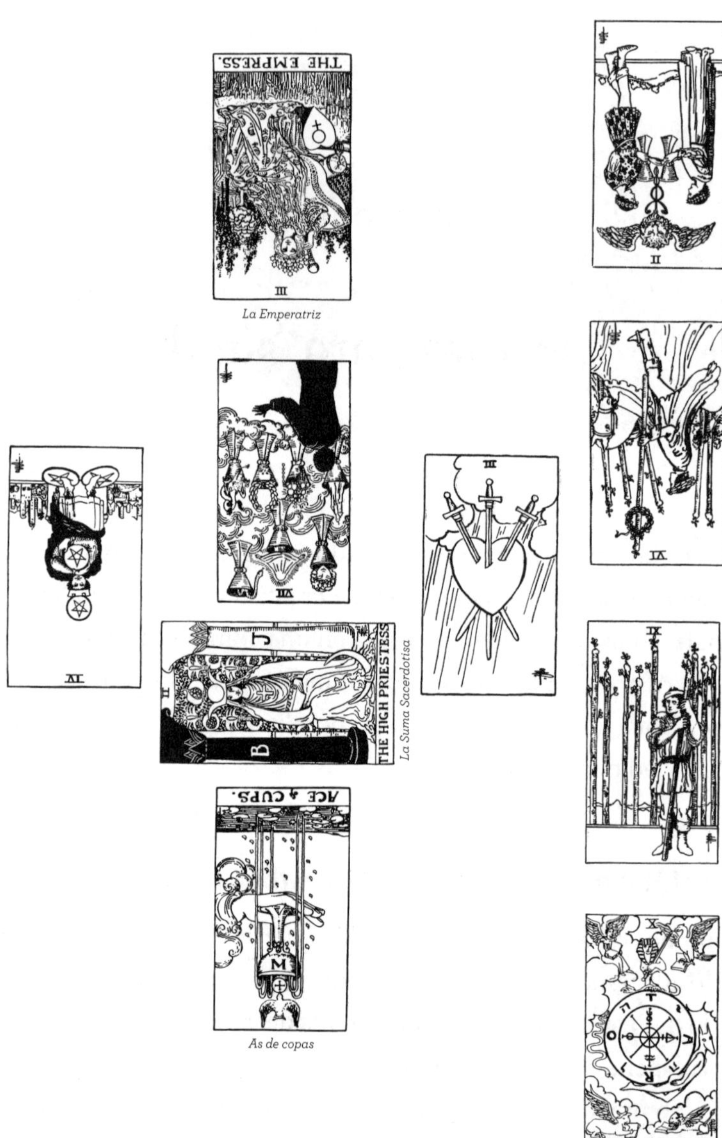

La Emperatriz

La Suma Sacerdotisa

As de copas

La Rueda de la Fortuna

Tirada de Sarah

baraja de tarot. Quiero que puedas apreciar el contraste entre mis técnicas y las que usaría un principiante. Te sugiero que dispongas las cartas con tu propia baraja para aprovechar al máximo estos ejemplos.

Interpretación del «librito blanco»[1]

1. **Tema central:** siete de copas (invertido). El asunto gira en torno al deseo, la determinación, un resultado casi alcanzado y el avance hacia las metas.
2. **Carta cruzada:** la Gran Sacerdotisa. Lo que se interpone es la sabiduría oculta, tanto intuitiva como subconsciente, el poder de la percepción y mucho movimiento bajo la superficie.
3. **En la base:** as de copas (invertido). En la raíz aparece una alegría empañada, desazón emocional, vacío y pérdida de fe.
4. **Detrás:** cuatro de oros (invertido). En el pasado se dieron reveses económicos, demoras y trabas para prosperar.
5. **Encima:** la Emperatriz (invertida). Tiene en mente la infertilidad o alguna carencia. Energías mal encauzadas (a su modo de ver) derivan en falta de éxito, lo que fomenta un ánimo depresivo con riesgo de afectar al hogar y a los ingresos.
6. **Futuro cercano:** tres de espadas. En un futuro próximo se sentirá aislada, confundida, dispersa, triste y alterada, mientras lucha por alcanzar claridad y busca la confianza necesaria para sanar.
7. **Yo:** la Rueda de la Fortuna. Se percibe a sí misma atravesando un periodo de cambios, con altibajos en su suerte, y mantiene la fe en que «esto también pasará».
8. **Entorno:** nueve de bastos. Alguien más prevé dificultades, pero confía en que saldrá victorioso frente a la oposición (¿de parte de ella?), quizá manteniendo el control y la disciplina en su entorno y estableciendo orden (¿sobre ella?) para alcanzar productividad.
9. **Esperanzas, miedos y lecciones:** seis de bastos (invertida). Temerá retrasos en las recompensas y desilusión a causa de un

rival victorioso, así como la pérdida de posición. Necesita aprender a manejar la burocracia.

10. **Resultado:** dos de copas (invertida). El desenlace será la ruptura de una relación, infidelidad, malentendidos o enfrentamientos y discusiones. Su amor no será correspondido.

Resumen breve

Sarah intuye que está cerca de alcanzar sus metas y deseos, aunque en el pasado ha vivido sacudidas emocionales y dificultades económicas. Ahora teme que el éxito le resulte esquivo, y de hecho todo apunta a que la situación empeorará en un futuro próximo. Está en proceso de cambio, pero a su alrededor hay quienes anticipan problemas e intentarán imponerse controlándola, lo que hará que pierda terreno. Además, se avecina la pérdida de una relación y la frustración de sus anhelos. El consejo es claro: confiar para poder sanar, mantener la fe en que *esto también pasará* y aprender a desenvolverse con la burocracia.

Comentario

Lo anterior suena bastante sombrío, pero es típico de las lecturas con muchas cartas invertidas. ¿Ayudará esta lectura a Sarah a mejorar su situación? Conociendo a Sarah, me parecería una respuesta fría y poco alentadora para una mujer tan creativa y llena de vida, que no deja de aprender de sus experiencias, busca dar más sentido a su existencia y dedica tiempo a apoyar y cuidar a la gente de su comunidad. Aquí no parece haber margen para el crecimiento, mientras que yo veo con claridad que saldrá fortalecida de sus vivencias, que en realidad no son tan funestas como suenan en esa lectura de su tirada.

Fíjate en lo siguiente: resulta mucho más enriquecedor para Sarah reconocer por sí misma sus preocupaciones que escuchar cómo el lector se las expone en una descripción «objetiva», que casi siempre suena crítica o sentenciosa. ¿Qué opinas tú? ¿Qué estilo de lectura prefieres: este, el otro… o algo intermedio?

Lectura de Sarah

Posición 1: lo que te cubre

La primera carta de Sarah, el foco central de su corazón y de la lectura, es el siete de copas invertido. Le pido que observe la carta en posición normal y que simplemente describa la imagen. Ella la ve como un conjunto de copas rebosantes de regalos: todo lo que desea y siente que merece, como una casa hermosa (el castillo), honor (la corona de laurel) y dinero (las joyas). De inmediato se identifica con la figura brillante bajo el manto blanco y no le gusta que la serpiente se acerque a ella. Cuando le pregunto cómo quitar ese manto, responde que ocurrirá en el momento oportuno, de forma natural, como una flor que se abre. Le pido a Sarah que imagine cuál podría ser el estado de ánimo o las emociones de la figura en primer plano. Dice que no puede verlo porque está oscuro y oculto, pero está convencida de que es el alma gemela que tanto anhela. Tampoco él puede verla, ya que ella está bajo el manto. «Me aceptará tal y como soy y se asegurará de que reciba todos los tesoros que deseo». Por supuesto, añade, eso no incluye a la serpiente y el dragón, que le recuerdan miedos de la infancia.

En lo referente a la carta invertida, surgen varios elementos, a partir de las propias descripciones de Sarah, que pueden considerarse rasgos característicos de este tipo de lectura. Escucho con atención para ver si estos temas vuelven a aparecer.

1. La inversión de roles es peculiar: no se identifica con la figura que observa en primer plano, sino con la figura velada, a la que ni siquiera ella misma puede ver.
2. Interpreta los objetos de las copas como símbolos de un anhelo no satisfecho, intensificado por la presencia de dos figuras que no se ven entre sí.
3. Los tesoros son riquezas a las que no puede acceder sin la ayuda de alguien desconocido.
4. La serpiente y el dragón resultan indeseables y amenazantes.

NOTA: Para mí, las dos primeras cartas de la Cruz Celta representan el tema reformulado (o, en ocasiones, redefinido) en el propio lenguaje del tarot. Es aquello de lo que el tarot quiere hablar.

Posición 2: lo que se cruza (el desafío)

La segunda carta, la que introduce el elemento de tensión o reto, es la Gran Sacerdotisa. Esta carta, asociada con la luna, intensifica el elemento agua presente en ambas cartas. Cuando concertó la cita, Sarah me preguntó si tenía una bibliografía sobre la espiritualidad de la Diosa, así que su aparición no me sorprende. Para Sarah, la Gran Sacerdotisa evoca misterio y recuerdos, que la llevan a su convicción de que fue sacerdotisa en una vida anterior y que ahora está siendo llamada de nuevo a ese camino. Siente curiosidad por el significado del pergamino, que yo interpreto como una referencia a su actual búsqueda de conocimiento y también a su labor como escritora. Explica que acaba de publicar su primer artículo en una revista nacional de gran tirada, sobre mujeres que realizan sueños postergados en etapas tardías de la vida. En su caso, dejó pasar la oportunidad de cursar el tercer año de universidad en el extranjero porque se casó y fue madre. El año pasado, a los cincuenta y un años, cumplió por fin ese viejo anhelo: vivir en Italia durante un año. Esa experiencia le permitió cerrar viejas heridas, dejar atrás resentimientos y liberar enojos que había guardado durante décadas.

Hablamos de la Gran Sacerdotisa como símbolo de su propia sabiduría interior, que actúa como guía en el «abrirse a la magia», tema central de la lectura. Para ella es revelador que el término *virgen* significara originalmente 'completa, dueña de sí misma y no perteneciente a ningún hombre'. Todo apunta a que la lectura podría estar hablando de un trabajo interior –un «templo espiritual»– vinculado a deseos no satisfechos.

Al relacionar esta carta con el siete de copas invertido, resulta interesante recordar que las sacerdotisas lunares u oraculares solían representarse con serpientes, y que quizá obtenían visiones gracias al veneno de estos animales. En la psicología arquetípica, la serpiente y el dragón encarnan los aspectos más ocultos y enigmáticos de la psique.

Posición 3: lo que hay en la base

El as de copas invertido, la tercera imagen relacionada con el agua, constituye la base o la raíz de la tirada. Sarah reconoce de inmediato los símbolos centrales de la Iglesia católica: la paloma, la hostia y el cáliz, que representan al Espíritu Santo y al cuerpo y la sangre de Cristo. Para ella, evocan los misterios de la transubstanciación* en la misa, profundamente enraizados en un pasado precristiano. «Es magia pura, pero no lo llaman así», comenta. De este modo, la posición invertida puede interpretarse como un misterio y una magia no reconocidos que emergen de tradiciones antiguas. También alude a su deseo actual de plenitud a través del amor, un anhelo que sigue sin verse satisfecho.

Hablamos brevemente de los misterios del Grial y le indico que el cáliz representa el útero, algo que no había advertido antes.

En la carta invertida, la mano aparece con la palma hacia abajo y ella siente que la nube mantiene el cáliz «oculto», igual que la figura velada y escondida del siete de copas. Del mismo modo, dice que siempre se ha sentido oculta, invisible y sin reconocimiento desde que era niña, cuando incluso su propia madre se negaba a verla realmente.

Posición 4: lo que queda atrás

La carta que representa el pasado es el cuatro de oros invertido. Hasta ahora, tres de las cuatro cartas aparecen invertidas, lo que sugiere que podría tratarse de una «lectura invertida», en la que los aspectos internos, chamánicos y mágicos de las cartas adquieren protagonismo.

---

* N. del T.: *Transubstanciación* alude, en la teología cristiana, a la transformación esencial del pan y el vino en cuerpo y sangre de Cristo, conservando su apariencia externa. En sentido simbólico, expresa un cambio profundo bajo formas que permanecen iguales.

Para Sarah tiene sentido, ya que su pregunta sobre la magia está completamente orientada a una realidad interior. Ella ve de inmediato esta carta como la imagen de una niña que espera: «Siempre he sentido que estaba esperando».

Le pido que adopte la postura erguida de la figura en la carta y me cuente cómo se siente. Coloca los pies sobre dos pentáculos imaginarios, pone uno sobre su cabeza y sostiene el cuarto frente al pecho. «Me siento fuerte –comenta–. Y poderosa. Son mis fuentes de fortaleza: el conocimiento, la magia y la profundidad que he traído de toda mi historia, pero que estaban ocultos». Le pido que observe los pentáculos con su «vista interior» y que identifique qué experiencias de su pasado representan. «Son mi antiguo trabajo como consultora, los talleres de negocios que promovía y el haber apoyado a mi marido mientras él estudiaba la carrera de Medicina». En el pasado, siempre trabajó a través de otro vehículo o de otra persona, pero ahora está abriéndose a sí misma.

Le confirmo que ha desarrollado auténticas habilidades y también un valor interior, y le pregunto si en el pasado tuvo algún problema para expresar y usar esas fortalezas. «Por supuesto», responde, y me explica que ya no tiene relación con esos negocios. Además, siente que sus maestros y colaboradores varones acabaron por traicionarla de formas que demostraban que ni realmente la tenían en cuenta ni apreciaban su valor. Todo lo que aprendió sigue con ella, pero, lamentablemente, está ligado a heridas profundas infligidas por mentores masculinos a quienes había admirado profundamente.

Posición 5: lo que está por encima de ti

La quinta carta, que representa lo que ocupa su mente y en lo que está pensando, es la Emperatriz invertida. Sarah la interpreta como a sí misma en su granja, con su arroyo y los campos de trébol y centeno entremezclados con flores silvestres. Ve las joyas y la corona como la riqueza que desea, y luego repara en el cetro de poder que la Emperatriz sostiene con una autoridad suave y natural, una gracia que

Sarah siente que aún no ha desarrollado del todo. «Lo que tengo en la cabeza y en mis pensamientos es lograr y *tener*, porque siento que estoy al borde de conseguirlo. Quiero *tener* ahora. Esta Emperatriz tiene poder, pero de una forma muy femenina y suave, vinculada con la naturaleza».

Su mirada se posa en el escudo marcado con el símbolo de Venus. «Me gustaría tener un escudo. Sentir que lo tengo me haría reconocer mi fuerza, porque sabría que puedo protegerme».

Del mismo modo que el pentáculo central de la carta anterior evoca también un escudo, conversamos sobre la opción de que cree el suyo propio (tanto en el ámbito interior como en el exterior), un emblema que a la vez la defina y la resguarde.

Con la Emperatriz y la Gran Sacerdotisa presentes en la tirada, Sarah se encuentra acompañada por los dos arquetipos femeninos iniciales del tarot, que evocan, entre otras figuras, a Deméter (la diosa griega de las cosechas) y a su hija doncella Perséfone. Cuando Perséfone es raptada y llevada al inframundo, su madre sufre tanto que la naturaleza se apaga.

La posición invertida muestra que Sarah todavía siente que no se la reconoce por su belleza, su talento y sus dones. Su propia madre se negó a ver su brillo (otro rasgo asociado a la Emperatriz invertida). Y, aunque mantiene una relación con un amigo que también es su amante, ambos han acordado esperar a que aparezcan sus verdaderas parejas de vida. Además, tras haber criado a sus propias hijas (y dedicar muchos años a resolver asuntos familiares), Sarah no tiene el menor deseo de ejercer de madre para el hijo pequeño de su pareja. Así pues, aunque se identifique claramente con la Emperatriz, sabe que no quiere asumir algunos de los atributos tradicionales de esta carta. Le sugiero que, dado el énfasis en su mundo interior que reflejan tantas cartas invertidas, quizá su tarea sea primero explorar su relación con su propio aspecto masculino interior, antes de estar lista para la clase de compañero de vida que busca.[2]

Posición 6: lo que tienes delante

En la sexta posición, correspondiente al futuro próximo, aparece el tres de espadas. Esta es la primera carta que se presenta en posición normal (ya que la Gran Sacerdotisa está colocada de forma transversal y, por tanto, no es derecha ni invertida). «Creo que mi mayor tristeza por haberme casado tan joven –aunque ahora lo vea como parte de mi destino– es que no elegí a un hombre adecuado para mí, con el que pudiera ser yo misma y crecer. Me pregunto...: ¿aún me quedará tiempo? Siento que parte de mi viaje del alma es tener una relación profunda conmigo misma y con otra persona».

Las dos notamos en esta carta la presencia de pensamientos dolorosos que se avecinan: «Siento que nadie ve quién soy en realidad». También deja entrever la llegada de otra herida, enlazada de alguna manera con viejas traiciones. Su origen conecta con el dolor de las imágenes de la María Dolorosa, donde la madre de Cristo muestra un corazón traspasado. Le comparto esta idea, y Sarah evoca al instante las estatuas de la Virgen María repartidas por toda Europa, que parecen unir en una sola figura a la Gran Sacerdotisa y al tres de espadas.

Le planteo que, si entendemos «abrirse a la magia» como atravesar la experiencia del tres de espadas, entonces: «Necesitas seguir el camino que esto te señala. La próxima vez que sientas esa herida de no ser vista, de que alguien no valore tu trabajo o de temer no hallar una pareja que te acepte por completo, quédate en ese dolor y tira de él como si fuera un hilo que te guía. Observa los recuerdos fugaces que aparezcan hasta alcanzar el más antiguo que puedas y explora esa imagen». Sarah ya ha hecho antes este tipo de trabajo y reconoce que en esta ocasión también puede resultarle valioso.

Posición 7: tú

La séptima posición se denomina a veces «tú, tal y como te ves», y a Sarah le corresponde la Rueda de la Fortuna. Comenta que esa misma mañana ha tomado café (algo que nunca hace) y que se siente incómoda con la excitación que le provoca. Como creo en la importancia de las sincronicidades, le pregunto en qué se parece su vida a ese estado de agitación. «Tengo muchas cosas entre manos al mismo tiempo y, si no voy con cuidado, acabo yendo demasiado deprisa. Parece que todo se precipita de golpe».

Le confirmo que está viviendo este proceso de cambio a un ritmo que le resulta excesivo. Ella asiente, aunque añade que la carta le inspira optimismo, como si todo fuera a mejorar pronto. Al tratarse de un arcano asociado a los ciclos y a las estaciones, respalda algo que ya había comentado antes: en el siete de copas dijo que el velo se retiraría de la figura cuando llegara su momento, y al hablar de la Emperatriz expresó que sentía que algo importante ocurriría en primavera, cuando las flores estuvieran en plena floración.

Las letras hebreas y los símbolos alquímicos de la rueda recuerdan a las marcas de identificación del escudo del que ya hablamos. En las esquinas aparecen libros que evocan el pergamino de la Gran Sacerdotisa; su estudio puede propiciar una expansión de la conciencia. La serpiente, descendiendo en espiral, reitera la del siete de copas, que se extendía hacia ella. La esfinge, en lo alto de la rueda, podría estar sosteniendo una de las tres espadas del tres de espadas y, de este modo, representa el proceso de adentrarse en el dolor para liberarlo.

Nota: Si Sarah llegara a fabricarse un escudo, sería interesante plantearse integrar en él la figura de la serpiente, para convertirla en aliada en su trabajo interior. La esfinge, igualmente, podría ser un animal de poder con el que conectar en meditación.

Posición 8: tu entorno

La octava posición se conoce como el entorno, que yo contrasto con la séptima llamándola la carta del «no tú» (en algunas versiones de la Cruz Celta aparece como «cómo te ven los demás»). Aquí encontramos el nueve de bastos, otra carta en posición normal, que muestra a una figura herida, aparentemente fija en la mirada hacia el tres de espadas. Si hubiera aparecido en cualquier otro lugar de la tirada, esa figura habría representado probablemente a Sarah. Pero, en este caso,

Sarah es la Rueda que gira con sus cambios en dirección a este hombre, que se mantiene en guardia delante de una empalizada o barricada. La pregunta es: «¿Quién es él y qué es esa barrera?». Según Sarah:

–Es alguien en quien no se puede confiar fácilmente. Parece dispuesto a atacar si lo considera necesario. Guarda rencor.

Le pregunto:

–¿Y si esa barrera fuera la entrada hacia la magia y él el guardián? ¿Quién te impide atravesarla?

–Lo primero que me surge –responde– es echarle la culpa a alguien. Como un hombre con el que trabajé. Lo culpo por no ser consecuente con lo que decía, y también me culpo a mí por no haber dejado bien claros nuestros acuerdos. Sentí que no reconocía mi aportación, que no me daba visibilidad. Y eso viene de mucho antes..., de mi madre. Así que quizá esto signifique dejar de buscar culpables y centrarme, simplemente, en ir a por lo que quiero.

–Entonces la rueda señalaría la necesidad de un cambio: dejar de sentir que hay alguien entre tú y lo que deseas. Tienes la oportunidad de usar el dolor que surge en esos contextos (tres de espadas) y seguirlo hasta alcanzar una comprensión más profunda.

Sarah identifica a esa figura con su exmarido y con los dos hombres con los que había trabajado.

–Nunca quisieron compartir el poder –explica–, pero en el fondo lo que reflejaban era mi propio miedo a ejercer el mío.

¿Cómo llegaron a sentirse heridos por ella? De hecho, uno la traicionó porque su esposa se puso celosa. En líneas generales, esta carta representa la herida y la actitud defensiva que ella misma aún no ha logrado superar (y que remite de nuevo a la Emperatriz invertida). Así, ha estado proyectando su insatisfacción en esos hombres, que a su vez también pudieron resultar lastimados en el proceso. Eso es lo que la bloquea. Quizá lo que necesita es integrar de nuevo a esa figura dentro de su propia psique, ya que, en última instancia, todos los símbolos de una tirada forman parte de uno mismo.

Posición 9: esperanzas y miedos

«Esperanzas y miedos», que también puede entenderse como «lecciones por aprender», corresponde a la novena posición y está ocupada por el seis de bastos invertido. Para Sarah, la carta transmite un aire esperanzador y victorioso. El hombre a caballo le recuerda a alguien que acaba de regresar de Italia y percibe claramente que está siendo reconocido por quienes lo rodean. Porta la misma corona de laurel que aparece en el siete de copas y en la Emperatriz, símbolo de que Sarah anhela que su nuevo proyecto empresarial prospere y que los demás valoren y celebren la calidad de su trabajo. «Recuperaste esa parte de ti que era un anhelo insatisfecho cuando viajaste a Italia –le digo–. Ahora tu camino consiste en recuperar la parte de ti que sigue sin ser vista».

Sarah imagina a la figura cabalgando hacia su futuro, un lugar al que pertenece y que ahora reclama como propio. Debido a la orientación del personaje en la carta invertida, parece mirar hacia el siete de copas, que son, literalmente, sus esperanzas. Su temor, en cambio, es resbalar de nuevo hacia las dificultades, ya que la carta invertida también apunta hacia el tres de espadas. Su deseo es aprender a acercarse al guardián del nueve de bastos con tanta seguridad en sí misma que este se aparte y la deje pasar sin oponer resistencia.

Posición 10: el resultado

La última carta es el dos de copas invertido. Sarah reconoce de inmediato el caduceo y comenta con fastidio: «He estado en pareja con dos médicos,* y al primero lo ayudé a terminar la carrera». Luego repara en la corona verde que rodea la cabeza de la mujer y dice: «Esa soy yo otra vez, pero ¿por qué el hombre lleva flores en el cabello?». Le respondo que quizá sea una señal de sensibilidad y ternura. También señalo que el león, símbolo de las pasiones e instintos animales, ha

* N. del T.: Aquí la consultante confunde el *caduceo* (bastón de Hermes con dos serpientes y alas, símbolo de comunicación e intercambio) con la vara de Asclepio, que lleva una sola serpiente y representa la medicina.

sido espiritualizado (gracias a las alas) por el poder sanador del amor, lo que eleva los impulsos más terrenales al ámbito del Espíritu.

La posición invertida, sin embargo, indica que primero es necesario un proceso de sanación interior: reconciliar su propio principio masculino y femenino antes de aspirar a encontrar fuera de sí a alguien con esas cualidades. La Rueda de la Fortuna señala que ha llegado el momento de ese cambio, y la gran cantidad de cartas invertidas (seis de diez) confirma que está preparada para realizar ese trabajo interno. Le hago notar que, en el siete de copas, la serpiente se inclina hacia ella y, como observó, el dragón dirige su mirada al personaje masculino. Son fuerzas poderosas que, en última instancia, requieren integración y resolución. En el dos de copas la oscuridad y el velo han desaparecido, y ambos personajes pueden verse el uno al otro con claridad.

Le pregunto:

–Si la Gran Sacerdotisa representa la sabiduría de la Diosa, y si se asemeja a esas estatuas que muestran a María con el corazón herido, ¿cuál sería el consejo de la Gran Sacerdotisa para la figura bajo el velo en el siete de copas?

Sarah responde de inmediato:

–Sal. Ya es seguro. No esperes más.

–¿Y si le preguntas cómo hacerlo?

–Dice: «Lo sabrás». Dice también: «Será en primavera», y que siga preparándome para ese momento.

El proceso de la revelación

Para cerrar la lectura, le pregunto cuál de todas las cartas representa el mayor problema, bloqueo u obstáculo que podría aparecer en su futuro inmediato. Sarah señala el tres de espadas, «porque parece dolor». Retiro la carta de la tirada y le pido un ejemplo de cómo podría manifestarse en una situación concreta. Tarda un instante en precisar, pero luego responde:

«Esta noche voy a una fiesta para los organizadores de los talleres de negocios. Hace mucho que no veo a esa gente y la última vez, cuando me fui, dejé clara lo decepcionada que estaba. Hay una mujer de la que temo recibir una puñalada –metafóricamente hablando–, sentirme herida o malinterpretada».

Le pido entonces que elija una carta de la tirada que muestre cómo superar ese problema y afrontarlo de la mejor manera posible. Escoge el seis de bastos y dice:

–Él es fuerte, lleva la corona de laurel y avanza con seguridad. Yo sé la calidad del trabajo que hago y que merezco reconocimiento por ello.

–Ahora imagínate que eres ese personaje del seis de bastos y la mujer hace comentarios hirientes. ¿Cómo actúas?

Sarah se endereza y ríe:

–Ni siquiera le presto atención. Sé a dónde voy y tengo otras cosas que hacer.

–¿Qué te aconseja el seis de bastos que hagas si esa mujer dice algo que te hiere en lo más hondo?

–Sigo adelante, no vuelvo atrás. Ella intenta retenerme. Estoy a caballo, avanzo, llevo la corona de laurel y sostengo la vara con el brote nuevo. Lo que siento es que no debo olvidar mi propia fuerza ni quién soy. Si cedo ante ella, le estaré entregando mi poder. Ya no soy la misma que era antes de ir a Italia y no quiero que me vean como la de entonces.

Como último paso, le pido que elija una carta que represente las cualidades que más desea cultivar en un futuro cercano. Elige sin dudar el dos de copas. Al pedirle que las nombre, cerramos la lectura con una afirmación inspirada en sus propias palabras: «En el equilibrio entre mi parte masculina y femenina, me reconozco plena y completamente íntegra».

Comentario

Conviene señalar que, aunque la pregunta inicial de Sarah giraba en torno a un proyecto laboral y un concepto que ella llamaba «abrirse a la magia», la lectura puso el acento en sus relaciones, tema que también ocupaba sus pensamientos. Todo apunta a que el estado de sus vínculos personales es, para ella, el principal termómetro para saber si la «magia» se manifiesta de verdad en su vida.

Seguimiento

Esa misma noche, en la fiesta, Sarah ni siquiera prestó atención a si aquella mujer hizo o no comentarios despectivos. Al principio me decepcionó que no tuviera más impresiones que compartir; sin embargo, caí en la cuenta de que repitió exactamente la misma frase que había utilizado durante «el proceso de la revelación».

Ejercicios para un aprendizaje más profundo

Si deseas emplear esta tirada como una práctica avanzada, prueba una o varias de las siguientes propuestas:

1. Haz tu propia interpretación de esta lectura o utiliza tu libro de significados preferido para elaborar una lectura destinada a Sarah. ¿Qué consejo le darías?
2. Examina esta lectura empleando diferentes mazos de tarot. ¿Qué aspectos coinciden y cuáles difieren? ¿Con qué versión te quedas? Este ejercicio también te ayudará a descubrir qué mazo funciona mejor contigo.[3]
3. Revisa las dos versiones de la lectura y localiza todos los puntos en común. ¿Qué advertencias y recomendaciones aparecen en ambas? ¿En qué se distinguen?
4. Revisa mi lectura con Sarah y, para cada carta invertida, encuentra entre sus propias palabras aquellas frases que señalen el

significado de la inversión. Ya he hecho este ejercicio para la carta en la posición 1.

5. Haz una lista de todos los símbolos y temas que aparecen en más de una carta (de manera explícita o implícita). Ordénalos según su importancia y resume la situación de Sarah a partir de lo que descubras.
6. ¿Qué sugerencias o ejercicios adicionales recomendarías a Sarah para que saque el mayor provecho de esta lectura? Las mejores sugerencias son aquellas que se desprenden de sus propias palabras (aunque ella no las haya reconocido) o las que aluden a símbolos y temas que parecen reclamar atención.
7. ¿Qué piensas del hecho de que la tirada incluya cartas de todos los palos, pero que el elemento agua sea predominante? ¿O de que aparezcan: un as, dos doses, dos treses, un cuatro, un seis, un siete, un nueve y un diez, sin que haya cincos ni ochos?
8. Para los astrólogos: ¿qué opinas de que, astrológicamente, usando las correspondencias de la Aurora Dorada, las cartas de los arcanos mayores se relacionen con tres planetas y ningún signo zodiacal: la Luna (la Gran Sacerdotisa), Venus (la Emperatriz) y Júpiter (la Rueda de la Fortuna)? Y que, en los arcanos menores, las correspondencias sean: Venus en Cáncer (dos de copas), Saturno en Libra (tres de espadas), Sol en Capricornio (cuatro de oros), Júpiter en Leo (seis de bastos), Venus en Escorpio (siete de copas) y Luna en Sagitario (nueve de bastos), lo cual representa tres signos cardinales, dos fijos y uno mutable. Si empleas un sistema distinto de correspondencias astrológicas, ¿cómo cambiaría la interpretación general de la tirada?
9. Para quienes utilizan las dignidades elementales (ver el apéndice C): ¿qué interpretación das a los siguientes tríos en función de la afinidad o confrontación entre los elementos? ¿En qué medida este análisis respalda o contradice la lectura tal como se ha planteado?

- Siete de copas, la Gran Sacerdotisa, as de copas (posiciones 1, 2, 3).
- Cuatro de oros, la Emperatriz, tres de espadas (posiciones 4, 5, 6).
- La Rueda de la Fortuna, nueve de bastos, seis de bastos (posiciones 7, 8, 9).
- Siete de copas, dos de copas, la Gran Sacerdotisa (posiciones 1, 10, 2 o 1, 2, 10).
- As de copas, siete de copas, la Emperatriz (posiciones verticales 3, 1, 5).
- Cuatro de oros, la Gran Sacerdotisa, tres de espadas (posiciones horizontales 4, 2, 6).
- La Emperatriz, tres de espadas, dos de copas (posiciones de futuro 5, 6, 10).
- Cuatro de oros, as de copas, seis de bastos (posiciones de pasado 4, 3, 9).
- La Rueda de la Fortuna, nueve de bastos, dos de copas, la Gran Sacerdotisa (posiciones 7, 8, 1, 2).

NOTAS

1. Estas interpretaciones se basan en las incluidas en el folleto que acompaña a *The Gendron Tarot* [El tarot de Gendron], creado por Melanie Gendron.
2. Algunas personas consideran que dividir los aspectos del yo en categorías masculina y femenina resulta limitante, confuso o incluso contraproducente. La mayoría de los mazos presentan imágenes de género polarizado que pueden o no ser adecuadas para cada individuo. En el caso de Sarah, hice hincapié en su «lado masculino interior» y «lado femenino interior» porque expresaban una vivencia con la que podía identificarse con facilidad. Quiero agradecer a Eva Yaa Asantewaa, de ComparativeTarot@yahoogroups.com, por señalar las posibles limitaciones de este enfoque.
3. Gracias a Valerie Sim-Behi, moderadora de ComparativeTarot@yahoogroups.com, que enseña numerosas variaciones de esta técnica.

Apéndice A

Palabras clave para cartas Invertidas

Las palabras de las páginas siguientes se utilizan a veces para matizar los significados en posición normal y así obtener lecturas para las cartas invertidas. Plantéate la posibilidad de fotocopiar estas páginas y tenerlas a mano como referencia práctica.

Adivinación con palabras clave

En lugar de repasar todas las palabras que aparecen a continuación, puedes probar esta técnica de adivinación cuando necesites interpretar una carta invertida. Con las palabras clave delante de ti, cierra los ojos y gira el libro o la fotocopia en un ángulo diferente. Mueve el dedo en círculos sobre la página mientras pides que se te muestre la palabra más apropiada y, cuando lo sientas, señala un punto. Usa la palabra o palabras más cercanas a la punta de tu dedo para matizar el significado de la carta en cuestión.

Bloqueado	Obstruido	Combatido
Atrapado	Frustrado	Negado

Evitado
Desafiado
Resistido
Reprimido
Rehusado
Rechazado
Suspendido
———
Vacilante
Retrasado
Reprimido
Obstaculizado
Transitorio
Dificultado
Camino accidentado
Indeciso
Distraído
Obstruido
Entorpecido
Socavado
Vulnerado
Incierto
———
Subvertido
Saboteado
———
Inmanente
Casi concluido
Finalizado
Impulso reprimido
Impulso no seguido
Truncado
Pasajero

No disponible
Incapaz (incapacidad)
Inaccesible
Inesperado
Imprevisto
———
Interior
Hacia dentro
Inconsciente
Interno
Personal
Privado
Profundo
Secreto
Encubierto
Ilusorio
Irreal
No expresado
Retraído
Indirecto
Inerte
———
Debajo
Subterráneo
Subyacente
Oculto
Engañado
No visto
Por debajo
Inferior
Proyectado
En sombras
Lado oscuro

Temido
Herido
Dañado
No resuelto
———
Humorístico
Embaucador
Coyote
Broma
Patas arriba
Transparente
No convencional
Contrario
Iconoclasta
Torcido
Loco
Desconcertado
Retorcido
Nueva perspectiva
———
Volcado
Derrocado
Superado
Quebrado
Reprimido
Transformado
Ajustado
Derribado
Liberado
Desviado
Que cae
Desbancado
Quebrantado

Aflojado
———
Retirado
Reconsiderado
Rehecho
Revisado
Retraído
Retrógrado
Cambio de rumbo
Contrarrestado
———
Ilimitado
———
No
No es
Negado
Inverso de
Carente
Ausente
Disminuido
Problemático
Inadecuado
Estrecho
Temido
No limitado a
Sin
———
Inmaduro
Subdesarrollado
Disminución
Debilitado
No realizado
Tentativo
Atenuado
Suavizado
Embrionario
Pasivo
Agriado
Estancado
———
Demasiado
Demasiado fuerte
Abrumado
Excesivo
Desmesurado
Exagerado
Intensificado
Demasiado indulgente
———
Mal usado
Mal dirigido
Malinterpretado
Fuera de lugar
Desconfianza
Contratiempo
Equivocado
Falta
Inestabilidad
Irresponsable
Poco fiable
Desarraigado
Fuera de control
Corrompido
———
Impaciente
Desequilibrado
Inhibido
Patológico
Enfermo
Afligido
Ansioso
Preocupado
Aprensivo
Deprimido
Airado
Frustrado
———
Liberado
Desatado
Renovado
Remediado
Rectificado
Aliviado
Relajado
Restituido
Redimido
Curado
Corregido
Enmendado
Convertido
Fortalecido
———
Causado
Motivado
Provocado
Engendrado
Incentivo
Ímpetu
Preparado para

Impulso
Predestinado
Destinado
——
Resentido
Incredulidad
Aburrido
Nublado
Escéptico
——

Palabras que comienzan con:
· mal-
· des-
· in-
· im-
· ir-
· no-
· a-
· ex-
· extra-
· re-
· sobre-
· sub-
· infra-
· con-
· co-
· contra-

Apéndice B

Palabras clave por Palo y Número

Arcanos mayores

Al derecho

Principios, leyes y lecciones. Potencial humano. Necesidades psicoespirituales. Arquetipos del inconsciente colectivo.

Invertidos

Abuso o carencia de principios y necesidades. Capacidad disminuida. Asuntos no resueltos. Potencial no desarrollado ni realizado. Miedo. Profundización. Entrega a un propósito superior. Realidades alternativas. Visión más allá de las apariencias. Revelaciones.

Arcanos menores

Bastos
Crecimiento personal, espíritu, creatividad, entusiasmo, deseo, energía, inspiración, impulso.

Bastos invertidos
Exceso o carencia de energía y acción; egoísmo o entrega excesiva; sobrecarga, agotamiento.

Copas
Emociones, imaginación, intuición, sueños, visiones, relaciones, receptividad, reflexión.

Copas invertidas
Emotividad desbordada o frialdad; actitudes poco realistas; melancolía, adicciones, evasión, desconexión del mundo, falta de pasión.

Espadas
Pensamiento, razón, luchas, conflicto, decisiones, ingenio, análisis, comunicación.

Espadas invertidas
Ira, culpa, juicios severos, castigo, falta de compasión, liberación, celos, rigidez.

Oros
Lo físico y material, resultados, sensaciones, seguridad, manifestación, habilidades, recompensas.

Oros invertidos
Pérdida material, problemas financieros, envidia, exceso, falta de ejercicio, explotación, falta de valoración.

As
Comienzo, semilla, enfoque, don, oportunidad.

As invertido
Retrasos, ocasión no aprovechada, impotencia, infertilidad, materialismo, atención interior, anhelos, lo preconsciente.

Dos
Dualidad, elección, equilibrio, respuesta, reflexión.

Dos invertido
Desequilibrio, falta de armonía, indecisión, oposición, duplicidad, reflejo del espíritu, balance interior, ruptura de la parálisis o el empate.

Tres
Creatividad, acción, cooperación, fertilidad, integración.

Tres invertido
Nada prospera, falta de cooperación, aflicción, excesos, inacción, esterilidad, recuperación, sanación del pasado, construcción de apoyo interior.

Cuatro
Consolidación, reposo, realización, cimiento, orden.

Cuatro invertido
Descontento ante las limitaciones, inseguridad, precipitación, pérdida de control, presentimientos de futuras oportunidades, liberarse de restricciones, un sólido fundamento interior.

Cinco
Crisis, conflicto, pruebas, cambio, adaptación.

Cinco invertido
Inercia, dogmatismo, represión, victimización, despilfarro, conformismo, libertinaje, estancamiento, esperanza, renovado interés, concordia, reconciliación, gratificación.

Seis
Reciprocidad, intercambio, apoyo, conocimiento, perfección.

Seis invertido
Egocentrismo, vanidad, distanciamiento, superficialidad, frustración, autorrealización, libre albedrío percibido como egoísmo, insubordinación.

Siete
Desafío, prueba, tentación, dominio, poder.

Siete invertido
Arrogancia, engaño, paranoia, vergüenza, perplejidad, cobardía, concentración, diseño, intención, resistencia firme a la tentación, constancia, aplicación.

Ocho
Progreso, ajuste, expansión, revaloración, distribución.

Ocho invertido
Falta de perseverancia, progreso bloqueado, acumulación, mal juicio, acción precipitada. Avance espiritual, generosidad, comprensión, inclusividad, expansión.

Nueve
Culminación, soledad, sabiduría, integridad, protección.

Nueve invertido
Indisciplina, ausencia de autoconciencia, defensas debilitadas, dependencia, hostilidad, sabiduría interior, compasión humana, liberación de toxinas, ganancia no material.

Diez
Desenlace, resultado, herencia, cosecha, realización.

Diez invertido
Exceso del elemento, rebeldía, pérdidas, privación, disputas familiares, resultados efímeros, cosecha interior, liberación, emancipación, absolución, alivio, descarga.

Sota
Niños, mensajeros, estudiantes, cuerpo físico, catalizadores, inicios, inmadurez, ingenuidad, asumir riesgos, receptividad, apertura, aprender, servir, ensayar, desarrollarse.

Sota invertida
Fingimiento de madurez, susceptibilidad, depresión, berrinches, conductas descontroladas, bloqueo, negativa a aprender, vulnerabilidad, ingenuidad, carencia, inicio deficiente, malas noticias, niño interior, potencial no desarrollado.

Caballo
Energías, viajes, búsquedas, acciones, movimiento, aventura, transformación, expansión, agresividad, terquedad, orientación hacia tareas u objetivos. Para una mujer, el ánimus; para un hombre, el ego.

Caballo invertido
Agentes de fuerzas elementales, fanatismo, temeridad, destructividad, irresponsabilidad, desvío, falta de propósito, insensibilidad, estancamiento, ritmo lento, búsquedas interiores, impulsos contenidos.

Reina
Dominio interior, competencia personal, gestión interpersonal, aspecto femenino adulto, madre, matriarca, autoridad, yo/sombra/ánima, magnetismo, atracción, capacidad de nutrir.

Reina invertida
Egoísmo, asfixiante, uso insensato del poder y del control, inseguridad, ineficacia, necedad, infidelidad, inconstancia, deslealtad, debilidad, falta de fiabilidad, ausencia, vulneración, virgen o ramera, mala madre, subversión de las normas parentales o sociales y de la autoridad, aspecto femenino interior.

Rey
Dominio exterior, competencia pública, gestión externa, aspecto masculino adulto, padre, patriarca, autoridad, yo/sombra/ánimus, agresividad, orden, gobierno.

Rey invertido
Egoísmo, tiranía, uso insensato del poder y del control, inseguridad, ineficacia, necedad, infidelidad, inconstancia, deslealtad, debilidad, falta de fiabilidad, ausencia, matón, arrogancia, indulgencia excesiva, mal padre, subversión de las normas parentales o sociales y de la autoridad, aspecto masculino interior.

Apéndice C

Dignidades Elementales

Las dignidades elementales (conocidas como ED por sus siglas en inglés) determinan la fuerza o la debilidad de las cartas cuando se examinan en pares o tríadas, según los elementos de los palos sean afines o contrarios entre sí. MacGregor Mathers, de la Orden Hermética de la Aurora Dorada, fue el primero en describir este método de interpretación de combinaciones o interacciones del tarot en un escrito conocido como *Book «T»: The Tarot (Comprising Manuscripts N, O, P, Q, R and an unlettered T.A.M. Instruction)* [Libro «T»: El tarot (que comprende los manuscritos N, O, P, Q, R y una instrucción T.A.M. sin letra)].[1] Las afinidades de los arcanos mayores se basan en las correspondencias elementales con el signo zodiacal o el planeta vinculado a cada carta. Las citas que siguen proceden del texto original.

El concepto básico es bastante sencillo, pero para comprender cómo funciona en la práctica resulta esencial estudiar los ejemplos que ofrece Mathers, o bien consultar las páginas web dedicadas a esta técnica que se mencionan en la bibliografía. A medida que más personas utilizan este sistema, se va ampliando nuestro entendimiento sobre su aplicación práctica.

Cuando los palos/elementos son iguales, resultan «muy poderosos tanto para el bien como para el mal, de acuerdo con su naturaleza»:

Bastos/Bastos (fuego/fuego) **Espadas/Espadas (aire/aire)**
Copas/Copas (agua/agua) **Oros/Oros (tierra/tierra)**

Cuando los palos/elementos son ambos masculinos/positivos o femeninos/negativos, resultan «moderadamente fuertes» porque son «afines entre sí»:

Bastos/Espadas (fuego/aire) **Copas/Oros (agua/tierra)**

Cuando los palos/elementos se complementan, son «algo afines»:

Espadas/Copas (aire/agua) **Bastos/Oros (fuego/tierra)**

Cuando las cartas son de «elementos contrarios», tienden a «debilitarse mucho entre sí, tanto para el bien como para el mal, y neutralizan [o anulan] su fuerza»:

Bastos/Copas (fuego/agua) **Espadas/Oros (aire/tierra)**

Tal como se describe en el manuscrito de la Aurora Dorada: entre tres cartas, «si el elemento contrario aparece solo en una carta lateral, entonces la otra actúa como carta de enlace, de modo que la primera no se debilita, sino que se ve modificada y, por lo tanto, bastante fortalecida. Si la carta principal son copas y las cartas laterales son bastos, la persona puede carecer de las cualidades que muestran las cartas de bastos. Si una carta se sitúa entre dos que son naturalmente contrarias, apenas se ve afectada por ellas, ya que estas se debilitan mutuamente».

Correspondencias elementales con los arcanos mayores

El Loco	Urano	Aire
El Mago	Mercurio	Aire (tierra)[2]
La Gran Sacerdotisa	Luna	Agua
La Emperatriz	Venus	Tierra
El Emperador	Marte	Fuego
El Sumo Sacerdote	Tauro	Tierra
Los Enamorados	Géminis	Aire
El Carro	Cáncer	Agua
La Fuerza	Leo	Fuego
El Ermitaño	Virgo	Tierra
La Rueda de la Fortuna	Júpiter	Fuego (agua)
La Justicia	Libra	Aire
El Colgado	Neptuno	Agua
La Muerte	Escorpio	Agua
La Templanza	Sagitario	Fuego
El Diablo	Capricornio	Tierra
La Torre	Marte	Fuego (agua)
La Estrella	Acuario	Aire
La Luna	Piscis	Agua
El Sol	Sol	Fuego
El Juicio	Plutón	Agua (fuego)
El Mundo	Saturno	Tierra (aire)

NOTAS

1. Este escrito se reproduce en *An Introduction to the Golden Dawn Tarot* [Introducción al tarot de la Aurora Dorada], de Robert Wang, y en *The Complete Golden Dawn System of Magic* [El sistema completo de magia de la Aurora Dorada], de Israel Regardie. Se están realizando nuevos y excelentes trabajos sobre el uso de las dignidades elementales. Puede consultarse, por ejemplo, la página www.supertarot.co.uk (de Paul Hughes-Barlow, ver «Lessons») y lonestar.texas.net/~r3winter/edig.html (de Jess Karlin), o bien buscar con las palabras clave: *elemental dignities + tarot*.
2. Algunos planetas rigen dos signos zodiacales y, por lo tanto, poseen dos afinidades elementales. Los elementos entre paréntesis representan la regencia que parece menos fuerte al trabajar con las *EDs*.

Apéndice D

El viaje de la Heroína

Los tarotistas han ideado muchas versiones del viaje del loco a través de los arcanos mayores, algunas de ellas inspiradas en el «viaje del héroe» del que hablaron Carl Jung y Joseph Campbell.[1] Mientras escribía este libro, muchas de las cartas invertidas me recordaban escenas de mitos y cuentos de hadas que encarnan un arquetípico viaje de la heroína. Entre las «heroínas» cuyas historias influyeron en este texto figuran Rapunzel, Blancanieves, Psique, Andrómeda, Perséfone, Isis, Ishtar, Inanna y muchas más. Lo que sigue es un intento de esbozar algunos detalles de ese viaje tal como aparece en los mitos, los cuentos de hadas y la vida moderna. Su propósito es despertar tus propias ideas, no ofrecer una interpretación definitiva, y no debe entenderse que los arcanos mayores invertidos se refieren únicamente a lo femenino. Se trata tan solo de una de las muchas narraciones posibles.

0 — **El Loco invertido** — La heroína emprende un viaje o, en muchos casos, huye. A diferencia del héroe, cuya partida suele ser alentada, forzada o celebrada, la de la mayoría de las heroínas puede pasar inadvertida.

El primer grupo de siete

En esta etapa del viaje, los significados de las cartas invertidas tienden a oponerse a los significados de las cartas en posición normal.

1 — **El Mago invertido** — No se le reconocen su inteligencia ni sus habilidades, ni se la instruye en el uso de las herramientas que le permitirían abrirse camino en el mundo. Si recibe formación, ocurre en secreto o mediante engaños y pese a la desaprobación social. Tiene intereses extraños y no encaja. Expresa su ingenio burlándose de los jóvenes que la cortejan, afirmando que sus talentos y destrezas no están a la altura.

2 — **La Gran Sacerdotisa invertida** — La mantienen apartada e ignorante de los caminos del mundo, no por respeto ni veneración, sino como si fuese una posesión cuyo valor se perdería al contaminarse o como una criada sin importancia a la que se niega su herencia. Se rebela contra los únicos papeles que le permiten representar. En los alrededores suele aparecer una mujer mágica oculta o disfrazada: tal vez su verdadera madre, una bruja, un hada madrina o una diosa.

3 — **La Emperatriz invertida** — Su madre muere o la abandona, y en su lugar surge una madrastra cruel y absorbente. Ella misma no alcanza reconocimiento si no es a través de un hijo varón. En el mundo contemporáneo, sus hijos quedan en la guardería mientras ella intenta abrirse camino en la oficina, dentro de un sistema patriarcal que exige pruebas constantes.

4 — **El Emperador invertido** — Su deseo es conocer el mundo y acceder a los privilegios reservados a los hombres o que solo puede conseguir a través de uno de ellos. Cuando intenta afirmarse, gobernar o poner orden en su vida, la acusan de ser poco femenina. En los mitos, el padre –aunque a veces adorado– suele mostrarse débil de carácter o ausente.

5 — **El Hierofante invertido** — Le dictan lo que no debe hacer y termina prisionera de las normas sociales. En los relatos míticos, suele imponerse una prueba o certamen que decide su destino: por ejemplo, con quién habrá de casarse.

6 — **Los Enamorados invertidos** — En los mitos, debe esperar a ser elegida como esposa, o bien rechaza a todos sus pretendientes. En la vida actual, se la reduce a un estereotipo –virgen o ramera– y así se le arrebata el vínculo verdadero con el amor. Persigue un alma gemela ideal que nunca aparece y acaba cayendo en excesos, rupturas o divorcios.

7 — **El Carro invertido** — Pierde el prestigio que pensaba haber alcanzado dentro del patriarcado: cae del asiento del conductor y se le escapan las riendas. Le recuerdan que su lugar está en casa, protegida –o encarcelada– por los hombres, sin derecho a conducir y, en algunos países, ni siquiera a viajar. En los mitos, queda a la espera de que un apuesto desconocido la «rescate», porque se da por hecho que no puede hacerlo por sí sola.

El segundo grupo de siete

En esta etapa, las cartas invertidas pueden entenderse como proyecciones sobre otros de sus propias fuerzas y capacidades.

8 — **La Fuerza invertida** — Descubre sus pasiones, pero la acusan de vivir engañada. Niega su propia fuerza. Comprende que hay personas a las que no puede seducir ni fascinar. Sus únicos amigos y aliados son los animales, de los que en un primer momento desconfía. Se aferra a su instinto de supervivencia animal. Está dispuesta a adentrarse en las fauces de la bestia, en lo femenino ctónico,* antes que pensar que puede dominarlo.

* N. del T.: El término *ctónico* deriva del griego antiguo χθόνιος (*khthónios*), que significa 'de la tierra' o 'del subsuelo'. En mitología y psicología hace referencia a lo subterráneo,

9 — **El Ermitaño invertido** — Es desterrada, encerrada en una torre o en un castillo cubierto de zarzas, o bien se interna en la naturaleza salvaje o en el inframundo. Se encuentra desorientada y surgen fuerzas imprevisibles en la oscuridad. Su curiosidad la impulsa a alumbrar algo prohibido, y ese gesto precipita tanto su caída como su salvación final.

10 — **La Rueda de la Fortuna invertida** — Sus circunstancias cambian de forma radical, cae de su posición, se siente desorientada y nada es como pensaba. Su destino queda en manos de otros.

11 — **La Justicia invertida** — Es juzgada con dureza por sus errores y declarada culpable. Quizá le han tendido una trampa, pues la ley de los hombres suele culpar a la víctima (como en los casos de maltrato o violación). Ella asume toda la culpa sobre sí misma.

12 — **El Colgado invertido** — Es castigada y condenada, abandonada o atada y entregada al monstruo como sacrificio involuntario. La causa puede resultar fútil, injusta o carente de sentido.

13 — **La Muerte invertida** — Muere, es asesinada o cae en un largo sueño; también puede rendirse o descender al inframundo. Es aquí donde comienza a encontrar su verdadero yo, al explorar una profundidad inesperada.

14 — **La Templanza invertida** — En los mitos, los dioses se apiadan de ella o el hada madrina reaparece entre bambalinas y, sin que la heroína lo sepa, pone en marcha los acontecimientos que acabarán por ayudarla. En la vida real, reconoce el desajuste y empieza a hacerse responsable de su propia sanación al abrirse a su naturaleza intuitiva.

---

lo ligado al mundo de los muertos, lo instintivo, lo oculto y lo telúrico. Por lo tanto, en este caso *ctónico* alude a un aspecto de lo femenino relacionado con la tierra, la oscuridad, lo instintivo y lo primitivo, en contraposición a lo celestial o espiritual.

El tercer grupo de siete

A estas alturas, las cartas invertidas ya no se oponen, sino que actúan en un plano interior y hablan de su profunda transformación.

15 — **El Diablo invertido** — Su adversario (ánimus negativo o sombra) la culpa y la convierte en villana, imponiéndole una serie de pruebas imposibles que despiertan todos sus temores de insuficiencia. En los mitos, este adversario es el dragón que mantiene cautiva a la doncella junto con un gran tesoro. Si ha evolucionado lo suficiente, reconoce al dragón como el guardián del umbral de sus propias capacidades creativas y logra hacerse su aliado.

16 — **La Torre invertida** — En los mitos, cae en la desesperación y cree que nunca podrá superar las pruebas. Si ha madurado, la golpea la revelación de que sus antiguas actitudes y la imagen de sí misma estaban equivocadas y deben derrumbarse. También debe abandonar la creencia de que un héroe vendrá a liberarla. De este modo se libera a sí misma y libera a su ánimus (junto con todo lo que proyectaba en los hombres) de las falsas ataduras de la expectativa social.

17 — **La Estrella invertida** — Debe vaciar un estanque con un cedazo, separar distintos tipos de semillas o conseguir el cofre de la belleza de la reina del inframundo. En la heroína que ha evolucionado, su luz brilla incluso en el inframundo. Da y recibe la fuerza sanadora de la tierra y las aguas, y llega a reconocer su verdadera belleza, a saberse una chispa de lo divino.

18 — **La Luna invertida** —Animales (y una torre) acuden en su ayuda en plena naturaleza salvaje, guiándola o realizando las tareas por ella, y cada uno le transmite la sabiduría de su propia naturaleza instintiva. En la heroína que ha evolucionado, ya sin miedo a las fuerzas del inconsciente, ella misma guía a otros en su «noche oscura del alma», infundiéndoles la esperanza de su propio renacimiento.

19 — **El Sol invertido** — Brilla con éxito y es acogida en la familia real o divina. Da a luz al niño sagrado, en completa armonía con su naturaleza instintiva.

20 — **El Juicio invertido** — Su familia se reúne: ella misma, su amante, su hijo. Puede llegar a convertirse en una divinidad, y así comienza una nueva era. Ha acumulado numerosas experiencias y una visión más amplia que le servirán en las decisiones futuras. Su historia será contada, y tanto el relato como el fruto de sus pruebas seguirán sirviendo a la humanidad.

21 — **El Mundo invertido** — Se reconoce como una persona más sabia, plenamente integrada y con límites adecuados. Mantiene a su lado a sus ayudantes animales, en gratitud y como recordatorio de su sabiduría. Asciende y ocupa su lugar entre los dioses y en el cosmos (tal vez convertida en constelación), o bien regresa al mundo terrenal como una encarnación consciente.

NOTA

1. Además de las obras de Jung y Campbell, resultó de gran ayuda para definir el viaje de la heroína el libro *The Heroine's Journey* [El viaje de la heroína], de Maureen Murdock (Boston: Shambhala, 1990). También se recomienda *The Writer's Journey: Mythic Structure for Storytellers and Screenwriters*,* de Christopher Vogler (Studio City, CA: Michael Wiese Productions, 1992). Agradecimientos especiales a Sharyn McDonald por las lluvias de ideas compartidas.

* N. del T.: Publicada en castellano por Editorial Deusto (2026) con el título *El viaje del escritor: Las estructuras narrativas clásicas de las grandes obras de ficción.*

Bibliografía

Ballantrae, John. *Tarot for the Millenium* [Tarot para el milenio]. Toronto, Ontario: Word & Image, 1999.

Bellenghi, Alessandro. *Cartomancy* [Cartomancia]. 1985; trad. al inglés, Londres, Inglaterra: Ebury Press, 1988.

Bunning, Joan. *Learning the Tarot: A Tarot Book for Beginners* [Aprender el tarot: un libro de tarot para principiantes]. York Beach, Maine: Samuel Weiser, 1998.

Cavendish, Richard. *The Black Arts* [Las artes negras]. Nueva York: Capricorn Books, 1968.

———. *The Tarot* [El tarot]. Nueva York: Harper & Row, 1975.

Clarson, Laura E. *Tarot Unveiled: The Method to its Magic* [El tarot revelado: el método de su magia]. Stamford, Connecticut: U.S. Games Systems, 1988.

Crowley, Aleister. *The Book of Thoth: An Interpretation of the Tarot* [El Libro de Thoth: una interpretación del tarot]. Nueva York: Samuel Weiser, 1974.

Davies, Ann. *Inspirational Thoughts on the Tarot* [Pensamientos inspiradores sobre el tarot]. Burbank, California: Candlelight Press, 1983.

Decker, Ronald, Thierry Depaulis y Michael Dummett. *Wicked Pack of Cards: The Origins of the Occult Tarot* [Maldito paquete de cartas: los orígenes del tarot oculto]. Londres: Duckworth, 1996.

Douglas, Claire. *Translate this Darkness: The Life of Christiana Morgan, the Veiled Woman in Jung's Circle* [Traducir esta oscuridad: la vida de Christiana Morgan, la mujer velada en el círculo de Jung]. Nueva York: Simon & Schuster, 1993.

Dowling, Christine, ed. *Mirrors of the Self: Archetypal Images That Shape Your Life* [Espejos del yo: imágenes arquetípicas que dan forma a tu vida]. Los Ángeles, California: Jeremy P. Tarcher, 1991.

Ellis, Normandi. *Dreams of Isis: A Woman's Spiritual Sojourn* [Sueños de Isis: el peregrinaje espiritual de una mujer]. Wheaton, Illinois: Quest Books, 1995.

Etteilla. (Ver Papus).

Gendron, Melanie. *The Gendron Tarot* [El tarot Gendron]. Stamford, Connecticut: U.S. Games Systems, 1997.

Grand Etteilla: Egyptian-Gypsies Tarot. Instruction book in English [Gran Etteilla: tarot egipcio-gitano. Libro de instrucciones en inglés]. Nancy, Francia: B. P. Grimaud, 1969.

Gray, Eden. *The Tarot Revealed* [El tarot revelado]. Nueva York: Inspiration House, 1960.

Greer, Mary. *The Essence of Magic: Tarot, Ritual and Aromatherapy* [La esencia de la magia: tarot, ritual y aromaterapia]. North Hollywood, California: Newcastle Publishing, 1993.

———. *Tarot Constellations: Patterns of Personal Destiny* [Constelaciones del tarot: patrones del destino personal]. Franklin Lakes, Nueva Jersey: New Page Books, 1987.

———. *El tarot, un viaje interior.* Editorial Sirio.

———. *Tarot Mirrors: Reflections of Personal Meaning* [Espejos del tarot: reflexiones sobre el significado personal]. Franklin Lakes, Nueva Jersey: New Page Books, 1988.

———. *Women of the Golden Dawn: Rebels and Priestesses* [Mujeres de la Golden Dawn: rebeldes y sacerdotisas]. Rochester, Vermont: Park Street Press, 1995.

Guler, Maritzu. *The Great Esoteric Tarot. Book of Instructions* [El gran tarot esotérico. Libro de instrucciones]. Vitoria, España: H. Fournier, 1976.

Harner, Michael. *The Way of the Shaman* [El camino del chamán]. Nueva York: Bantam, 1982.

Hillman, James, ed. *The Puer Papers* [Los escritos sobre el *puer*]. Irving, Texas: Spring Publications, 1979.

———. *Re-Visioning Psychology* [Revisando la psicología]. Nueva York: Harper & Row, 1976.

Jette, Christine. *Tarot Shadow Work: Using the Dark Symbols to Heal* [Trabajo con la sombra en el tarot: usar los símbolos oscuros para sanar]. St. Paul, Minnesota: Llewellyn, 2000.

Johnson, Robert A. *Inner Work: Using Dreams and Active Imagination for Personal Growth* [Trabajo interior: usar los sueños y la imaginación activa para el crecimiento personal]. San Francisco, California: HarperSanFrancisco, 1986. (Ver también otras obras de Johnson, incluidas *He*, *She*, *We* y *Ecstasy*).

Jung, C. G. *Man and His Symbols* [El hombre y sus símbolos]. Garden City, Nueva York: Doubleday, 1964.

———. *On the Psychology of the Unconscious in Two Essays on Analytical Psychology* [Sobre la psicología del inconsciente en dos ensayos sobre psicología analítica]. Princeton, Nueva Jersey: Princeton University Press/Bollingen Foundation, 1953.

———. *Visions: Notes of the Seminar given in 1930-1934*. Ed. Claire Douglas. Vol. 2. [Visiones: notas del seminario impartido entre 1930 y 1934]. Princeton, Nueva Jersey: Princeton University Press, Bollingen Foundation, 1997.

King, Francis y Stephen Skinner. *Techniques of High Magic* [Técnicas de alta magia]. Rochester, Vermont: Destiny Books, 1976, 1991.

Le Tarot de Marseilles. Instructions in English [El Tarot de Marsella. Instrucciones en inglés]. Vitoria, España: H. Fournier, 1992.

Lewis, I. M. *Ecstatic Religion: An Anthropological Study of Spirit Possession and Shamanism* [Religión extática: un estudio antropológico de la posesión espiritual y el chamanismo]. Middlesex, Inglaterra: Penguin Books, 1971.

Lo Scarabeo Publishers. *Booklets accompanying their decks* [Folleto de instrucciones que acompaña sus mazos].

Louis, Anthony. *Tarot: Plain and Simple* [El tarot: claro y sencillo]. St. Paul, Minnesota: Llewellyn Publications, 1996.

Marius, Docteur. *Destiny Revealed by the Tarot* [El destino revelado por el tarot]. Trieste, Italia: Modiano, 1975.

Mathers, MacGregor. *The Tarot: Its Occult Signification, Use in Fortune-Telling, and Method of Play, Etc.* [El tarot: su significado oculto, uso en la adivinación y método de juego, etc.]. 1888; reedición, Nueva York: Samuel Weiser, 1986.

Matthews, Caitlín. *The Celtic Wisdom Tarot* [El tarot de la sabiduría celta]. Rochester, Vermont: Destiny Books, 1999.

Papus. *Le Tarot Divinatoire: Clef du tirage des Cartes et des Sorts* [El tarot adivinatorio: clave de la tirada de cartas y de los sortilegios]. St. Jean de Braye: Éditions Dangles, 1993; reedición de la edición de 1910. (Incluye los significados adivinatorios de Etteilla).

Picard, Eudes. *Manuel Synthétique & Pratique du Tarot* [Manual sintético y práctico del tarot]. París, Francia: H. Daragon, 1909.

Poinsot, M. C., ed. *The Encyclopedia of the Occult Sciences* [Enciclopedia de las ciencias ocultas]. Nueva York: Robert McBride, 1939.

Pollack, Rachel. *Seventy-Eight Degrees of Wisdom* [Setenta y ocho grados de sabiduría]. 1980; reedición en un volumen, San Francisco: Thorsons/HarperCollins, 1997.

Renée, Janina. *Tarot: Your Everyday Guide* [Tarot: tu guía cotidiana]. St. Paul, Minnesota: Llewellyn Publications, 2000.

Regardie, Israel. *The Complete Golden Dawn System of Magic* [El sistema completo de magia de la Golden Dawn]. Phoenix, Arizona: Falcon Press, 1984.

Ricklef, James. *KnightHawk's Tarot Readings: A Guide to the Art of Tarot Reading Using Subjects from Literature, Mythology, and History* [Lecturas de tarot de KnightHawk: guía del arte de la lectura del tarot con temas de la literatura, la mitología y la historia]. Lincoln, Nebraska: Writers Club Press, 2001. Disponible en iuniverse.com.

Roberts, Jane. *The Nature of Personal Reality: A Seth Book* [La naturaleza de la realidad personal: un libro de Seth]. Nueva York: Prentice-Hall, 1974.

Saint-Germain, Comte C. de. *Practical Astrology* [Astrología práctica]. 1901; reedición, Hollywood, California: Newcastle Publishing, 1973.

Sardello, Robert. *Facing the World with Soul* [Enfrentar el mundo con alma]. Hudson, Nueva York: Lindisfarne Press, 1992.

Shrock, Dean. *Doctor's Orders: Go Fishing* [Prescripción médica: vete a pescar]. State College, Pennsylvania: First Publishers Group, 2000.

Starhawk. *Dreaming the Dark: Magic, Sex & Politics* [Soñar la oscuridad: magia, sexo y política]. Boston, Massachusetts: Beacon Press, 1982.

Tarot of Marseilles. Instruction book in English [Tarot de Marsella. Libro de instrucciones en inglés]. Nancy, Francia: B. P. Grimaud, 1969.

Tarot of Marseille. Instruction booklet [Tarot de Marsella. Folleto de instrucciones]. Turín, Italia: Lo Scarabeo, 2000.

Taylor, Jeremy. *The Living Labyrinth: Exploring Universal Themes in Myths, Dreams, and the Symbolism of Waking Life* [El laberinto viviente: explorando los temas universales en los mitos, los sueños y el simbolismo de la vida cotidiana]. Mahwah, Nueva Jersey: Paulist Press, 1998.

von Franz, Marie-Louise. *Shadow and Evil in Fairytales* [La sombra y el mal en los cuentos de hadas]. Irving, Texas: Spring Publications, 1980.

Waite, Arthur Edward. *The Complete Manual of Occult Divination: Manual of Cartomancy and Occult Divination*, vol. 1, 1889; y vol. 2, 1912; reedición, New Hyde Park, Nueva York: University Books, 1972.

———. *The Pictorial Key to the Tarot* [La clave pictórica del tarot]. Londres: William Rider & Son, 1911.

Wang, Robert. *An Introduction to the Golden Dawn Tarot* [Introducción al tarot de la Golden Dawn]. Nueva York: Samuel Weiser, 1978.

Woodman, Marion y Elinor Dickson. *Dancing in the Flames* [Bailando en las llamas]. Boston, Massachusetts: Shambhala, 1996.

Recursos adicionales

Muchos de estos recursos se mencionan a lo largo del texto. Ten en cuenta que las direcciones de Internet, al igual que las postales, cambian con frecuencia. Si no encuentras alguno de los que aparecen a continuación, intenta buscarlo por el nombre o por las palabras clave asociadas.

American Tarot Association. POB 102, Stoneham, CO 80754. www.atatarot.com. Editores del *ATA Newsletter*.

Builders of the Adytum (curso por correspondencia). 5101 North Figueroa Street, Los Ángeles, CA 90042. www.bota.org.

Daughters of Divination y **Bay Area Tarot Symposium (BATS)**. POB 471221, San Francisco, CA 94147. airndarkness@yahoo.com. Editores de *The Belfry*.

Elemental Dignities. www.spiritnet.freeserve.co.uk/ED_Tarot/ y lonestar.texas.net/~r3winter/edig.html.

The Hermitage: A Tarot History Site. Artículos de Tom Tadfor Little. Incluye la hoja de información The TarotL History Information Sheet. www.tarothermit.com.

International Tarot Society. POB 1475, Morton Grove, IL 60053. www.tarotsociety.org. Editores de *ITS News*.

Los Angeles Tarot Symposium (LATS). hrabarb@earthlink.net.

Moonstruck. Artículos de Nina Lee Braden y otros. www.geocities.com/~ninalee/.

Tarot Celebrations. Boletín de Geraldine Amaral. www.tarotcelebrations.com.

Tarot Certification Board. www.tarotcertification.org.

Tarot Course. De Joan Bunning. www.learntarot.com.

Tarot Guild of Australia. POB 369, East Kew, Victoria 3102, AUSTRALIA. Editores de *The Magician*. www.tarotguild.org.au.

The Tarot School (curso por correspondencia). www.tarotschool.com.

Tools and Rites of Transformation (T.A.R.O.T.). POB 720, Nevada City, CA 95959. www.marygreer.com o marygreer@tarot.com. Editores de *The T.A.R.O.T. Newsletter*.

Villa Revak. Traducciones de las interpretaciones de Papus/Etteilla y otros artículos de James Revak. http://jwrevak.tripod.com/.

www.tarotpassages.com (reseñas y artículos). Administrado por Diane Wilkes; antes Michele's Tarot Page y artoftarot.com. Un excelente punto de partida para explorar recursos de tarot en Internet.

www.tarot.com. Lecturas informatizadas de tarot e I-Ching y artículos de tarot de Christine Payne-Towler.

Yahoogroups.com. Ofrece numerosos grupos de discusión por correo electrónico sobre tarot, entre ellos TarotL y ComparativeTarot.

Índice Temático

A

Acuario 270, 272, 277, 341
Adivinación 28, 41, 79, 110, 178, 201, 282, 329, 351
Adversidad 39, 40, 94, 110, 159, 212, 300, 301
Aire 27, 194, 205, 270, 272, 277, 303, 340, 341
Alliette, Jean-Baptiste 28, 41
Alma 28, 29, 30, 33, 39, 40, 41, 49, 92, 121, 122, 128, 131, 132, 140, 183, 185, 190, 192, 205, 207, 213, 263, 300, 313, 318, 345, 347, 352, 362
Alquimia 116
Alta, Elie 243
Ambigüedad 19, 60, 221, 277
American Tarot Association 58, 68, 353
Ánima 22, 79, 80, 338
Ánimus 337, 338, 347
Anomalía 62
Aries 247, 249, 252, 255
Arquetipo 26, 30, 31, 39, 49, 57, 74, 110, 158, 166, 279
Asantewaa, Eva Yaa- 18, 49, 67, 327
As de bastos 145
As de bastos invertido 145
As de copas 169
As de copas invertido 169
As de espadas 193
As de espadas invertido 193
As de oros 218
As de oros invertido 218
ATA News 68
Axioma hermético 27

B

Ballantree, John 68
Bellenghi, Alessandro 25, 349
Blake, William 37, 171
Braden, Nina Lee 18, 67, 353
Brauser, Ruth Ann 18, 68, 243

C

Caballero (o Príncipe) de bastos 249
Caballero (o Príncipe) de bastos invertido 250
Caballero (o Príncipe) de copas 261
Caballero (o Príncipe) de copas invertido 262
Caballero (o Príncipe) de espadas 272
Caballero (o Príncipe) de espadas invertido 273
Caballero (o Príncipe) de oros 283
Caballero (o Príncipe) de oros invertido 284

Campbell, Joseph 343, 348
Cáncer 258, 261, 266, 325, 341
Capricornio 280, 283, 325, 341
Carro 93
Carro Invertido 94
Cartomancia 28, 349
Cavendish, Richard 211, 243, 349
Cetros 29
Chamán 89, 109, 122, 200, 220, 230, 255, 350
Chang, Susan 142
Cinco de bastos 154
Cinco de bastos invertido 155
Cinco de copas 178
Cinco de copas invertido 179
Cinco de espadas 202
Cinco de espadas invertido 203
Cinco de oros 227
Cinco de oros invertido 229
Colgado 109
Colgado invertido 111
ComparativeTarot 18, 67, 327, 354
Constant, Alphonse-Louis 29
Correspondencias 27, 28, 29, 32, 241, 325, 339
Correspondencias astrológicas 32, 325
Cristalomancia 282
Crowley, Aleister 28, 42, 101, 212, 215, 349
Cuatro de bastos 152
Cuatro de bastos invertido 153
Cuatro de copas 176
Cuatro de copas invertido 177
Cuatro de espadas 200
Cuatro de espadas invertido 201
Cuatro de oros 225
Cuatro de oros invertido 226
Cuccia-Watts, Julie 243

D

Davies, Ann 49, 349
Decker, Ronald 49, 349
De Gébelin, Antoine Court 41
Diablo 119
Diablo invertido 120
Dickson, Elinor 49, 353
Diez de bastos 166
Diez de bastos invertido 167
Diez de copas 190
Diez de copas invertido 191
Diez de espadas 215
Diez de espadas invertido 216
Diez de oros 239
Diez de oros invertido 241
Dignidades elementales 27, 42, 65, 307, 325, 339
Dos de bastos 147
Dos de bastos invertido 148
Dos de copas 171
Dos de copas invertido 172
Dos de espadas 195
Dos de espadas Invertido 196
Dos de oros 220
Dos de oros invertido 221
Douglas, Claire 33, 349, 351
Downing, Christine 49
Dualidad 31, 37, 90, 335

E

Editorial Fournier 25
Elementos 19, 24, 27, 42, 45, 65, 80, 116, 118, 149, 159, 192, 313, 325, 339, 340
Eliade, Mircea 41
Ellis, Normandi 142, 350
Emperador 83
Emperador invertido 84
Emperatriz 80
Emperatriz invertida 81
Enamorados 89
Enamorados invertidos 91
Enantiodromia 38
Enfermedad 20, 21, 31, 39, 56, 75, 76, 108, 138, 146, 165, 180, 195, 201, 202, 213, 216, 228, 230, 234, 265, 294

Ermitaño 99
Ermitaño invertido 100
Escorpio 258, 261, 266, 325, 341
Esotérico 29, 57, 78
Estrella 125
Estrella invertida 127
Estrés 20, 21, 31, 65, 86, 95, 116, 123, 128, 155, 200
Etteilla 18, 24, 25, 28, 32, 41, 42, 211, 243, 350, 351, 354

F

Farr, Florence 211, 243
Fortune, Dion 76
Fuego 27, 194, 247, 249, 252, 255, 256, 303, 340, 341
Fuerza 96
Fuerza invertida 97

G

Géminis 90, 270, 272, 277, 341
Gendron, Melanie 350
Gilbert, John 18, 58, 68
Golden Dawn 28, 32, 243, 342, 350, 352, 353, 361
Grand Etteilla Tarot 243
Grand Orient 25
Gran Sacerdotisa/La Papisa 77
Gran Sacerdotisa/La Papisa invertida 78
Gray, Eden 23, 44, 49, 350
Grimaud, B. P. 25, 243, 350, 352
Guler, Maritxu 25, 350

H

Harris, Frieda 21, 42
Hazel, Elizabeth 18, 142, 243
Heráclito 28, 38
Hermandad de la Luz 28
Hesse, Hermann 33
Hillman, James 40, 49, 350
Hughes-Barlow, Paul 342

J

Johnson, Robert 49, 350, 351
Juicio 135
Juicio invertido 136
Jung, Carl Gustav 22, 23, 25, 28, 30, 31, 33, 37, 38, 49, 74, 80, 82, 85, 99, 127, 129, 343, 348, 349, 351
Júpiter 31, 325, 341
Justicia 105
Justicia invertida 106

K

Karlin, Jess 342
Keaney, Patty 68
King, Francis 33, 351
Kingsford, Anna 131

L

Leo 247, 249, 252, 255, 325, 341
Lévi, Eliphas 28, 29, 32, 129
Lewis, I. M. 110, 142, 351
Libra 270, 272, 277, 325, 341
Little, Tom Tadfor 18, 67, 353
Loco 71
Loco invertido 72
Los Angeles Tarot Symposium 353
Lo Scarabeo Publishers 351
Luna 129
Luna invertida 130

M

Magia 14, 27, 28, 29, 33, 36, 41, 47, 63, 73, 76, 83, 104, 111, 118, 120, 125, 132, 145, 173, 199, 205, 211, 230, 288, 309, 314, 315, 316, 318, 320, 324, 342, 349, 350, 352, 361
Mago 74
Mago invertido 75
Marius, Docteur 25, 351
Marte 173, 341

Masculino 25, 38, 53, 92, 93, 171, 173, 257, 268, 317, 322, 327, 338
Mathers, MacGregor 18, 25, 32, 42, 339, 351
Matthews, Caitlín 50, 351
McCaulley, Ken 308
McDonald, Sharyn 9, 17, 33, 348
Mercurio 341
Metafísica 27, 98, 101
Metafísica oculta 27, 98
Moore, Barbara 15, 17, 23
Moore, Rita 67
Morgan, Christiana 22, 33, 349
Motherpeace, tarot 67, 220
Muerte 112
Muerte invertida 114
Mundo 138
Mundo invertido 139
Myss, Carolyn 182

N

Neptuno 341
Nueve de bastos 164
Nueve de bastos invertido 165
Nueve de copas 188
Nueve de copas invertido 189
Nueve de espadas 212
Nueve de espadas invertido 213
Nueve de oros 237
Nueve de oros invertido 238
Numinoso 29, 120

O

Ocho de bastos 161
Ocho de bastos invertido 162
Ocho de copas 185
Ocho de copas invertido 186
Ocho de espadas 210
Ocho de espadas invertido 211
Ocho de oros 235
Ocho de oros invertido 236
Ocultismo 29, 101
Orden Hermética de la Aurora Dorada 33, 42, 339

P

Palabras clave 24, 59, 60, 65, 66, 329, 342, 353
Palabras clave para cartas invertidas 329
Papus 25, 350, 351, 354
Pauli, Wolfgang 31, 37
Payne-Towler, Christine 18, 243, 354
Perséfone 101, 317, 343
Petrarca 33
Picard, Eudes 25, 243, 351
Piquet 41
Piscis 258, 261, 266, 341
Planos internos 29, 36, 92
Plutón 341
Poinsot, M. C. 25, 229, 243, 352
Pollack, Rachel 13, 17, 352
Prefijos 54
Proyección 30, 52, 67, 79, 92, 153, 212
Psicología 26, 30, 32, 38, 49, 315, 345, 350, 351
Psique 21, 23, 26, 28, 29, 30, 36, 37, 45, 49, 92, 131, 187, 204, 242, 315, 320
Psychomachia 183

R

Rapp, Barbara 9, 18, 23
Rectificar 51, 56, 62, 297
Regardie, Israel 342, 352
Reina de bastos 252
Reina de bastos invertida 253
Reina de copas 263
Reina de copas invertida 264
Reina de espadas 275
Reina de espadas invertida 276
Reina de oros 285
Reina de oros invertida 287
Remedio 30, 31, 50, 56

Renaissance Tarot 14
Renault, Mary 110
Repetición 235
Retrógrado 31, 50, 56, 331
Rey de bastos 255
Rey de bastos invertido 256
Rey de copas 266
Rey de copas invertido 267
Rey de espadas 277
Rey de espadas invertido 278
Rey de oros 288
Rey de oros invertido 289
Ricklef, James 18, 60, 68, 243, 352
Roberts, Jane 113, 142, 352
Rudhyar, Dane 54
Rueda de la Fortuna 102
Rueda de la Fortuna invertida 103
RWS (Rider-Waite-Smith) 23, 24, 30, 75, 80, 90, 102, 105, 113, 146, 147, 149, 154, 155, 156, 157, 159, 162, 164, 165, 174, 178, 181, 183, 186, 190, 196, 200, 201, 203, 205, 210, 218, 220, 222, 225, 227, 229, 232, 235, 237, 241, 253, 274, 309

S

Sagitario 247, 249, 252, 255, 325, 341
Saint-Germain 25, 352
Sanador herido 38, 39, 110
San Ambrosio 107
San Pablo 120
Sarah 45, 309, 310, 312, 313, 314, 315, 316, 317, 318, 319, 320, 321, 322, 323, 324, 325, 327
Sardello, Robert 33, 352
Saturno 325, 341
Seis de bastos 156
Seis de bastos invertido 157
Seis de copas 181
Seis de copas invertido 181
Seis de espadas 205
Seis de espadas Invertido 206
Seis de oros 230
Seis de oros invertido 231
Senex 31, 99
Ship of Fools Tarot 14
Shrock, Dean 20, 33, 307, 308, 352
Siete de bastos 159
Siete de bastos invertido 160
Siete de copas 183
Siete de copas invertido 184
Siete de espadas 207
Siete de espadas invertido 208
Siete de oros 232
Siete de oros invertido 233
Significados tradicionales 7, 24, 67, 167, 168, 181, 202, 204, 207, 226, 236, 243
Sim-Behi, Valerie 18, 327
Simonton, Carl 307
Sincronicidad 37, 102, 129
Skinner, Stephen 33, 351
Smith, Pamela Colman 28, 30
Smith, Sherryl 67
Sol 132
Sol invertido 133
Sombra 32, 38, 49, 58, 82, 95, 119, 122, 127, 158, 173, 230, 308, 338, 347, 350, 352
Songs for the Journey Home 67
Sota (o Princesa) de bastos 247
Sota (o Princesa) de bastos invertida 248
Sota (o Princesa) de copas 258
Sota (o Princesa) de copas invertida 259
Sota (o Princesa) de espadas 269
Sota (o Princesa) de espadas invertida 270
Sota (o Princesa) de oros 280
Sota (o Princesa) de oros invertida 281
Starhawk 142, 352
Sumo Sacerdote / El Hierofante 86
Sumo Sacerdote/El Hierofante invertido 87

T

Tarocchi 93
Tarot de Marsella 30, 32, 351, 352
Tarot de William Blake 37
Tauro 280, 283, 288, 341
Taylor, Jeremy 38, 49, 352
Templanza 116
Templanza invertida 117
Términos especializados 25
Thoth Tarot 28
Tiempo de los sueños 202, 294
Tierra 27, 83, 280, 282, 283, 288, 289, 303, 340, 341
Tiradas
  Tirada básica de tres cartas 295
  Tirada completamente invertida 294
  Tirada de influencias ocultas 302
  Tirada de Inventario Vital 297
  Tirada del Colgado 300
  Tirada de Sí o No 296
  Tirada para resolver problemas 298
Torre 122
Torre invertida 123
Tradición mágica occidental 28
Tres de bastos 149
Tres de bastos invertido 150
Tres de copas 174
Tres de copas invertido 174
Tres de espadas 198
Tres de espadas invertido 199
Tres de oros 222
Tres de oros invertido 223
Triunfos 32

U

Urano 42, 341

V

Venus 80, 173, 237, 317, 325, 341
Venus-Afrodita 80
Viaje de la heroína 13, 79, 127, 142, 348
Viaje del héroe 95
Viaje del Loco 343
Virgo 280, 283, 341
Visualización 297
Von Franz, Marie-Louise 40, 49, 301, 308, 352

W

Waite, Arthur Edward 18, 24, 25, 28, 30, 32, 39, 42, 49, 75, 101, 184, 227, 352
Wang, Robert 342, 353
Williams, Brian 14, 15, 18, 33, 130
Woodman, Marion 49, 353

Acerca de la Autora

Mary Greer es autora y maestra especializada en métodos de autoexploración y transformación. Gran Maestra de la Asociación Estadounidense de Tarot, forma parte de numerosas organizaciones dedicadas al tarot y participa habitualmente como ponente en conferencias y simposios tanto en Estados Unidos como en el extranjero.

Cuenta con un amplio reconocimiento en comunidades femeninas y comunidades paganas por su labor en el ámbito de la espiritualidad femenina y la magia. Es sacerdotisa-hierofante en la Hermandad de Isis y fundadora del Iseo de Isis Aurea.

Mary ha estudiado y practicado el tarot y la astrología durante más de treinta años. Su experiencia docente incluye once años en el New College of California, además de cientos de talleres, conferencias y clases. Es también fundadora y directora del centro de aprendizaje T.A.R.O.T. –Siglas de *Tools And Rites Of Transformation* ('herramientas y ritos de transformación)–.

Entre sus obras se encuentran *El tarot, un viaje interior* (Editorial Sirio 2021); *El tarot arquetípico* (Editorial Sirio 2023), *Tarot Constellations* [Constelaciones del tarot] (1987); *Tarot Mirrors* [Espejos del tarot] (1988); *The Essence of Magic: Tarot, Ritual, and Aromatherapy* [La esencia de la magia: tarot, ritual y aromaterapia] (1993); *Women of the Golden Dawn: Rebels and Priestesses* [Mujeres del Amanecer Dorado: rebeldes y sacerdotisas] (1995). Además colaboró con Kathi Keville en *Aromatherapy: Healing for the Body and Soul* [Aromaterapia: sanación para el cuerpo y el alma] (1998).